GONGDIAN FUWU JINENG SHIYONG SHOUCE

供电服务技能
实用手册

主　　编　梁竞之
副主编　何海零　张冰芳　戚　新
参编人员　李　旭　熊　音　陈向群

中国电力出版社
CHINA ELECTRIC POWER PRESS

内 容 提 要

本书结合电力客户服务人员日常工作中的重点和难点，介绍电力客户服务工作涉及的标准、规范、技巧及相关业务知识。

本书共五章，主要内容包括概述、电力客户服务质量及标准、电力客户服务技巧、电力客户服务风险及应对和电力客户关系管理。

本书可作为营业窗口、95598热线、现场勘查、抄表催费、故障抢修、用电检查等一线服务员工开展业务学习和岗位培训，普及服务知识，提高电力优质服务水平的培训教材，也可作为其他行业客户服务人员的参考读物。

图书在版编目（CIP）数据

供电服务技能实用手册 / 梁竞之主编. —北京：中国电力出版社，2015.11（2020.8 重印）
ISBN 978-7-5123-8111-7

Ⅰ. ①供…　Ⅱ. ①梁…　Ⅲ. ①供电-工业企业-商业服务-中国-手册　Ⅳ. ①F426.61-62

中国版本图书馆 CIP 数据核字（2015）第 173860 号

中国电力出版社出版、发行

（北京市东城区北京站西街 19 号　100005　http://www.cepp.sgcc.com.cn）
三河市航远印刷有限公司印刷
各地新华书店经售

*

2015 年 11 月第一版　　2020 年 8 月北京第四次印刷
787 毫米×1092 毫米　16 开本　14.25 印张　256 千字
印数 5001—7000 册　　定价 45.00 元

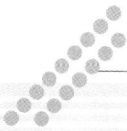

前　言

当前，供电企业处于重大体制改革期，企业由资源垄断型向市场化转变，营销模式由一厂一网转变成竞价上网，运营模式以生产导向转变成客户导向。在新的形势下，供电企业既要履行社会责任，更要服务于社会，因而，供电服务就成了社会关注的焦点。如何提升客户服务能力，已经成为服务人员和管理人员亟待解决的问题。在此背景下，本书编写人员在总结实践经验的基础上，结合客户服务的日常工作与重、难点工作编写了本书。

本书共 5 章：第一章概述了电力客户服务的基本知识；第二章阐述了电力客户服务应达到的质量和标准管控；第三章从如何赢得客户的满意、减少服务投诉事件发生等角度出发，介绍了客户性格分析、有效倾听技巧、沟通技巧和特殊服务技巧等电力客户服务技巧；第四章从供电服务的特殊性、电力突发事件的不可预见性以及客户维权意识增强等方面分析，介绍了如何发现服务风险、提高风险辨识能力和主动规避服务风险；第五章阐述了供电企业如何通过客户关系管理来整合资源提高竞争力。本书详细介绍供电服务技能，通俗易懂，可供营业窗口、95598 热线、现场勘查、抄表催费、故障抢修、用电检查，以及供电企业和客户服务中心有关管理人员学习参考。

第一、二章由何海零、张冰芳编写，第四章由李旭、熊音、陈向群编写，第五章由戚新编写，梁竞之完成了第三章的编写并担任主编。

在本书的编写过程中得到了多位客户服务一线同仁的帮助，在此表示诚挚的感谢。由于编者水平有限，书中难免有疏漏与不足之处，敬请广大读者批评指正。

编　者

2015 年 7 月

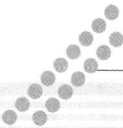

目　录

第一章

概　述

第一节　电力客户服务简介

一、电力客户服务的定义及特点

电力客户服务是以电能商品为载体，用以交易和满足客户需要的、本身无形和不发生事物所有权转移的活动，即以无形方式满足客户需求的一种或一系列活动。

从电力客户服务的定义中，可以归纳出电力客户服务的两个要点：

（1）电力客户服务的目的是促进电能交易和满足电力客户需要。这可以理解为：① 电力客户服务的目的是为了促进电能交易，通过交易建立起电力企业与客户之间的服务关系；② 电力客户服务交易的目的是为了满足电力客户的需要。

（2）电力客户服务是无形的，不发生实物所有权的转移。这可以理解为，电力客户服务不是以实物方式存在的，但可以感知和利用。如 95598 热线服务，是通过电话受理的方式解决客户用电方面的需求和问题，这些需求和问题经电话受理后，通过供电企业相关支撑部门一系列的协同、联动来解决。这些服务都是无形的，看不见、摸不着，但客户能通过话务员的过程跟进、回访及处理结果感知到。由于服务不是实物，因此服务本身不发生实物所有权的转移。

二、电力客户服务的发展阶段

自新中国成立以来，我国电力工业一直把"人民电业为人民"作为服务宗旨，在由计划经济向市场经济的发展进程中，电力客户服务与时俱进，不断自我调整、自我完善。电力行业由最初的"重发、轻供、不管用"到现在的"你用电，我用心"，逐步完成了从管理到服务的转变，初步建立了比较成熟的电力客户服务体系。

电力客户服务工作从时间上可划分为四个阶段，每个阶段都与当时社会发展息息相关。

1. 第一阶段：从 20 世纪 80 年代初期至 90 年代中期

在此阶段，电力企业以"纠建并举，以纠为主"为方针，坚决落实计划用电，满足国民经济的发展和人民生活的需要；重点加强员工的职业道德教育，完善基础管理，打击以电谋私行为。

（1）统筹兼顾，计划用电，满足社会用电需求。受当时计划经济影响，我国发电能力不足，电网结构不合理，全社会用电紧张。特别是改革开放以来，用电需求大幅增长，供用电矛盾日益突显。当时的供电企业所谓的"服务"实际上是管理电能的统筹分配。即：从全局出发，保证重点，兼顾一般，严格实行计划用电和供用电合同制度，核定包干电量，实行分级考核管理，加强计划用电监督检查，目的是满足社会基本用电需求。

（2）倡导节约用电和技术限电，合理配置电力资源。供电企业一边加大负荷控制力度，一边积极削峰填谷。加强技术管理，广泛开展增产节约活动。政府部门出台优惠政策倡导、推广节电新技术，提高电能效率，保证了正常的社会用电秩序。

（3）开展职业道德教育，严厉打击以电谋私行为。这个阶段，由于电能供不应求，作为国家垄断行业的供电企业滋生出大量以电谋私的行为。基于当时的状况，原电力部于1982年提出了大力提倡优质服务，改善服务态度，开展"双文明达标活动"的号召。各级供电企业从全面提高职工队伍素质入手，制订了有关服务岗位的《职工文明礼仪守则》；部分企业通过与职工签订精神文明责任状等方式，构建激励约束机制，初步形成了电力客户服务内部管理的框架。

2. 第二阶段：20世纪90年代中期至20世纪末

这个阶段，电力企业制定了"纠建并举、以建为主"的方针，公开"承诺服务"，推行"三为"服务。

（1）加强优质服务，树立社会形象。进入20世纪90年代以来，国家经济体制改革，鼓励集资办电、多渠道筹资办电，有效促进了电力工业的发展，电力供应紧张的局面总体上得到改善，电力供需基本达到了平衡。这时，加强优质服务的重要意义日益显现，逐渐成为电力企业的工作重点。1995年原电力部进一步开展了规范服务用语、提高服务质量活动，推出了40条供电企业文明服务用语和供电服务指标，要求各级窗口单位做到语言美、仪表美和行为美，使电力系统的优质服务水平得到了进一步提高。

（2）推出服务承诺，加强行风建设。1996年，原电力部逐步推行了社会承诺制，北京、上海、济南、烟台等35个城市的供电局，在对市区居民生活用电保证程度和计划停电提前通知方式及时限，在用户办理用电申请手续和工程竣工验收合格后的送电时限，在维修人员接到用户报告后赶到停电现场的时限及用户在营业柜台办理业务、查询等候的时限等方面向社会做出公开承诺。同时，还有部分省市供电企业开展了挂牌服务制度、局长接待日制度、走访用户制度和"四公开、四监督"制度等，使电力系统的行风建设逐步走向制度化、规范化。

（3）开展"三为"服务（即电力"为农村、为农民、为农业经济"服务），解决农村用电难问题。"八五"期间，各级电力企业响应原电力部提出的电力"三为"服务方针，通过电力扶贫共富工程和农村电气化县建设等工作，支持乡镇企业建设，促进了农电管理的改革和发展。

3. 第三阶段：20 世纪末至 21 世纪初

在此阶段，以"优质、方便、规范、真诚"为标准，实行规范服务，提高整体供电服务品质，供电企业由"要我服务"向"我要服务"转变。

（1）受亚洲金融危机和宏观经济形势的影响，自 20 世纪 90 年代中期开始我国用电结构发生了很大变化，电力买方市场的宏观环境已经形成，服务作为提高市场核心竞争力的作用越来越重要。自 1998 年起，电力部门加大基础建设投资，用于城乡电网建设改造工程，完善服务硬件环境；同时，全面推进让百姓受益的"一户一表"工程，使更多的客户直接享受到由电力部门实行的供电、抄表、收费、服务"四到户"管理，推动了城乡电网一体化管理，促进了经济建设的快速发展。

（2）开展"电力市场整顿和优质服务年"活动，实行规范化服务。2001 年 1 月 17 日，国家电力公司开展"电力市场整顿和优质服务年"活动电视电话动员会，提出了"优质、方便、规范、真诚"八字服务方针。同日，又召开新闻发布会，向社会郑重推出八项服务承诺，公布了供电服务投诉举报电话。

4. 第四阶段：2010 年～至今

国家电网公司将企业服务文化落地与为民服务创先争优相结合，实现了服务思想观念、队伍素质、服务水平的大幅提升。

（1）开展"塑文化、强队伍、铸品质"供电服务提升工程。2010 年，国家电网公司印发了《"塑文化、强队伍、铸品质"供电服务提升工程实施方案》，以塑造统一优秀的服务文化为引领，用三年的时间，以打造一流的营销队伍为基础，以铸造卓越的服务品质为核心，开展供电服务提升系列活动，创建"国家电网"服务品牌。

（2）"你用电，我用心"服务理念的提出，是电力客户服务重大转折点。2011 年，国家电网公司将大众传播口号重新定义为"你用电，我用心"。供电企业服务理念从"我要服务"向"为民服务"转型。同年，国家电网公司结合为民服务创先争优活动深入开展，发布了"新三个十条"，切实站在客户的角度换位思考，一场服务意识的大变革逐步酝酿。

（3）国家电网"三集五大"体制改革，逐步构建了"大服务"的格局。2012 年，国家电网公司按照总体设计、分步实施、试点先行、积极稳妥、因地制宜等原则，完成了国家电网公司"三集五大"体系建设。实现了"人、财、物"由粗放到集约的转变，实现企业管理由条块分割向协同统一、分散粗放向集中精益方式的根本性转变。

2013 年起，国家电网公司 95598 服务热线由分散受理向国家电网公司统一集中受理，实现服务资源的高度优化和集约、服务指令的统一调度、服务流程的全面监管以及服务质量的集中管控。

三、电力客户服务的主体、客体和内容

（一）电力客户服务的主体

电力客户服务的主体是指依法与电力企业建立供用电关系的电能消费者，即电力客户。

电力客户服务的主体可从以下四个方面进行分类：

（1）按供用电关系分类，可分为直供客户、趸售客户、转供电客户三类。

1）直供客户：与电力企业建立直接供用电和计量收费合同关系的客户。

2）趸售客户：从电力企业趸购电能，再转售给其供电营业区内电力消费者的客户，趸售客户一般以县为单位。

3）转供电客户：在公用供电设施尚未到达的地区，电力企业征得该地区有供电能力的直供客户同意后，以合同形式委托其向附近的客户转供电力。这类客户称为转供电客户。

（2）按电价类别分类，可以分为居民生活用电客户，非居民生活用电客户，商业用电客户，非工业、普通工业用电客户，大工业用电客户，农业生产用电客户，趸售客户七类。

1）居民生活用电客户：一般指仅有家庭生活照明和家用电器的城乡居民用电客户。

2）非居民生活用电客户：主要指除居民生活用电以外的其他照明用电客户。

3）商业用电客户：一般指从事营利性活动的商业用电客户，如：宾馆、饭店、商场、仓储、文化娱乐场所等。

4）非工业、普通工业用电客户：非工业用电客户指用电容量在 3kW 及以上非工业性质用电的客户；普通工业用电客户是指售电变压器在 315kV•A 以下或低压电的工业性生产用电客户。

5）大工业用电客户：指售电变压器在 315kV•A 以上的工业性生产用电客户。

6）农业生产用电客户：主要指农村排灌用电等客户。

7）趸售客户：指从电力企业趸购电能，再专售给其供电营业区内电力消费者的客户。

在实际工作中，客户用电性质非一种类别的现象很多，比如有的客户家里既有居民生活照明用电又有商业用电，可以以其占主导用电性质来做粗略划分。

（3）按供电电源特性分类，可分为高压客户、低压客户、双电源客户、自备电源客户、专线客户五类。

1）高压客户：以 3kV 及以上电压供电的客户，此类客户大多数有一台或多台售电变压器。

2）低压客户：以 0.4kV 及以下电压供电的客户，此类客户都无受电变压器，由公用配电变压器或转供客户的配电变压器供电。

3）双电源客户：由两个或两个以上由电力企业提供独立电源供电的客户。

4）自备电源客户：除了有电力企业提供的供电电源外，还有自备电源（如发电机、自备电厂）进行自我供电的客户。

5）专线客户：有一条或一条以上专用供电线路供电的客户。

（4）按用电性质分，可分为临时性客户、季节性客户、重要客户三类。

1）临时性客户：指需要用电的时间短暂（一般不超过 6 个月）的客户，如临时市政工程用电。

2）季节性客户：指一年中，用电的时间随季节呈规律性变化的客户，如供暖等。

3）重要客户：指一旦停电将造成重大社会、政治影响或经济损失的客户。

（二）电力客户服务的客体

电力客户服务的客体是指为客户提供电力服务的供电企业职工。从广义上说，供电企业员工都是服务客体，分为接触类和非接触类。接触类包含 95598 话务员、营业厅客户服务人员、抄核收人员、电能计量人员、用电检查人员、电力抢修人员等；非直接接触类泛指围绕客户用电等需求提供后台支撑的相关人员，如客户档案管理人员、调控人员、发展策划人员等。从狭义上说，电力客户服务的客体系指与客户接触、参与服务活动本身的服务提供人员，前面提到的接触类客体即包含在此。

（三）电力客户服务的内容

电力客户服务贯穿于客户从报装开始到装表接电、用电的整个过程，服务的内容可以从以下三个方面分类：

（1）按供电企业为客户提供服务渠道不同，可分为柜台服务、电话服务、现场服务、网络服务、社区服务、电商服务。目前应用较广泛和普遍的是柜台服务、电话服务、现场服务。

1）柜台服务（营业窗口服务）。指供电企业服务人员在营业窗口（柜台）为客户提供的服务，包括业扩报装申请、用电咨询、缴费、开具发票等。柜台服务是目前较为原始、应用面广泛的渠道之一，随着服务手段多元化的不断发展，柜台服务最终会被取代。

2）电话服务（热线服务）。指通过电话沟通的方式，受理电力客户用电方面的诉求，为客户解决用电问题和需求，包括客户用电方面的咨询、查询、投诉、举报、故障报修、意见建议等。随着热线服务不断发展，目前热线服务内容也不断发展和扩充，客户还可以通过电话获取即时复电、业扩报装申请、更改密码等。目前全国统一的供电服务热线为95598。

3）现场服务。指供电服务人员在客户用电现场为客户提供的服务，主要包括用电业务申请与现场查勘、电力工程施工、装表接电、抄表、设备缺陷处理、电费通知发放、抢修或宣传服务等。

4）网络服务。指客户通过网络获取的电力客户服务。网络服务的内容主要包括用电信息查询、在线业务申请、网上缴费等。

5）社区服务。指客户在社区即可获取到的电力客户服务。当前社区服务主要包括电费通知、停电通知、电费缴纳、用电政策宣传等。随着服务渠道多元化的发展，社区服务由于其便捷和通达，成为老百姓非常乐意接受的渠道之一。随着智能用电技术的发展以及智能小区的推广，智能社区服务将成为提高客户生活品质、全方位满足客户用电需求的有效渠道。

（2）按电力销售环节划分，可分为售前服务、售中服务、售后服务。

1）售前服务。客户在没有办理正式业扩手续之前，供电公司提供的服务都可称为售前服务。售前服务的主要目的是使客户产生信任，让客户愿意与供电企业形成交易关系。售前服务包括业务咨询、用电政策宣传、现场查勘、供电方案制定和答复。通常客户第一次来供电公司咨询业务办理情况时，为了给客户提供更好的服务，赢得客户，供电公司可以积极开展售前服务。

2）售中服务。从客户办理业扩报装申请手续，到正式装表接电这个过程，供电公司提供的服务均可称为售中服务。售中服务内容包括业扩收费、业扩工程中间检查、竣工验收、用电技术指导、装表接电等。

3）售后服务。售后服务内容较为广泛，包括抢修服务、设备维护、热线服务、信息告知、技术培训、安全用电检查和指导等。售后服务可以对产品在销售过程中出现的失误给予补救以达到客户满意。在一些地方电网与国家电网并存的区域，售后服务的好坏，直接影响到客户对供电公司的选择。因此，售后服务还可以开拓售电市场。

（3）按产权分界来划分，可分为有偿服务、无偿服务。

1）有偿服务是指供电公司给客户提供的服务是需要收费的服务。目前供电企业提供的有偿服务内容主要有客户用电设备代为维护、电能计量装置出线以后的故障抢修、信息订阅服务。随着智能用电、互联网的不断发展和应用，还会催生出更多新的有偿服务内容。

2）无偿服务是相对有偿服务而言的，即由供电公司免费给客户提供的服务。主要以客户产权分界点来划分，在故障抢修、设备维护等方面这个界线非常明显。除此之外，供电企业目前提供的服务基本是免费的。

第二节　电力服务人员应具备的基本素质

供电企业服务人员必须具备优良的思想道德素质、规范的服务行为素质、精良的专业技能素质、健康的身体心理素质，才能承担起供电企业服务大众的社会责任。

一、优良的思想道德素质

优良的思想道德素质是电力服务人员素质的基础，包括爱岗敬业、诚实守信、团结协作、态度端正、高度负责、严守纪律 6 个方面。

（1）爱岗敬业。爱岗敬业是对电力服务员工思想道德素质的基本要求，是指员工珍爱自己的工作岗位，尽心尽力的工作，用恭敬严肃的态度对待自己的专业工作。热爱服务岗位，才会愿意为岗位付出，才能在岗位上有作为，才能将岗位工作经营的"有声有色"，在岗位上创造价值。

（2）诚实守信。诚实守信是社会主义市场经济下，每个企业、每个员工得以立足社会的基本条件，也是为人处世的一种美德。作为电力企业服务员工，只有诚实守信，才能赢得客户的信任，企业才能赢得信誉，企业的生存和发展才有保障。电力服务员工的诚实守信既要求员工服务于客户时诚实守信，也要求员工对待企业、同事诚实守信。

（3）团结协作。电力客户服务工作是一项协同性要求非常高的工作，只有服务的每一个环节、每一个链条、每一个岗位相互协作、配合紧密才能确保客户的用电需求及问题得到有效解决。虽然企业内部有不同的分工，但对外都代表这个企业，只有团结协作、全面协同，才能使"以客户为中心"的大协同服务机制运转顺畅，真正提高企业服务水平。

（4）态度端正。供电企业的每个员工都要树立全心全意为人民服务的思想，树立主动服务的意识，换位思考为客户着想，真心实意为客户解决问题。特别是在为客户提供服务时遇到客户情绪比较激动的情况，应保持冷静的头脑。在实际工作中，服务人员的态度往往决定了服务的效果。如某电力公司抢修人员到客户现场为客户处理故障，由于在处理故障时客户咨询有关抢修事宜，抢修人员爱答不理、不耐烦甚至与客户发生争执。虽然故障排除了，但并不满意，投诉了抢修人员。供电公司针对投诉，又付出了诉求核查的成本。因此作为电力服务人员，无论是在哪一个岗位、哪一个专业，都应该端正服务态度、具备主动服务的意识，站在客户的角度，充分利用服务技巧和业务知识化解客户矛盾，解决客户诉求。

（5）高度负责。供电企业承担着服务社会的责任，作为企业员工是服务责任的具体践行者，对自己负责才会对企业负责，对客户负责就是对企业负责。必须具备强烈的责任意识，才能按照企业管理的要求严格要求自己，将企业对服务的要求落实到具体工作中，认真对待客户的需求。

（6）严守纪律。电力客户服务人员在为客户提供服务时要严守工作纪律，文明礼貌待客，诚信为客户服务，遵守行业作风。

二、服务人员的行为素质

电力客户服务人员的行为包含接待、会话、服务等方面。这些行为发生在直接与客户接触的过程中，因此，服务人员的行为素质既代表企业形象也关系服务效果。

1. 接待

客户的接待一般在供电营业厅中进行，也包含供电企业各个专业部门人员接待客户的来访、洽谈、参观等事宜，接待时必须具备下列素质。

（1）热情礼貌，精神饱满。热情的态度、饱满的精神状态，能给客户留下良好的印象，在服务沟通和接触中更具亲和力，让客户对客户服务人员具备基本的信任，增强客户沟通、接触的意愿，为进一步解决客户诉求打下良好的基础。热情的接待也会使客户对公司产生信赖感，提升企业的美誉度。

（2）百问不烦，百听不厌。这是指服务人员的耐心和尊重他人的职业素养。在接待客户时，电力客户服务人员面对的客户群体是形形色色的，这就要求服务人员必须具备礼貌和耐心，对客户的诉求或疑问耐心解释。由于工作的需要，特别是在95598 的话务接待中，很可能一天之内同样的话要说上一百遍一千遍。遇到大面积停电时，成千上万的客户询问同一件事情，更需要客户服务人员具备耐心。

（3）举止文明，大方得体。这是对电力客户服务人员仪容、仪表和行为举止的要求。整洁、统一的着装，规范文明的举止，自然自信的神态，真诚、善意的微笑。接待客户时，既要尊重他人，也要珍惜自己的人格尊严，遵守服务的原则和底线。

2. 会话

会话主要指在与客户接触中的言语沟通。有效的会话，能使双方的关系变得融洽，使工作任务顺利达成。能言、巧言、善言往往能减少工作的阻力，提高沟通的效果。在会话中，服务人员应具备以下素质：

（1）全神贯注，仔细倾听。全神贯注，仔细倾听客户的讲话，才能准确了解客户的需求、反映的问题。会话时应面带微笑看着对方面部，不随意打断客户的话语，这是会话时，服务人员应具备的基本素质。如果与客户会话时，服务人员一边处理手头工作，一边跟客户交谈，那么传达给客户的信息是服务人员没有沟通的意愿，从而，无法赢得客户的信任；即便是沟通了，也难以把握客户的诉求信息，导致服务效果不好。

（2）善于表达，逻辑清晰。善于表达首先要求表达的人有一定的语言组织能力，才能把意思流畅清晰的说清楚，让对方明白。其次要善于使用说的语气、语境和语态。中国的语言表达非常丰富，一个词出现在不同的语境、使用不同的语气，意思完全不同。比如"你好！"，常态情况下表达出来是一句礼貌问候语，如果换成"你？好！"，意思就大相径庭。服务人员应该善于把握与客户对话时的语境，合理选择表达方式，使对方接受你所表达的信息。

逻辑清晰，则是要求服务人员语言表达的逻辑性和条理性。按照对方的意愿、容易接受的逻辑和条理表达所要传递的信息，使客户更准确的接收、理解信息。

（3）察言观色，过程把控。察言观色，要求客户服务人员在客户会话过程中，能够通过观察客户的表情、语气了解客户的情绪，了解客户对会话信息接受的程度，掌握会话进度和当前沟通的状况。通过客户服务人员适时察言观色，了解沟通的信息是否已被接受，对方是否已经理解、是否满意，诉求疑问是否得到解决等信息，积极应对和解决，是提高会话效率和效果的有效方法。

3. 服务

这里的"服务"是指供电企业为客户提供的各个具体的服务项目，如业务办理、收费、抢修、咨询、投诉处理、抄表等。在提供服务的过程中，服务人员应具备下列素质：

（1）全心全意，规范真诚。全心全意就是全身心的为客户着想，站在客户的角度为客户提供服务、解决问题。规范真诚是要求客户服务人员向客户提供服务时态度真诚，操作规范、标准。真诚既是一种态度、一种心态，也是与人交往的基本原则。

（2）快捷周到，精益求精。为客户提供服务，要迅速了解客户的意图，正确理解客户的要求，准确地为客户提供服务。周到，则要求客户服务人员在服务过程中善于思考，全面为客户考虑，既要解决客户当前的问题，也要提出好的建议帮助客户避免同类情况再次发生。

精益求精是客户服务人员的工作态度、也是一种作风。换言之，服务就是要"多想一步、多做一步"。我们还能做些什么，还有什么需要改善的，这些是服务人员发现服务差距、解决问题能力的体现。

（3）秉公办事，廉洁自律。电力是国家公共资源，供电企业的每个员工都应从维护国家利益、企业利益出发，提高拒腐防变的能力。服务人员秉公办事、廉洁从业直接关系企业的社会形象，关系到企业的信誉和发展。因此，秉公办事，廉洁自律是服务人员必须具备的行业素质。

三、专业技能素质

（1）学习能力。电能产品的特殊性也决定了行业的特殊性，电力服务方面涉及的专业知识面广，特别是近年来科技手段的进步，需要掌握的相关知识、技能不断丰富，这就需要电力服务人员具备学习的能力，随时更新拓展知识面，提高专业水平。

（2）专业技巧。在电力客户服务中，涉及的各个专业都有相应的技巧。其中，用的较广泛的是沟通的技巧，掌握沟通的技巧，能够大大缩短服务时间、提高客户满意度，节约服务成本。

（3）操作技能。操作技能是电力客户服务人员在服务中需要使用的基本技能。现代营销模式下的电力企业，服务人员应掌握的操作技能包括计算机操作、营销等各类业务系统的操作、现场服务涉及设备的操作、非现金缴费设备仪器的操作等。随着技术的不断发展和投入，电力服务人员根据其分工不同，需掌握的操作技能也越加丰富和多样。

四、身体心理素质

健康的身心是人类一切活动的基础。随着社会不断发展和进步，社会对供电企业服务的要求越来越高；电力企业自身改革发展精益化管理对服务人员业务、素质、技能要求日益提高；加之，供电企业当前的管理机制和体制还在逐步完善等，这些，都给现代供电企业服务人员带来了巨大的压力。没有健康的身心、一定的抗压能力，就无法承担起服务社会的责任，所以，健康的身心是供电企业员工必须具备的素质。

第二章

电力客户服务质量及标准

对供电企业服务质量进行评价，通常从内部评价，涵盖供电服务涉及的各个环节，由企业根据自身服务发展情况自行设定评价指标和标准，包括供电服务指标、供电服务监管指标、供电服务规划与保障体系、供电服务制度建立与执行、供电服务技术支持系统建设与应用五个方面。外部评价以客户满意度指数（CSI）为核心，包括形象、客户期望、客户对供电服务品质的感知、客户对价值的感知、客户满意度、客户抱怨和客户忠诚等方面。就电力客户服务而言，外部评价的意义更能客观反映出服务的水平和能力。

第一节 电力客户满意度

一、定义

电力客户的满意度是指客户在接受某一电力服务时，实际感知的服务与预期得到的服务的差值。通俗地说，客户希望获得的服务与实际感知到的服务的差距，就是满意度。当客户感知与客户预期吻合，则满意；当感知低于预期，则不满意；当感知高于预期时，客户就会高度满意甚至愉悦。满意度越大，这个差距就越小，满意度越小，这个差距就越大。

从个人层面上看，客户满意度是客户对产品或服务的消费经验的情感反映。这种满意不仅仅体现在某一产品、一项服务上，还体现为对一系统或者体系的满意。

从企业层面看，客户满意度是企业用以评价和增强企业业绩的标准之一，代表了企业在其所服务的市场中的所有购买和消费经验的实际和预期的总体评价，是企业服务"质量"的衡量方式。

二、客户满意度的决定因素

在客户服务中，决定客户满意度的因素主要有客户经历的服务质量、感知价值和客户预期的服务质量三项。

（1）客户经历的服务质量。客户经历的服务质量是通过客户对近期接触的服务的评价来表示，对客户满意度有直接影响。评价结果主要依赖于客户的客观直觉，比如，95598 热线服务结束后，会给客户提供一个评价选项，作为对该名客户代表提供的当次热线服务的即时评价，这个满意度评价就是客户刚刚接触和体验的服务质量。满意度取决于客户经历服务过程中，供电企业提供的服务方式、服务行为和渠道给客户带来的感知。

（2）客户预期的服务质量。客户预期的服务质量是通过客户以往接触的服务经验的评价来表示，包括客户以往看到的广告宣传、听说的口头宣传等非亲身经历信息。这些信息和评价形成了客户对服务质量的期望，也是企业服务表现的累计评价。在供电企业提供服务质量和水平保持一致或不变的情况下，客户预期服务质量的高低决定了客户满意程度。在实际工作中，客户的期望值是需要管理的。供电企业服务的主要目标是满足普遍客户的，有的个别客户期望值过高，超出了供电企业当前的服务能力和范围时，供电企业应科学合理地对待，而不是不讲原则、不计成本地追求个别客户满意度。

（3）感知价值。客户的感知价值是指客户所感受到的相对自己服务价格的服务质量水平。这就使得相对于所付出价格的服务质量水平在不同企业之间和不同价位之间也具有可比性。对于一定的客户经历的服务质量，感知的价值增长与客户满意度之间呈正比。也就是说，感知价值越高，满意度越高。由于我国电价未完全放开，仍有国家宏观调控，价格没有实现市场化，因此，供电企业当前提供的服务多为免费的。换言之，电力客户购买电能产品付出的价格不包含服务的部分。因此，在电力客户服务中，客户感知价值因素对满意度的影响不突出。需要注意的是，客户感知价值与客户感知的服务质量是两个概念，供电企业在对客户满意度进行管理时，应将客户感知的服务质量作为满意度管理的重要依据。

第二节　电力客户服务标准

一、电力客户服务标准的定义

通俗地说，客户服务标准是服务工作中应当共同遵循的准则，目的是提高客户满意度。电力客户服务标准主要包括客户服务提供标准和客户服务质量标准两个部分。

二、客户服务提供标准

（一）客户服务提供标准定义

客户服务提供标准是指供电企业向客户提供的各项服务资源的基本配置要素，包括服务功能、服务环境、服务方式、服务人员、服务流程、服务设施及用品等。

（二）客户服务提供要素

在供电客户服务过程中，供电企业为满足客户的某项用电需求，向客户提供的、能对服务质量产生重大影响的、各项有形或无形的服务资源和服务活动，称为"服务提供要素"，如服务功能、服务流程、服务方式、服务人员等。概括起来，供电企业可以从服务渠道和服务项目两个方面来统一提供标准。

（1）服务渠道的提供要素包括服务网络布设、服务功能、服务方式、服务人员、服务环境、服务设施及用品六项。由于各服务渠道对服务特性的关注重点不同，所以个别服务提供要素不能体现在该服务渠道里，即每个服务渠道的服务提供要素配置不尽相同。例如，企业工作人员在客户现场提供服务，其工作环境是客户需求所在地，一般即为客户所在地，该服务渠道的服务环境是由客户、而非供电企业提供的，故不能作为该渠道的提供要素。

（2）服务项目的提供要素包括服务内容、服务人员、服务渠道、服务流程四项。一个完整的服务项目应具备具体的服务提供内容、具体的服务提供者、明确的服务提供渠道、明确的服务提供流程，故每个服务项目的服务提供要素均为上述四项。

供电企业向客户提供的服务渠道主要包括供电营业厅、95598服务热线、网上营业厅、客户现场、银行及其他代办机构、社区及其他渠道。

供电企业向客户提供的服务项目包括新装、增容及变更用电服务；故障抢修服务；咨询查询服务；投诉、举报和建议受理服务；客户信息更新服务；缴费服务；账单服务；客户欠费停电告知服务；客户校表服务；用电指导服务；信息公告服务；重要客户停电告知服务；高压客户表计轮换告知服务；专线客户停电协商服务；保供电服务；信息订阅服务。

（三）服务渠道设置标准

供电服务渠道主要分为供电营业厅、95598服务热线、网上营业厅、客户现场、银行及其他代办机构、社区及其他渠道。每种服务渠道相应配套的设置标准不尽相同。

1. 供电营业厅

供电营业厅是供电企业为客户办理用电业务需要而设置的固定或流动的服务场所。固定地点营业厅的设置标准如下：

（1）服务网络布设。

1）供电营业厅的服务网络应覆盖公司的供电区域，其布设应综合考虑所服务的客户类型、客户数量、服务半径，以及当地客户的消费习惯，合理设置。

2）供电营业厅按A、B、C、D四级设置，其要求如下：

① A级厅为地区中心营业厅，兼本地区供电营业厅服务人员的实训基地，设置于地级及以上城市，每个地区范围内最多只能设置1个；

② B级厅为区县中心营业厅，设置于县级及以上城市，每个区县范围内最多只能设置1个；

③ C级厅为区县的非中心营业厅,可视当地服务需求,设置于城市区域、郊区,乡镇;

④ D级厅为单一功能收费厅或者自助营业厅,可视当地服务需求,设置于城市区域、郊区,乡镇。

3)供电营业厅应设置在交通方便、容易辨识的地方。

(2)服务功能。

供电营业厅的服务功能包括:① 业务办理;② 收费;③ 告示;④ 引导;⑤ 洽谈。

1)业务办理指受理各用电业务,包括客户新装、增容及变更用电申请,故障报修,校表,信息订阅,咨询,投诉、举报和建议;客户信息更新等。

2)收费指电费及各类营业费用的收取和账单提供服务,包括电费充值卡销售、表卡售换等。

3)告示指提供电价标准及依据、收费标准及依据、用电业务流程、服务项目、95598供电服务热线等各种服务信息公示,计划停电信息及重大服务事项公告,功能展示,以及公布岗位纪律、服务承诺、电力监管投诉举报电话等。

4)引导指根据客户的用电业务需要,将其引导至营业厅内相应的功能区。

5)洽谈指根据客户的用电需要,提供专业接洽服务。

(3)服务功能的设置标准。

1)各级营业厅要求的营业时间如下:

① A、B级营业厅实行无周休、无午休;

② C级营业厅、D级营业厅(单一功能收费厅)可结合服务半径、营业户数、日均服务量等实际情况实行无周休制,如果周末遇当地赶集日、缴费高峰期应安排营业;

③ 除自助营业厅外,其他各等级营业厅实行法定节假日不营业,但应至少提前5个工作日在营业厅公示法定节假日休息信息,并做好缴费提示,同步向95598报备。

2)各级供电营业厅必须具备的服务功能如下:

① A、B、C级营业厅应具备第①~⑤项服务功能;

② D级营业厅应具备电费收取、发票打印,以及信息公示等服务功能。

(4)服务方式。

供电营业厅的服务方式包括:① 面对面;② 电话;③ 书面留言;④ 传真;⑤ 客户自助。

为给客户提供方便,服务方式应多样化。

各级供电营业厅必须具备的服务方式如下:

1)A、B、C级营业厅具备第①~⑤种服务方式;

2）D级营业厅具备第①、③、⑤种服务方式，D级营业厅具备"客户自助"服务方式时，可视当地条件和客户需求，提供24小时服务。

（5）服务人员。

供电营业厅的服务人员包括：① 营业厅主管；② 业务受理员；③ 收费员；④ 引导员；⑤ 保安员；⑥ 保洁员。

服务人员的设置标准：

1）供电营业厅的服务人员应经岗前培训合格，方能上岗工作。要求A级营业厅的第①～④类服务人员、B级营业厅第①类服务人员具备大专及以上学历，达到普通话水平测试三级及以上水平。

2）各级营业厅应配备的服务人员如下：

A级营业厅：第①～⑥类服务人员；

B级营业厅：第①～⑥类服务人员；

C级营业厅：第①～③、⑤类服务人员；

D级营业厅（单一功能收费厅）：第③～⑤类服务人员。

（6）服务环境。

供电营业厅的功能分区包括：① 业务受理区；② 收费区；③ 业务待办区；④ 展示区；⑤ 洽谈区；⑥ 引导区；⑦ 客户自助区。供电营业厅的服务环境应具备统一的国家电网公司 VI 标识，符合《国家电网公司标识应用管理办法》《国家电网公司标识应用手册》的要求，整体风格应力求鲜明、统一、醒目。不同级别的营业厅功能具备分区如下：

1）A、B级营业厅：第①～⑦个功能区。

2）C级营业厅：第①～④个功能区。

3）D级营业厅：第②、③、④个功能区。

供电营业厅各功能分区的设置标准为：

1）业务受理区：一般设置在面向大厅主要入口的位置，其受理台应为半开放式。

2）收费区：一般与业务办理区相邻，应采取相应的保安措施。收费区地面应有一米线，遇客流量大时应设置引导护栏，合理疏导人流。

3）业务待办区：应配设与营业厅整体环境相协调且使用舒适的桌椅，配备客户书写台、宣传资料架、报刊架、饮水机、意见箱（簿）等。客户书写台上应有书写工具、登记表书写示范样本等；放置免费赠送的宣传资料。

4）展示区：通过宣传手册、广告展板、电子多媒体、实物展示等多种形式，向客户宣传科学用电知识，介绍服务功能和方式，公布岗位纪律、服务承诺、服务及投诉电话，公示、公告各类服务信息，展示节能设备、用电设施等。

5）洽谈区：一般为半封闭或全封闭的空间，应配设与营业厅整体环境相协调且使用舒适的桌椅，以及饮水机、宣传资料架等。

6）引导区：应设置在大厅入口旁，并配设排队机。

7）客户自助区：应配设相应的自助终端设施，包括触摸屏、多媒体查询设备、自助缴费终端等。

供电营业厅应整洁明亮、布局合理、舒适安全，做到"四净四无"，即"地面净、桌面净、墙面净、门面净；无灰尘、无纸屑、无杂物、无异味"。营业厅门前无垃圾、杂物，不随意张贴印刷品。

（7）服务设施及用品。

供电营业厅的服务设施及用品包括：营业厅门楣，营业厅铭牌，营业厅时间牌，营业厅背景板，防撞条，时钟日历牌，"营业中""休息中"标志牌，95598双面小型灯箱，功能区指示牌，禁烟标志，营业人员岗位牌，"暂停服务"标志牌，员工介绍栏，展示牌，意见箱（簿），服务台（填单台）及书写工具，登记表示范样本，客户座椅，宣传资料及宣传资料架，饮水机，报刊及报刊架，垃圾筒（可回收、不可回收），"小心地滑"标志牌，便民伞，移动护栏、多媒体查询设备、显示屏、自助缴费终端、排队机、平板电视、无障碍设施、POS机、保险柜、复印机、传真机、录音电话、视频监控系统、验钞机、"设备维修中"标志牌、评价器、24小时自助服务双面小型灯箱。

除时钟日历牌、自助缴费终端、多媒体查询设备、排队机、平板电视为可选设施和用品外，其他设施和用品无论是哪种级别营业厅均应配备。A类厅应按标准配置完善。

所有服务设施及物品均应符合《国家电网公司标识应用管理办法》《国家电网公司标识应用手册》的要求：

1）各项设施及用品摆放整齐、清洁完好、适时消毒。

2）夜间应保证国家电网徽标及95598双面小型灯箱明亮易辨。

3）供电营业厅入口处应配有"营业中"或"休息中"标志牌，营业柜台应配有"暂停服务"标志牌。

4）功能区指示牌应醒目，必要时可设有中英文对照标识，少数民族地区应设有汉文和民族文字对应标识。

5）供客户操作使用的服务设施，如发生故障不能使用，应摆设"设备维修中"标志牌，并在30天内修复。

2. 供电服务热线

95598供电服务热线是供电企业为电力客户提供的7×24小时电话服务热线。

为实现服务资源高度统一、打破信息屏障和壁垒，95598 供电服务热线由国家电网公司总部统一管理，集中建设国家电网公司客户服务中心，实现客户诉求统一受理、分级调度、闭环管理。热线相关设置标准如下。

（1）服务功能。95598 供电服务热线应通过语音导航，向客户提供故障报修，咨询，投诉、举报、意见、建议和服务申请受理，停电信息公告，客户信息更新，信息订阅，并具备外呼功能。向客户提供 7×24 小时不间断服务。

（2）服务方式。95598 的服务方式包括：自助语音、人工通话、短信、录音留言、电子邮件、传真。

（3）服务人员。95598 客服代表包括：普通话客服代表、英语客服代表，并应根据客户需求设置民族语言客服代表。

（4）服务环境。热线的服务环境主要指客户拨打热线时感受的语音环境。对热线服务环境提供的标准要求如下：

1）热线接入时，应采用统一的引导语，"×××，国家电网 95598 为您服务"。如"你用电，我用心，国家电网 95598 为您服务"。

2）客户话务等待时，应播放轻柔音乐。

3）自动语音导航分级菜单层次应控制在 5 层以内，每层菜单必须设置"转人工""返回上级"选项。按键设置标准为：人工服务，按"0"；返回上级菜单，按"*"。

4）人工服务接通后，应播报"××号座席为您服务"。

5）语音导航播报时，如客户选择某单功能键，自动终止播报，直接进入对应的服务；如客户未选择某单功能键，则提示"您的输入有误，请重新输入"。

6）在没有后续操作时播报"结束服务请挂机"。

3. 网上营业厅

网上营业厅是供电企业通过网络为客户提供服务的一种途径,其相关标准如下：

（1）服务网络布设。网上营业厅应以国家电网公司为单位统一布设，为客户提供 7×24 小时不间断服务。

（2）服务功能。网上营业厅的服务功能包括会员注册或认证，电费缴纳，咨询查询，信息公告，信息订阅，预受理新装、增容及变更用电等服务申请，受理投诉、举报、意见、建议等功能。服务功能的设置标准：

1）除信息公告外，其他功能只对网站注册或认证用户开放。

2）网上营业厅应提供办理各项业务的说明资料,相关表格应便于客户填写或下载。

3）网上营业厅应设有导航服务系统，以方便客户使用。

（3）服务方式。

网上营业厅的服务方式包括客户自助、网站留言、电子邮件。服务方式的设置标准为：

1）客户自助。应对客户进行身份验证，确保客户信息不外泄；自助缴费服务应确保客户资金安全。

2）网站留言。应对客户留言及回复进行归档，并使客户能查询到 6 个月内的信息。

3）电子邮件。应对电子邮件进行归档。

（4）服务人员。

网上营业厅应设网站受理员即电子商务客户代表。网站受理员应具备大专及以上学历，并经岗前培训合格。

（5）服务环境。

网上营业厅的网页界面设计应友好，应有明显的"国家电网"标识和"供电客户服务"字样。网上营业厅服务功能区域划分应科学合理、简洁明了、富有人性化。网页制作要求直观，色彩明快，各服务功能分区要有明显色系区分。

4. 客户现场

客户现场服务渠道是指供电企业服务人员到客户需求所在地进行服务的一种途径。其功能包括：处理新装、增容及变更用电，故障抢修，收缴电费，电能表校验，电能表换装，保供电，服务信息告知，专线客户停电协商，提供电费表单，受理投诉、举报和建议等。客户现场的设置标准如下：

（1）服务功能。

故障抢修应提供 7×24 小时不间断服务，其他服务功能一般在工作时间为客户提供。

（2）服务方式。

现场服务的方式包括面对面、电话、短信。

（3）服务人员。

根据所提供的具体服务功能，客户现场的服务人员包括客户经理，现场勘查、中间检查及竣工验收、装表接电、检验检测、故障抢修、保供电、用电指导及催收人员等。客户现场服务人员应经相应的岗前培训合格，方可上岗工作。

（4）服务设施及用品。

现场服务的设施及用品包括警示牌、安全围栏等标志、移动 POS 机；移动作业终端；电能表现场检验设备，多媒体记录设备（包含摄像机、照相机、录音设备等）。服务设施的设置标准如下：

1）现场服务设施及用品应符合《国家电网公司标识应用管理办法》《国家电网公司标识应用手册》的要求。

2）在公共场所工作时，应有安全措施，悬挂施工单位标志、安全标志，并配有礼貌用语；在道路两旁工作时，应在恰当位置摆放醒目的警示牌。

3）有条件的单位可使用移动 POS 机到现场向客户收取电费。

5. 银行及其他代办机构

银行及其他代办机构服务渠道是指供电企业委托银行、通信运营商及其他机构（以下统称代办机构），代为提供电费收取及相关服务的特定服务途径。服务网络布设应考虑与多家代办机构合作，以对供电企业自有营业厅形成延展补充。

（1）服务功能。

代办机构的服务功能包括电费收取、电量电费查询、电费票据及账单服务。各代办机构的营业网点，应严格按照与供电企业签署的协议提供服务。

（2）服务方式。

代办机构的服务方式包括面对面、客户自助。代办机构应公布电费收取窗口的营业时间。

（3）服务环境。

代办机构营业网点应具有电力企业委托的经营权，并在营业窗口悬挂"供电企业委托授权"标志牌。

6. 社区及其他渠道

社区服务渠道是供电企业利用居民社区服务网络向客户提供服务的一种途径。各供电企业应综合考虑供电区域内客户需求、现有服务网络的布设情况以及实际具备的服务能力等因素，合理布设社区服务点。

（1）服务功能。

社区服务功能包括：咨询，用电指导，信息公告（停电信息公告、用电常识宣传等），电费催费通知送达，客户自助缴费（可选），受理客户的投诉、举报意见和建议等。

（2）服务方式。

社区服务的方式包括：面对面、客户自助。供电企业应明确到社区服务的时间，并提前向社区居民公告。

（3）服务人员。

社区服务可设置兼职或专职的社区服务员。社区服务人员应具备电力行业相关知识。

（4）服务设施及用品。

社区服务的设施及用品包括：服务信息公告栏、宣传资料，自助缴费终端（可选）。

服务设施及用品应符合《国家电网公司标识应用管理办法》《国家电网公司标识应用手册》的要求。

（四）服务项目设置标准

服务项目主要包含供电企业向客户提供的各项业务及服务，包括新装、增容及变更用电，服务诉求服务，抄表催费、账单服务、信息公告、用电指导等共计 16 项。为确保服务的规范性和标准性，各个项目都应设定统一的服务标准。

1. 新装、增容及变更用电服务

新装、增容及变更用电服务是指供电企业根据客户提出的用电需求，统一受理客户的新装、增容及变更用电业务。其中变更用电包括减容、暂停、暂换、迁址、移表、暂拆、过户、分户、并户、销户、改压、改类、临时用电、市政代工。这类项目的提供标准如下：

（1）服务人员。

服务人员包括业务受理员、95598 座席、网站受理员、客户经理、现场勘查人员、审图与验收人员、装表接电人员、收费员、用电检查人员等。

（2）服务渠道。

服务渠道包括供电营业厅、95598 供电服务热线、电子渠道、客户现场、社区及其他渠道。

（3）服务流程。

1）新装、增容、减容、暂换服务流程为：受理客户申请→现场勘查→制定供电方案→向客户收取有关营业费用→图纸审核→中间检查→竣工验收→签订供用电合同→装表接电（含采集终端安装）→客户申请资料归档→回访→服务结束。

2）减容恢复、暂换恢复流程：受理客户申请→现场勘查→制定供电方案→图纸审核→中间检查→竣工验收→签订供用电合同→装表接电→客户申请资料归档→回访→服务结束。

3）暂停、暂拆流程：受理客户申请→现场勘查→办理停电手续→现场拆表、设备封停→客户申请资料归档→服务结束。

4）暂停恢复、复装流程：受理客户申请→现场勘查→办理停电手续→向客户收取有关营业费用→现场暂拆恢复、装表接电、设备启封→客户申请资料归档→服务结束。

5）过户流程：受理客户申请→现场勘查→签订供用电合同→客户申请资料归档→服务结束。

6）销户流程：受理客户申请→现场勘查→拆除采集终端或拆表停电→缴纳并结清相关费用→客户申请资料归档→服务结束。

7）改类流程：受理客户申请→现场勘查→签订供用电合同→装表接电→客户

申请资料归档→服务结束。

8）迁址、移表、分户、并户、改压流程：受理客户申请→现场勘查→制定供电方案→向客户收取有关营业费用→图纸审核→中间检查→竣工验收→签订供用电合同→装（换）表接电（含采集终端装拆）→客户申请资料归档→回访→服务结束。

9）有工程临时用电流程：受理客户申请→现场勘查→制定供电方案→向客户收取有关营业费用→图纸审核→中间检查→竣工验收→签订供用电合同→装表接电→客户申请资料归档→回访→服务结束。

10）无工程临时用电流程：受理客户申请→现场勘查→向客户收取有关营业费用→签订供用电合同→装表接电→客户申请资料归档及回访→服务结束。

11）临时用电延期流程：受理客户申请→现场勘查→向客户收取有关营业费用→签订供用电合同→客户申请资料归档及回访→服务结束。

12）临时用电终止流程：受理客户申请→现场勘查→与客户结清有关费用→终止供用电合同→客户申请资料归档→服务结束。

13）市政代工流程：受理市政部门申请→现场勘查→审批→跟踪供电工程进度→组织图纸审查→中间检查→竣工验收→资料归档等→结束服务。

2. 故障抢修服务

故障抢修服务内容为供电企业受理客户对供电企业产权范围内的供电设施故障报修后，到达现场进行故障处理、恢复供电的服务。这类服务的提供标准如下。

（1）服务人员包括业务受理员、95598座席、故障抢修人员。

（2）服务渠道包括供电营业厅、95598供电服务热线、客户现场。

（3）服务流程：受理客户故障报修→接单派工→故障处理→抢修结果回访→资料归档→服务结束。

3. 咨询查询服务

咨询查询服务内容为供电企业为客户提供电价电费、停电信息、用电业务、业务收费、客户资料、计量装置、法律法规、电动汽车、能效服务、用电技术及常识等内容的咨询服务。其服务标准如下。

（1）服务人员包括95998座席、业务受理员、电子客服代表、业务处理人员。

（2）服务渠道包括95598供电服务热线、供电营业厅、电子渠道、客户现场、社区及其他渠道。

（3）服务流程：受理客户咨询查询申请→初步验证客户身份→处理客户申请→答复客户咨询查询结果→资料归档→服务结束。

4. 投诉、举报和建议受理服务

供电企业受理客户的投诉、举报、意见和建议，按规定向客户反馈处理结果的服务。其服务标准如下。

（1）服务人员包括 95598 座席、业务受理员、电子客服代表、业务处理人员。

（2）服务渠道包括 95598 供电服务热线、供电营业厅、电子渠道、客户现场、社区及其他渠道。

（3）服务流程：

① 投诉流程：由受理客户投诉开始，经过联系客户，调查处理，应客户要求回复回访，办结归档等流程环节，服务结束；

② 举报流程：受理客户举报→调查、处理→应客户要求进行回访→资料归档→服务结束；

③ 建议流程：受理客户建议→调查、研究→应客户要求进行回访→资料归档→服务结束。

5. 客户信息更新服务

供电企业为客户提供联系方式、业务密码等客户信息更新的服务。其服务标准如下。

（1）服务人员包括业务受理员、95598 座席、电子客服代表。

（2）服务渠道包括供电营业厅、95598 供电服务热线、电子渠道、社区及其他渠道、客户现场。

（3）服务流程：受理客户信息更新申请→验证客户身份→客户提供资料→信息更新→资料归档→服务结束。

6. 缴费服务

供电企业向客户提供坐收、代收、代扣、充值卡缴费、走收、自助交费、网络交费等多种方式的缴费服务。其服务标准如下。

（1）服务人员包括涉及电费收取的工作人员。

（2）服务渠道包括供电营业厅、95598 供电服务热线、电子渠道、银行及其他代办机构、客户现场（可选）、社区及其他服务渠道。

（3）服务流程：

① 营业厅坐收流程：受理客户的缴费申请→查找客户应收电费信息→收取费用→开具缴费凭证→服务结束；

② 充值卡缴费流程：由客户拨打 95598 供电服务热线，要求对充值卡进行充值开始，通过验证客户号、校验客户提供的卡号和密码，进行充值、告知扣款信息及账户余额等流程环节，服务结束。

7. 账单服务

供电企业通过发放、邮寄等方式向客户提供电费票据和账单的服务。其服务标准如下。

（1）服务人员包括涉及票据或账单的工作人员。

（2）服务渠道包括供电营业厅、客户现场、银行及其他代办机构。

（3）服务流程：

① 电费票据和账单发放流程：供电营业厅或银行及其他代办机构受理客户要求提供电费票据或账单的申请→验证客户身份→开具票据或账单给客户→服务结束；

② 账单寄送流程：供电营业厅受理客户寄送账单申请→经过验证客户身份→办理账单寄送给客户→服务结束。

8. 客户欠费停电告知服务

供电企业通过电话、邮寄、送单或客户定制的其他方式，告知客户欠费停电信息，提醒客户及时缴纳电费的服务。

（1）服务人员包括催费人员。

（2）服务渠道包括客户现场、95598 供电服务热线电子渠道、社区及其他渠道。

（3）服务流程：获知客户欠费信息→发送欠费停电通知单（或短信、电话）告知客户欠费停电信息→服务结束。

9. 客户校表服务

供电企业受理客户校表的需求，为客户提供电能计量装置检验的服务。

（1）服务人员包括业务受理员、95598 座席、校表人员。

（2）服务渠道包括供电营业厅、95598 供电服务热线、客户现场。

（3）服务流程：受理客户的校表申请→收取相关费用→预约上门时间→电能计量装置校验→客户确认校验结果→校表结果处理→服务结束。

10. 用电指导服务

供电企业按客户需求，提供安全用电、经济用电、科学用电指导意见的服务。

（1）服务人员包括业务受理员、95598 座席、用电指导人员。

（2）服务渠道包括供电营业厅、95598 供电服务热线、客户现场、社区及其他服务渠道。

（3）服务流程：受理客户申请→了解客户用电现状和特性→答复客户相关问题→告知客户指导方案→回访→服务结束。

11. 信息公告服务

供电企业向客户提供用电政策法规、供电服务承诺、电价、收费标准、用电业务流程、计划停电、新服务项目介绍等信息的服务。

（1）服务人员包括95598 座席、电子客服代表、社区服务员及发布信息的其他人员。

（2）服务渠道包括供电营业厅、95598 供电服务热线、电子渠道、社区及其他渠道。

（3）服务流程：收集信息发布内容→内容审核→制订发布方式→信息公告→服务结束。

12. **重要客户停限电告知服务**

供电企业向重要客户提供计划、临时、事故停限电信息，以及供电可靠性预警的服务。

（1）服务人员包括停限电计划制定人员、用电检查人员、95598 座席及发布信息的其他人员。

（2）服务渠道包括客户现场、社区及其他服务渠道、95598 供电服务热线。

（3）服务流程：供电企业制订停限电计划→计划、临时、事故停限电及供电可靠性预警信息告知重要客户→进行相关记录→资料存档→服务结束。

13. **高压客户表计轮换告知服务**

供电企业向高压客户提供的表计轮换相关信息告知服务。

（1）服务人员包括表计轮换人员。

（2）服务渠道包括客户现场。

（3）服务流程：由供电企业制定表计换装计划开始，于换装现场进行公告，换装电能表前对装在现场的原电能表进行底度拍照，现场换装电能表，表户复核，底度公告，服务结束。

14. **保供电服务**

供电企业针对客户需求，对涉及政治、经济、文化等有重大影响的活动提供保电的服务。

（1）服务人员包括保供电人员。

（2）服务渠道包括客户现场。

（3）服务流程：供电企业受理客户保供电需求→制订保供电方案→专项用电检查→指导客户进行整改→保供电设施准备→保供电人员和设施按时到位→保电服务结束。

15. **信息订阅服务**

供电企业以短信、微信等方式，向客户提供电费、停电等信息订阅的服务。

（1）服务人员包括业务受理员、95598 座席、电子客服代表。

（2）服务渠道包括供电营业厅、95598 供电服务热线、电子渠道。

（3）服务流程，信息订阅服务项目包括 2 个服务子项，各服务子项的服务流程如下：

1）订阅流程：受理客户的订阅申请→验证客户身份→告知订阅事项→办理订

阅→发送确认订阅信息→服务结束。

2）退订流程：受理客户的退订申请→验证客户身份→办理退订→发送确认退订信息→服务结束。

三、客户服务质量标准

（一）定义

服务与有形产品的区别是服务特性无法像有形产品特性那样固化在一个物质实体上面，而是分解为许多无法集中控制的有形或无形特性。对这些服务特性的逐个控制就成为控制服务质量的关键。供电企业对所提供的服务活动和结果应满足客户用电需求的程度，而规定的质量目标及相应的各项质量指标，简称为客户服务质量标准。这些质量指标即为控制服务质量的关键。

（二）客户服务质量标准的分类

为广大电力客户提供优质、可靠、绿色、清洁电能产品，是供电企业的基本责任。从这个意义上理解，客户服务质量标准可以分为供电产品质量标准、服务渠道质量标准、服务项目质量标准。

1. 供电产品质量标准

在电力系统正常状况下，发电装机容量在 300 万 kW 及以上的，供电频率的允许偏差为 ±0.2Hz；发电装机容量在 300 万 kW 以下的，供电频率的允许偏差为 ±0.5Hz。在电力系统非正常状况下，供电频率允许偏差不应超过 ±1.0Hz。

在电力系统正常状况下，供电企业供到用户受电端的供电电压允许偏差为：35kV 及以上电压供电的，电压正、负偏差的绝对值之和不超过额定值的 10%；10kV 及以下三相供电的，为额定值的 ±7%；220V 单相供电的，为额定值的 +7%、−10%。在电力系统非正常状况下，用户受电端的电压最大允许偏差不应超过额定值的 ±10%。

电力系统公共连接点正常电压不平衡度允许值为 2%，短时不得超过 4%。

0.4kV～220kV 以下各级公用电网电压（相电压）总谐波畸变率是：0.4kV 为 5.0%，6～10kV 为 4.0%，35～66kV 为 3.0%，110kV 为 2.0%。

城市客户年平均停电时间不超过 37.5 小时（对应供电可靠率不低于 99.6%）。供电设备计划检修时，对 35kV 及以上电压供电的用户，每年停电不应超过 1 次；对 10kV 供电的用户，每年停电不应超过 3 次。

2. 服务渠道质量标准

（1）供电营业厅应准确公示服务承诺、服务项目、业务办理流程、投诉监督电话、电价和收费标准。

（2）与客户交接物品时，应双手递送，不抛不丢，交接现金时唱收唱付。

（3）居民客户收费办理时间一般每件不超过 5 分钟，用电业务办理时间一般每件不超过 20 分钟。

（4）95598 服务热线应 24 小时保持畅通。

（5）座席人员应在振铃 3 声（12 秒）内接听，使用标准欢迎语；外呼时应首先问候自我介绍；一般情况下不得先于客户挂断电话，结束通话应使用标准结束语。

（6）电子渠道应 24 小时受理客户需求，如需人工确认的，电子客服代表在 1 个工作日内与客户确认。

（7）进入客户现场时，服务人员应统一着装、佩戴工号牌，并主动表明身份、出示证件。协作人员应统一着装，出示有效证明。

（8）现场工作结束后应立即清理，不能遗留废弃物，做到设备、场地整洁。

（9）受供电企业委托的银行及其他代办机构营业窗口应悬挂委托代收电费标识，并明确告知客户其收费方式和时间。

3. 服务项目质量标准

（1）供电方案答复期限：居民客户不超过 3 个工作日，低压电力客户不超过 7 个工作日，高压单电源客户不超过 15 个工作日，高压双电源客户不超过 30 个工作日。

（2）对客户送审的受电工程设计文件和有关资料答复期限：自受理之日起，高压供电的不超过 20 个工作日；低压供电的不超过 8 个工作日。

（3）向高压客户提交拟签订的供用电合同文本（包括电费结算协议、调度协议、并网协议）期限：自受电工程设计文件和有关资料审核通过后，不超过 7 个工作日。

（4）城乡居民客户向供电企业申请用电，受电装置检验合格并办理相关手续后，3 个工作日内送电。非居民客户向供电企业申请用电，受电工程验收合格并办理相关手续后，5 个工作日内送电。

（5）对高压业扩工程，送电后应由 95598 客服代表 100%回访客户。

（6）严禁为客户指定设计、施工、供货单位。

（7）对客户用电申请资料的缺件情况、受电工程设计文件的审核意见、中间检查和竣工检验的整改意见，均应以书面形式一次性完整告知。

（8）供电抢修人员到达现场的时间一般为：城区范围 45 分钟；农村地区 90 分钟；特殊边远地区 2 小时。

（9）客户查询故障抢修情况时，应告知客户当前抢修进度或抢修结果。

（10）受理客户咨询时，对不能当即答复的，应说明原因，并在 5 个工作日内回复。

（11）受理客户投诉后，1 个工作日内联系客户，7 个工作日内答复客户。受理客户举报、建议意见业务后，应在 10 个工作日内答复客户。

（12）客户欠电费需依法采取停电措施的，提前7天送达停电通知，费用结清后24小时内恢复供电。

（13）受理客户计费电能表校验申请后，应在5个工作日内书面提供校验结果。

（14）当客户需要用电指导时，应在约定时间内提供指导建议方案。

（15）因供电设施计划检修需要停电的，提前7天公告停电区域、停电线路、停电时间。

（16）客户缴费日期、地点、银行账号等信息发生变更时，应至少在变更前3个工作日告知客户。

（17）供电设施计划检修停电时，应提前7天通知重要客户；临时检修需要停电时，应提前24小时通知重要客户。

（18）当电力供应不足或因电网原因不能保证连续供电的，应执行政府批准的有序用电方案。

（19）高压客户计量装置轮换应提前预约，并在约定时间内到达现场。轮换后，应请客户核对表计底数并签字确认。

（20）对专线进行计划停电，应与客户进行协商，并按协商结果执行。

（21）居民客户需要获知电费信息的，应在缴费截止日前5天告知。

第三节　服务质量的管控

一、电力客户服务质量管控范围

电力客户服务质量管控的范围涵盖了客户服务的各个方面。所有涉及服务质量的范畴，都是管控的范围。

在供电企业中，电力客户服务涉及专业较多，在整个服务执行体系中包含营销、运检、发策、建设、调控、农电等各个专业体系，他们都是服务前台窗口到后台支撑的各个组成环节，每个环节服务执行中涉及的服务质量都应纳入管控的范畴。

二、电力客户服务质量管控内容

服务质量既是服务本身的特性与特征的总和，也是消费者感知的反应，因而服务质量既由服务的技术质量、职能质量、形象质量和真实瞬间构成，也由感知质量与预期质量的差距所体现。

（1）技术质量。服务的技术质量是指服务过程的产出，即顾客从服务过程中所得到的东西。例如：供电企业向客户提供的自助缴费方式、智能用电设施、自助查询终端等。

（2）职能质量。服务的职能质量是指服务推广的过程中顾客所感受到的服务人员在履行职责时的行为、态度、穿着、仪表等给顾客带来的利益和享受。职能质量完全取决于顾客的主观感受，难以进行客观的评价。技术质量与职能质量构成了客户感知服务质量的基本内容。

（3）形象质量。服务的形象质量是指企业在社会公众心目中形成的总体印象，包括企业的整体形象和企业所在地区的形象两个层次。企业形象通过视觉识别、理念识别、行为识别等系统多层次地体现。顾客可从企业的资源、组织结构、市场运作、企业行为方式等多个侧面认识企业形象。企业形象质量是顾客感知服务质量的过滤器。如果企业拥有良好的形象质量，些许的失误会赢得顾客的谅解；如果失误频繁发生，则必然会破坏企业形象；倘若企业形象不佳，则企业任何细微的失误都会给顾客造成很坏的印象。

（4）真实瞬间。服务的真实瞬间则是服务过程中顾客与企业进行服务接触的过程。这个过程是一个特定的时间和地点，这是企业向顾客展示自己服务质量的时机。真实瞬间是服务质量展示的有限时机。一旦时机过去，服务交易结束，企业也就无法改变顾客对服务质量的感知；如果在这一瞬间服务质量出了问题也无法补救。真实瞬间是服务质量构成的特殊因素，这是有形产品质量所不包含的因素。

三、电力客户服务质量管控要素

在服务质量管控中，影响服务质量的主要因素包含服务时效、服务流程、服务执行、服务技术、服务异常。

1. 服务时效

服务时效是指提供客户服务的时长，通俗地说是服务时限。服务时限体现的是服务速度，包含服务响应的时限、服务后台支撑流转的时限、服务问题解决的时限。这是个可以量化的因素。通常在对服务时效进行管控时，需要考虑从服务接入（受理）、响应、流转、解决全过程各个环节。为了准确地实现各环节的管控，可以将完成整个服务的时间合理分布在各个环节，进行量化的管控。如95598供电抢修服务，从受理到办结可以分解成电话受理的时限、派单的时限、到达现场的时限、抢修过程联系客户的时限、故障处理完毕复电的时限、95598话务人员回访的时限等。

2. 服务流程

服务流程是指供电企业为完成某项服务工作设计的既定程序。统一、规范的服务流程是实现企业内部规范管理，确保服务有序、可控的基础，也是服务管控的要素之一。在流程中每个环节是相互制约、相互协同的关系。对服务流程的管控，就是要确保每个服务项目按照其既定的程序和环节流转，从而达到服务过程内部控制的目的。通常，对流程的管控方式有两种通过制度化固化流程和通过信息系统实现服务流程的全过程闭环管控。

3. 服务执行

服务的执行则指参与提供服务的人员在服务过程中的沟通、行为、语言及操作（作业）。前面说过，因为实施服务的人的差异性会导致在执行服务规范、标准时，会产生不同的结果。对服务执行的控制就是要通过管控尽可能减少这种差异性对服务效果造成的不良影响。服务人员在提供服务过程中，着装是否规范、态度是否热情、语言行为是否规范、操作是否标准，这些是对服务执行管控的要点。供电企业应当建立完善的服务规范的标准化体系，实现服务的标准化管理。除了制度约束外，必须使用一定的方式和手段对这些标准、规范在具体执行进行管控，才能确保服务标准化的有效落实。

4. 服务技术

服务技术是指供电企业为提高服务质量或水平而投入的技术手段，包含服务的技术措施、设备、环境、系统等，主要用于方便客户或支撑服务。对服务技术的管控主要体现在设备及系统的运行状态监测、运行故障的维护、轮换与技术升级等方面。管控的主要目的是确保所有的技术手段运行正常、不断更新和升级，能够给服务提供强大支撑。

5. 服务异常

服务异常是指在服务过程中突发或发现的异常情况，包括在服务过程中的一些突发状况、紧急情况；服务过程中发现的其他服务方面（与本次服务无关）的问题和情况，这些问题和情况如不及时处理会损害企业或者客户的利益。比如：抢修人员在给客户抢修时，发现客户电能表箱安装位置不合理，影响行人通行或安全高度不够；抄表人员抄表时在客户现场发现客户窃电问题；业扩查勘人员到客户现场查勘发现业扩受理登记的客户信息有误等。这些服务异常如不及时处理，会带来新的服务隐患或管理隐患。在这些异常没有造成后果前，进行及时干预或处理就是对服务异常的管控。

四、服务质量管控体系

完善的服务质量管控体系包含健全的工作体系、严密的责任体系、闭环的考核体系。

（一）建立健全的工作体系

在电力客户服务中，服务质量的管控就是服务管理的核心，整个服务管理的工作体系就是服务质量管控的工作体系，它是整个服务质量管控的主体，也是服务质量保障的核心。健全的工作体系应包含服务的决策、执行和监督三个部分。

1. 服务决策

（1）服务决策的定义。服务决策，即制订服务策略，确定服务发展目标、方向、方式、步骤和预期效果。决策可以分为高层决策、中层决策、基层决策。

（2）建立服务决策机构。在供电企业中，服务决策机构就是电力服务管控的组织保障，它的具体表现形式是供电服务领导小组。供电服务领导小组的组长应由企业的第一负责人担任，领导小组的成员由营销、运检、基建、发策、纪检监察、农电、科信、调控等相关部门负责人构成。领导小组下设办公室，组织服务策略的具体实施，办公室的成员由相关专业部门人员组成。

供电服务领导小组的职责主要是制定服务发展、管控策略，指挥、组织、指导服务工作体系的运行，合理调配服务资源，协调服务执行中存在的问题，考核评价服务执行的效果，负责服务重大事项的决策。

在制订管控策略前，应对企业当前的服务质量进行全面评价和调研，除了常态需要管控的质量风险点外，重点要梳理出服务质量的薄弱环节，确保策略制订更有针对性。策略的制订应具备合理性、预见性、延续性。

（1）前期评价。前期评价，是指对上一发展周期的服务效果进行全方位的测评和分析，分企业内部评价和外部评价。内部评价，是指企业通过对上一发展周期，服务执行的效果通过一系列的评价手段进行效果评估，找出自身服务质量的短板。外部评价，是指企业通过第三方测评机构，通过客户市场调查，从客户端了解企业外部市场、客户对企业服务发展状况的评价。通过内部、外部评价梳理出企业服务发展的"出血点"、"发热点"，为下一发展周期的策略制订提供参考依据。

（2）前期调研。前期调研是深入了解企业服务发展现状的另一有效方式，是由企业管理人员深入服务现场或服务一线，调查、了解，查找服务执行中存在的问题。相比评价，调研是不可量化的，更多来源于调研者自身的感受。调研的方式有与现场员工座谈、明察暗访、工作现场巡视等。

2. 服务执行

服务执行，是指贯彻实施服务策略，实现既定服务目标的具体过程。从宏观意义上说，供电企业的每一个员工都是服务策略的执行者。企业的领导者是最高执行层，企业的中间管理层是中间执行层，企业一线班组员工群体是基础执行层。每一个层级都是服务的参与者，其中领导层既负责决策又要带头执行。整个供电企业就是一个完整的服务执行机构。提高这个团队执行效果主要从以下4个方面入手。

（1）团队意识、心态到位。可以从以下两个方面来理解这句话：

1）服务执行机构服务意识要到位。服务执行机构应统一对服务重要性的认识和理解，纵横向达成共识；统一高度负责的服务意识、责任意识，认同"你用电，我用心"的观点。这样才能将服务要求、标准潜移默化地融入到执行中。

2）服务执行机构心态要端正，角色定位要准确。供电企业的上、中、下层，每个层级都是服务的执行者，无论是领导层、管理层、基层都应清楚自己的角色定位，端正心态和态度。在服务策略的具体执行中，每个层级既要服务于客户，也要相互协同和服务，执行联动才能确保执行效果。

（2）策略宣贯、培训到位。政策、策略在执行过程中最容易出现的问题是从服务执行的最高层向基层逐步衰减，主要原因是政策宣贯的穿透力不强和理解的偏差。因此，服务策略、政策、制度一旦成形，首要任务是加强宣贯和培训。宣贯和培训的手段、形式多样，着重根据宣贯的层级、对象、区域，因地制宜地使用。面授、讨论、印发培训手册或便携本、竞赛等。通过宣贯与培训，确保服务策略、政策和制度由上至下，深刻理解、形成共识。理解到位，是执行到位的基础。

（3）流程贯通、闭环到位。这里指的流程是指支撑服务策略执行的各类流程，包括业务、调度、管控、协同，流程应确保横向到边、纵向到底，贯穿各个层级、贯穿业务始末，实现服务执行的全过程闭环管控。而制度化、系统化是服务执行流程闭环的有效方式。

（4）资源配置、支撑到位。服务手段的创新、环境的改造、技能的培养、技术的更新都离不开资源投入。因此，服务策略的制订应有配套的资源投入，这是服务执行效果的基本保障。

3. 服务监督

（1）服务监督与机构设置。这里所说的服务监督，是指企业的自我管理、自我监督。

在供电服务的工作体系中，服务质量的监督机构是服务质量内部管控的执行主体。供电企业必须打破信息壁垒，实施服务质量集中、统一管控，才能实现服务标准、规范、质量的高度统一，切实提升企业服务的整体水平。国家电网公司客户服务中心是国家电网公司供电服务的监督机构，代表国家电网公司总部对辖区内各网省电力公司供电服务实施监督。公司每个层级均设置了客户服务中心，实施本级辖区内供电公司服务监督，并逐级对上提供服务管控支撑。这种"统一监督、分层管控"的监督模式是相对完善的服务内部监督模式。

（2）服务监督方式与手段。随着供电企业内部管理的日益精益，服务监督的手段和方式日趋多样化，按照监督信息来源划分，可以将监督分为内部监督和社会监督两种类型。

内部监督由企业内部服务监督机构对内发起并实施的服务监督工作。内部监督的方式和手段见表2-1：

表 2–1 服务质量内部监督方式

	方式名称		频度/周期	内 容
方式一	指标管控	动态跟踪	实时	将指标考核周期划分成若干个子周期，建立指标动态坐标图，跟踪指标动态轨迹。根据管控指标在考核周期内的波动情况，对波动异常的指标实时开展核查、分析，协助管控对象（单位）查找波动原因，提出整改措施和意见，督促管控对象落实整改，以期在指标形成后果前进行控制，达到预期的目标
		通报排名	定期	对管控对象（单位）指标进行排名，对指标开展综合分析，向各单位通报排名情况和存在的问题，形成"你追我赶"的赶超氛围，促进服务质量的良性竞争，是提升服务质量的有效手段之一
		专项分析	定期	定期或不定期根据服务工作现状，选取某些重要管控指标开展专项管控和分析，找出影响指标的根源，为管理决策提供支撑
方式二	系统监控	实时监控	实时	监控人员通过实时在线通过监控系统对监控范围实施监督，对现场异常情况进行干预或记录。监控发现紧急或重大事件时，可直接通知监控对象单位管理人员对现场进行干预，防范服务风险。其他事项进行记录，事后定期反馈给监督对象单位，督促闭环整改
		历史查看	实时	对监控系统历史记录回放的方式，监督执行层工作现场服务质量。通常情况下，在对客户涉及营业、收费网点、95598 等服务人员的投诉，需要就现场情况进行核查时，可以使用这种方式。常态监控宜采用实时监控的方式，有利于服务的过程管控
方式三	明察暗访	常态检查	定期	按照计划在固定的周期组织开展的明察暗访。在常态检查中，开展"回头看"，是保障服务工作改善效果的有效方式。"回头看"可以是对同一检查对象上次检查问题整改效果的检验，也可以是对不同检查对象以往检查暴露的同类型问题的整改效果的检验，后者更能达到举一反三的目的
		专项检查	不定期	指内部服务监督机构针对某一个重要主题开展的明察暗访。这种检查更有针对性，通常是企业用来解决某个或某些重要、突出问题而采取的监督手段。如"三指定"专项检查。这类检查通常是阶段性的
		联动稽查	不定期	在日常视频监控、客户诉求筛查、营销内稽等发现的涉及营销服务的重大隐患或风险，由服务监督机构和营销稽查联合组织开展的明察暗访，对隐患或风险进行现场核查的方式。这类检查是实时的、随机的，更具灵活性，检查的颗粒度更精细。多用于客户诉求问题的核查。通过联动稽查，挖出萝卜带出泥，有利于管理层更深入的掌握服务源头问题
方式四	典型督办		每周	主要是针对客户诉求业务的管控。服务监督人员通过后台对办结的 95598 各类业务工单开展质检和筛查，找出客户反映问题较突出或集中的、客户诉求处理单位核查处理不到位、虚报瞒报处理结果等情况，形成典型案例。就典型案例，向处理单位发起督办，限定时间，要求处理单位按照"四不放过"的原则处理、整改到位，由服务监督部门跟踪闭环
方式五	质量抽检	服务质量	每天	抽检监督内容包括对客户代表工单填写质量、业务处理技能、话务质量进行监督
		支撑质量	每天	抽检监督内容包括对处理单位各类业务处理质量、停电信息发布质量、知识库知识发布质量、工单填写质量等

社会监督是指供电企业自发的通过一些渠道和方式，主动接受来自各个客户群体的监督。相对内部监督而言，它更客观、更能反映客户的意见和需求。目前，供电企业可采用的社会监督方式见表2-2。

表2-2 社 会 监 督 方 式

	方式名称	频度	内 容
方式一	设置社会监督机构	实时	在供电企业内部，设置专用的社会监督机构，配置监督人员，通过电话、电子邮件、来访接待、信函等方式，多渠道受理社会各界用电客户的投诉、举报和建议，进行闭环处理、按时回复和回访。这就有效避免了客户方不良诉求的出口，降低了企业的服务风险
方式二	聘请行风监督员	每年	聘请行风监督员，定期召开行风监督座谈会，听取客户对供电企业的意见和建议，对意见和建议逐条分析，闭环处理。行风监督员多从不同的客户群体当中选取，每年一聘。行风监督员，既代表客户对供电企业实施行风、服务方面的监督，同时供电企业也应该利用这个群体加强企业与客户的沟通、宣传。是企业与客户沟通的纽带
方式三	满意度调查	不定期	通过客户方了解公司服务质量、效果和存在问题的有效方式。满意度调查可以是企业内部组织，也可以聘请第三方专业测评机构开展。满意度调查的主要方式有走访调查、拦截调查、信函调查、电话调查。供电企业通过这种调查，从客户感知客观了解企业在服务中存在的问题，采取有效的措施加以改进，从而提高服务质量和管理水平
方式四	外部联动	实时	供电企业内部服务、监督机构与外部监督机构建立联系通道，实现信息联动和共享。如与当地的消费者维权热线12315、电力监督机构热线12398建立联动关系，通过95598服务热线、网络、新闻媒体等收集信息，实时获取客户诉求情况，进行闭环处理和整改
方式五	意见箱、意见簿	实时	在营业厅等电力客户服务公共场所设置意见箱和意见簿。应建立常态意见查阅、管理制度，确保客户意见及时反馈、闭环处理

4. 管控指标设置

服务质量管控指标分为供电质量指标和服务客户指标。

供电质量指标主要是用来衡量客户端电能质量的指标包含城市用户供电可靠率、城市综合电压合格率、农村用户供电可靠率、农网综合电压合格率、客户平均停电次数、客户平均停电时间、故障停电平均持续时间。指标计算规则见表2-3。

表2-3 供电质量指标及计算规则

指标名称	计 算 规 则	设 置 目 的
城市用户供电可靠率	（1-城市用户平均停电时间/统计期间时间）×100% 其中： 用户平均停电时间（小时/［户·年］）=Σ（每次停电持续时间×每次停电用户数）/总用户数	通过指标设定，促进供电企业从源头采取措施，减少影响客户的停电次数与时长

指标名称	计 算 规 则	设 置 目 的
城市综合电压合格率	0.5×A类监测点合格率+0.5×[（B类监测点合格率+C类监测点合格率+D类监测点合格率）/3] 其中：监测点电压合格率=[1-（电压超上限时间+电压超下限时间）/电压监测总时间]×100%	通过指标设定，促进供电企业采取有效措施不断改善城市供电电压质量
农村用户供电可靠率	（1-农村用户平均停电时间/统计期间时间）×100%； 其中：用户平均停电时间（小时/[户·年]）=∑（每次停电持续时间×每次停电用户数）/总用户数	通过指标设定，促进供电企业从源头上采取措施，减少农村客户停电次数，提高农村地区供电可靠率
农网综合电压合格率	$V_i=[1-（电压超上限时间+电压超下限时间）/电压监测总时间]×100\%$ 综合供电电压合格率=$0.5V_A+0.5×[(V_B+V_C+V_D)/3]$	通过指标设定，促进供电企业从源头上采取措施，改善农村地区供电电压质量

　　服务客户质量指标是指供电企业为客户提供服务的各项业务的质量量化指标。按照服务项目不同，各项服务管控指标分别设置。在设置指标时，主要针对重点管控业务项目，并且应确保系统提供足够支撑，才能保证指标管控的可操作性、准确性。可以对供电企业业扩报装、故障抢修、计量换装、抄表催费、营业厅、95598等服务项目分别设定质量管控指标。其中，业扩报装、故障抢修、计量换装、抄表催费和窗口服务质量指标及计算规则见表2-4～表2-8。

表2-4　　　　　　　　　　　业扩报装服务质量指标及计算规则

指标名称	计 算 规 则	设 置 目 的
业扩流程时限达标率	业扩报装流程时限达标率=未超时限的已归档业扩流程数/已归档的业扩流程总数×100%	通过指标设定，督促供电企业简化报装流程、缩短报装时间
业扩报装客户满意率	业扩报装客户满意率=（1-评价不满意的工单数/参加评价工单总数）×100%	通过指标设定，促进供电企业规范业扩报装内部管理，提高业扩报装客户的满意度
业扩报装投诉属实率	业扩报装投诉属实率=统计周期业扩报装投诉属实数量/业扩报装投诉总量×100%	通过指标设定，促进供电企业从源头上有针对性采取措施，解决业扩报装存在的问题，进一步提高业扩包装服务质量

表2-5　　　　　　　　　　　故障抢修服务质量指标及计算规则

指标名称	计 算 规 则	设 置 目 的
故障报修兑现承诺率	故障报修兑现承诺率=（1-未兑现承诺的工单数/已受理派发故障报修工单总数）×100%	通过指标设定，达到规范故障报修工单的处理，提升故障报修处理及时性、准确性，提高客户满意度的目的
故障抢修处理满意率	故障抢修处理回访满意率=（1-评价不满意的工单数/参加评价工单总数）×100%	通过指标设定，促进供电企业进一步规范抢修工作，提高抢修服务质量，从而提升客户满意度
故障抢修投诉属实率	故障抢修投诉属实率=统计周期内办结的故障抢修投诉属实数量/故障抢修投诉总量×100%	通过指标设定，促进供电企业从源头上采取措施进一步规范故障抢修工作，提高抢修服务质量

表 2-6 计量换装服务质量指标及计算规则

指标名称	计 算 规 则	设 置 目 的
故障计量装置处理及时率	故障计量装置处理及时率=统计周期内供电企业处理客户计量装置故障及时数量/周期内客户计量装置故障更换总数×100%	通过指标设定,促进供电企业采取措施,加快故障计量装置的处理速度,提高客户满意率
故障计量装置处理满意率	故障计量装置处理回访满意率=(1-评价不满意的工单数/参加评价工单总数)×100%	通过指标设定,促进供电企业针对客户意见改善或规范计量装置故障处理工作,提高客户满意率
计量装置换装投诉属实率	计算方法计量装置换装投诉属实率=统计周期内办结的计量装置换装投诉属实数量/计量装置换装投诉总量×100%	通过指标设定,促进供电企业从源头采取措施,规范、改善故障计量装置换装工作,提高客户满意度

表 2-7 抄表催费质量指标及计算规则

指标名称	计 算 规 则	设 置 目 的
抄表差错率	抄表差错率=统计周期内因抄表员估抄、漏抄、错抄等原因出现抄表差错户数/抄表总户数×100%	通过指标设定,减少或杜绝估抄、漏抄、错抄等现象,减少因此造成客户不满或利益受损
停电催费率	停电催费率=统计周期内实施停电催费的户数/应催费总户数×100%	通过指标设定,促使供电企业规范停电催费工作,仅可能减少停电催费,规避抄表员"以停代催"的催费带来的各类服务风险和矛盾
复电及时率	复电及时率=统计周期内被欠费停电客户及时恢复供电的户数/实施欠费停电的总户数×100%	通过指标设定,促进供电企业台区经理主动关注客户缴费情况,缩短复电时间,减少欠费停电给客户带来的影响
抄表催费投诉属实率	抄表催费投诉属实率=统计周期内办结的抄表催费投诉属实数量/抄表催费投诉总量×100%	通过指标设定,督促供电企业从源头采取措施,规范抄表催费工作,提高客户满意度

表 2-8 窗口服务质量指标及计算规则

指标名称	计 算 规 则	设 置 目 的
窗口服务规范率	窗口服务规范率=(1-营业厅服务不规范投诉数/总投诉数)×50%+(1-现场服务不规范投诉数/总投诉数)×50%	通过指标设定,促进供电企业加强营业厅及现场服务规范管理力度,达到提高营业厅及现场服务质量和水平的目的

95598 服务质量包括 95598 客户服务质量和 95598 支撑服务质量两大类。95598 客户服务质量主要指 95598 客户代表及 95598 系统提供的服务质量;95598 支撑服务质量是指 95598 业务工单接转,处理单位为确保 95598 客户服务诉求响

应、流转、闭环处理为 95598 客户代表提供的各项支撑工作的质量，是客户服务的间接质量。根据两类质量管控的内容和重点，分别设置若干管控指标，见表 2–9 和表 2–10。

表 2–9　　　　　　　　　　95598 客户服务质量指标及计算规则

指标名称	计 算 规 则	设 置 目 的
95598 电话接通率	95598 电话接通率=人工成功接听数/人工请求电话数×100%	通过指标设定，达到科学排班、人员最佳利用，缩短通话时长，提升业务能力和客户代表服务水平的目的
95598 电话服务满意率	95598 电话服务满意率=(1−评价不满意的话务数/评价总数)(服务评价推送率设置)×100%	通过指标设定，达到规范客户代表电话应答，提升客户感知的目的
咨询一次答复率	咨询一次答复率=(1−咨询派发工单量/咨询工单量)×100%	通过指标设定，达到提高客户代表咨询工单一次答复处理的能力，减少工单下发数量的目的
系统可靠性	系统可靠率=[1−(全网呼叫平台+主干网+业务支持系统+各省 SG186 系统)故障时长/全年应工作总时长]×100%	通过指标设定，达到提升系统安全、平稳运行能力，合理安排系统检修，降低因系统故障对 95598 服务质量影响的目的
三声铃响接听率	三声铃响接听率=(电话被座席接听时间点−电话开始振铃的时间点)≤12s 的电话数/人工服务接听量×100%	通过指标设定，达到促进 95598 电话畅通，提升电话接通率和客户代表服务响应速率，提高客户感知的目的
国网客服中心工单派发及时率	国网客服工单派发及时率=国网客服工单按时派发数/国网客服派发总工单数×100%	通过指标的设定，达到提高工单流转速度，消除服务链拉长产生低效率服务的目的
回访及时率	回访及时率=规定时限内回访的工单数量/回访工单总数×100%	通过指标设定，达到投诉、举报、报修和业扩报装等业务处理的及时性和规范性，实现服务闭环管理和提升客户满意度的目的
工单填写规范率	工单填写规范率=(1−工单填写不规范数/派发工单总数)×100%	通过指标设定，达到提高工单填写规范性，消除因人为因素造成服务链拉长的目的
客服代表工单派发准确率	客服代表工单派发准确率=1−(被退单量/国网客服派发工单总数)×100%	统计时段内准确派发的工单数占总派单数的比例
制单率	制单率=(1−未制单人工服务接听电话数/人工服务接听电话数)×100%	通过指标设定，达到规范 95598 客服专员工作流程，减少制单失败和接听电话不制单数的目的
95598 座席服务评价推送率	95598 座席服务评价推送率=服务评价推送数/人工服务接听数×100%	通过指标设定，达到提高 95598 座席服务评价推送，促进 95598 座席提高服务技巧、熟悉服务知识，更好的完成客户服务工作的目的

指标名称	计 算 规 则	设 置 目 的
平均通话时长	平均通话时长=∑通话时长/人工服务接听数	通过指标设定，达到提高95598座席电话沟通的技巧，提高服务效率的目的
平均案头时长	平均案头时长=∑（工单保存时间−通话结束时间）/人工服务接听数	通过指标设定，达到提高95598座席电话沟通的技巧，消除服务链拉长产生低效率，服务的目的

表2-10　　　　　　　　　　95598支撑服务质量指标及计算规则

指标名称	计 算 规 则	设 置 目 的
省公司工单接派单及时率	工单接派单及时率=省公司工单接派单及时数/省公司应及时接派工单总数×100%	通过指标设定，达到提高工单流转速度，消除服务链拉长产生低效率服务的目的
工单回单确认及时率	工单回单确认及时率=规定时限内回单确认工单数/应及时回单确认工单总数×100%	通过指标设定，达到提高工单流转速度，消除服务链拉长产生低效率服务的目的
业务处理回访满意率	业务处理回访满意率=（1−评价不满意的工单数/参加评价工单总数）×100%。	统计时段内客户对各省公司处理工单服务评价满意的数量占接受调查数量的比例
多次工单回退率	多次工单回退率=多次回退工单数量/下发工单总数×100%	通过指标设定，达到提高工单处理及时性、规范性，消除服务链拉长产生低效率服务的目的
工单填写规范率	工单填写规范率=（1−因工单填写不规范退单数/派发工单总数）×100%	通过指标设定，达到提高工单填写规范性，消除因人为因素造成服务链拉长的目的
知识库信息报送合格率	知识库信息报送合格率=知识库信息更新及时率×0.5+知识库信息更新准确率×0.5； 知识库信息更新及时率=按规定时间内更新的知识库信息数/应更新的知识库信息数×100%； 知识库信息更新准确率=按规定时间内准确更新的知识库信息数/应更新的知识库信息数×100%	通过指标设定，达到提高知识库信息更新及时性、上报准确性，提升知识库对客户代表话务接听工作的业务支撑能力，减少工单下发数量的目的
营销服务类信息报送合格率	营销服务类信息报送合格率=［1−（报告及报表类等信息报送不及时数+报告、报表类信息报送不合格数）/需报送总数］×100%	通过指标设定，达到提高营销服务类报告、报表等信息报送合格率的目的
话务投诉比率	话务投诉比率=投诉数/95598人工呼入接听数×100%	通过指标设定，达到规范供电服务行为，提高客户满意度，降低客户投诉在人工话务中所占比例的目的
投诉处理质量	投诉处理质量=（1−客户对同一事件重复投诉两次及以上的投诉事件数/95598人工呼入接听数）×100%	通过指标设定，达到规范投诉工单的处理，提高投诉处理的质量，提高客户满意度的目的
生产停电类信息报送及时合格率	生产停电类信息报送及时合格率=生产停电类信息上报及时合格数/已报送生产停电信息上报总数×100%	通过指标设定，达到提高生产停电类信息更新及时性、上报准确性，提升生产停电类信息对95598工作的业务支撑能力，减少工单下发数量的目的

（二）建立严密的责任体系

服务的责任体系是与整个服务工作体系配套的，用于明确每个机构、每个链条、每个环节职责。责任体系在企业中的具体体现形式就是管理制度，用于明确整个服务工作体系各个组成部分在服务策略的执行中的职能和职责，规范整个服务工作体系服务执行。

1. 建立完善的管理制度

随着"三集五大"体系建设的不断完善和深入，国家电网公司服务管理制度也在不断的完善和适应性调整。目前已经颁布、沿用的服务管理制度主要有《国家电网公司供电服务提供标准》《国家电网公司供电服务质量标准》《国家电网公司供电服务规范》《国家电网公司营业窗口设计及布局标准》《国家电网公司95598业务管理暂行办法》《国家电网公司供电服务品质评价办法（试行）》等。

相比以往的服务管理制度，这些制度具有以下特点：

（1）穿透性更强。现行的供电服务管理制度，基本贯穿了从国家电网公司到省、市、县公司四个服务层级，在服务职责的明确上则横向贯穿了涉及供电服务的规划、检修、运行、建设、营销等各个专业领域。责任约束的穿透力更强。

（2）适应性更强。由于国家电网"三集五大"体系建设的不断完善和深化，服务各个层级愈加同质化，服务执行便于统一要求、统一标准。也使得现行的管理制度适应性更强。

（3）可操作性更强。相比以往的服务管理制度，现行制度直接规范到服务一线的操作执行层面，且强化了服务的横向协同，更易于操作和执行。基层单位基本不需再制订办法和标准，这也是现行制度更加科学和先进的体现。

2. 建立完善的考核体系

考核是对服务工作体系责任落实的有效约束手段。如果说管理制度是用来约束执行结果的，那么考核则是执行效果的有效保障。建立完善的服务考核体系应包括考核目标及内容、考核机制、考核手段。

3. 考核目标及内容

（1）考核目标。明确考核目标就是要弄清楚考核的目的是什么，要解决什么问题、达到什么效果。针对这些考核目标和所要达到的效果，再确定考核的具体内容。与服务策略不同，服务考核目标应该是更为具体、可量化的工作目标。在制定目标时，应充分考虑公司供电服务管理、发展的现状，适应公司的实际，具备可操作性。

如：2014年，某省电力公司面临着95598全业务向国家电网公司客户服务中心集中的工作形势。该公司供电服务现状是：95598话务量高，位居国家电网公司系统前三位；投诉量大，位居全国前五位；服务全面协同体系还未完全建立，城农网营销管理系统尚未统一，没有实现营销服务管理同质化；上一年优质服务同业对标全国排名不理想，在全国 20 名以后。

综合各类因素，该公司将 2014 年供电服务考核目标设定为同业对标全国排名 12 名及以前。

（2）考核内容。供电服务的考核主要包括服务协同和服务质量两个方面。

1）服务协同。服务协同机制是否健全、协同的效果好不好，直接影响供电企业的服务质量和水平，因此，服务协同是服务管控的重要内容，需要通过考核这种约束机制，促进服务长效协同机制的建立。

对服务协同实施考核的重点和前提是建立各专业管理部门与服务考核指标的关联度，根据各专业管理部门对相关服务考核指标影响的重要程度，确定其与考核指标的权重系数，这个权重系数也代表了该专业管理部门与该项指标的关联度。

2）服务质量。服务质量是实施服务考核的另一重要内容。对服务质量的考核体现在若干个质量管控指标（如前所述）。供电企业在实施考核时，应针对当年的服务考核目标，选取对应质量指标作为考核内容。

服务质量考核对象为供电企业辖区内下级单位，指标选取的原则如下：

① 注重长期引导。指标设置以反映"三集五大"体系建设本质要求的指标为主，注意发挥指标的长期引导作用，保持指标相对稳定。

② 指标精简高效。按照突出重点的工作原则，结合被考核单位反映意见，有针对性选取考核指标，指标设置覆盖供电企业服务当前管理要求和工作重点，确保指标选取解决实际问题。

③ 量化评价，客观准确。按照最大限度量化评价的原则，优化指标选取。实现服务质量考核指标直接从信息系统采集数据的指标，确保指标可比可控。

④ 加强指标协同。各指标之间应相互协同、导向一致。

4. 考核机制

考核机制即实施考核的制度，目前在供电企业对服务工作的考核中，使用较为普遍的方式主要有同业对标、专业评价、关联考核。每种考核机制适用性也不近相同。

（1）同业对标。

同业对标，就是用指标评价企业，用业绩考核企业。在供电企业内部开展的优质服务同业对标既是供电企业对所辖子公司的一种考核手段，也是一种管理手段，通过设定服务对标指标、标准，鼓励各分公司对照标准，查找自身问题，不断改善服务内部管理，达到标杆水平，最终目的是提高企业整体服务质量和水平。

目前，供电企业常用的对标方式主要包括分段对标、排名对标、目标值对标。

① 分段对标。设置几个固定标段，每个标段明确固定的指标区间值，参与对标单位综合对标指标完成的绝对值或者排序决定其达到的标段。对标指标就是企业的考核指标。如：将对标分为三个标段，将90%～100%设置为第Ⅰ段，85%～90%设置为第Ⅱ标段，80%～85%设置为第Ⅲ标段。区间值可以根据需要灵活设置，但一个考核年度的区间和标段应固定，以确保对标的公平性和目标完成的延续性。

② 排名对标。对对标单位指标综合完成情况绝对值按一定的顺序（升序或降序）进行排序，取固定的排名区间作为标杆。如：国家电网公司有27家网省公司，在对标时，取排名前六位的为达标。

③ 目标值对标。设定指标对标的标准值，以参与对标单位指标达到标准值视为达标。这种方式适用于对标指标相对单一的情况。

分段对标和排名对标两种对标方式，均应设置指标的标准值，即标杆，一定是在指标达到标准值的范围内来对标的，而这个标准值设置不应超过平均水平。

对标的流程为：确定服务对标指标体系和对标方式→定期统计、发布对标情况→对标单位持续整改→统计、评价对标结果→兑现考核→总结、改进。

（2）关联考核。根据考核对象对服务指标的影响程度确定考核关系的方式，称为关联考核。关联考核的对象是参与服务指标协同管控的各个专业部门。

1）服务协同考核指标及关联系数的确定。在供电服务中，涉及服务协同的工作主要有故障抢修派单及处理、生产停电信息报送、95598相关业务的处理、知识库相关知识的更新与完善等。这些工作做得好与坏，都体现在服务指标的变化上。在实施服务协同关联度考核时，不同的关联指标根据其责任归属、比重的不同，应分别确定牵头部门和协同关联部门，牵头部门应承担主要考核责任；协同部门按关联度系数，承担关联责任。供电企业服务协同部门包括营销、运检、调控、农电、基建、科信、法律、监察等专业管理部门。服务协同考核指标、考核权重及关联系数由供电企业根据实际情况设定，可以根据需要定期调整。表2-11列举了95598服务协同考核指标。

表 2-11   **95598 服务协同考核指标一览表**

序号	考核指标	牵头责任部门（关联度系数为5）	关联责任部门及关联度系数			指标定义
			4	3	2	
1	95598 话务量	营销部	调控中心、运检部	农电部	法律部（产业部）、监察部	95598 话务量=95598 电话自助服务量+人工服务请求量
2	95598 投诉量	营销部	调控中心、运检部	农电部	法律部（产业部）、监察部	95598 投诉量=服务投诉+营业投诉+停送电投诉+供电质量投诉+电网建设投诉+其他投诉
3	95598 接派单及时率	营销部	调控中心	科信部	—	95598 接派单及时率=工单接派单及时数/应及时接派工单总数×100%
4	生产类停电信息95598 系统发布及时率	调控中心	运检部	—	—	生产类停电信息发布及时率=(1-发布超期数/信息发布总量)×100%
5	生产类停电信息95598 系统发布准确率	调控中心	运检部	—	—	生产类停电信息发布准确率=(1-发布不完整、不规范数/信息发布总量)×100%
6	故障报修到达现场承诺兑现率	运检部	调控中心	—	—	故障报修到达现场承诺兑现率=(1-未按时到达故障现场工单数/已受理派发故障报修工单总数)×100%
7	95598 业务处理回访满意率	营销部	调控中心、运检部	农电部	法律部（产业部）、监察部	95598 业务处理回访满意率=(1-评价不满意工单数/参加评价工单总数)×100%
8	95598 知识库信息上报合格率	营销部	运检部	农电部、建设部、科信部	—	95598 知识库信息上报合格率=知识库信息上报及时合格数/应报送知识库信息总数×100%

2）考核标准及分值设定。服务协同指标考核周期内完成情况及各专业服务指标关联度对各牵头责任部门和关联责任部门进行考核。每个服务协同指标根据其在服务中的重要程度分别设置相应的权重，根据当年的考核目标设定指标目标值。

考核分值设定：以各个指标的目标值为基准，分别计算牵头责任部门和关联责任部门的单项服务指标考核得分。实现目标值，不加分不扣分；优于目标值给予定量加分，未实现目标值扣分。其中，指标目标值可以是具体数字，也可以是目标排名，根据服务考核的需要综合考量和设定。

如：某公司设定牵头责任部门单项服务指标目标值为 90%，考核得分标准为单项指标值达 90%不扣分；95%（含 95%）～100%加该项指标分值的 100%，90%～95%加该项指标分值的 50%，85%（含 85%）～90%，扣该项指标分值的 50%，80%（含 80%）～85%扣该项指标分值的 100%。加减分总分不超过 10 分，关联责任部门单项服务指标按照关联度等比例加减分。那么，如果该公司该年度 95598 接派单及时率达到 98%，则牵头部门营销部得分为 10 分。主要关联部门调控中心关联系数为"4"，即协同考核得分=10×4/5=8（分）。

第三章

电力客户服务技巧

第一节　如何赢得客户的满意

如何才能让客户感觉满意，赢得客户的信任呢？这就需要了解客户、与其进行有效沟通，尽可能满足客户的期望。

（1）了解客户。电力客户服务人员每天都要面对各种各样、形形色色的客户，他们在身份、爱好及性格等各方面都存在较大差异，所以满意服务的第一原则，应从了解客户开始。为了确保为客户提供满意的服务，就要用客户希望的方式来为其进行服务。例如：对性急的客户要提供快捷的服务，对精明的客户要有耐心，对沉默型的客户要善于诱导或者察言观色，对喋喋不休的客户要适当聆听并掌握主动权、尽早转入正题等。通过收集客户资料及各类信息，关注他们的需求，以针对不同的客户采取灵活多样的差异化服务。

（2）与之沟通。沟通无处不在，它是一门艺术。狭义上理解，供电服务的过程就是电力企业与客户进行沟通的过程。有效沟通是满足客户各种需求，建立良好互动的有效手段。而拥有全面的沟通技巧是通向有效沟通的桥梁，电力客户服务人员要在一次次的接待客户中理解客户、打动客户、满足客户，最好留住客户的心，使其不断地信任并忠诚于供电企业。

（3）树立形象。沟通的同时，我们还应在客户面前树立良好的形象，这样才能够赢得客户的满意。广义上理解，供电企业良好的形象表现在提供优质的电能、灵活的服务方式、良好的服务态度和必要的服务设施。优质的电能指电网规划科学、结构合理、安全可靠、绿色低碳、灵活高效；灵活的服务方式能为客户提供尽可能多的方便条件；良好的服务态度是指在服务过程中说话和气，认真解答客户提出的各种问题，向客户讲明注意事项，指导客户用电。

（4）满足期望。每位客户对任何一次需求都有一个期望值，或高或低，或多或少，或容易满足或刁钻无理。而客服人员就是要尽量满足客户的期望，当客户期望值过高，或无理，或无法满足时，通过一系列技巧来有效降低客户的期望值，合理调控管理客户的期望，最终实现客户"高兴而来，满意而归"的满意服务。这就需要客服人员以满足客户需求为目标，掌握服务及沟通技巧，针对客户性格开展个性化服务，不断为客户提供高质量的、热情周到的服务。同样的服务设施、同样的服务规范，客服人员的性格、素质、文化、态度、技巧不同，就会产生完全不同的效果，所以，从认识顾客、准备服务开始，处理客户报怨，提升客户满意度，超越客户期望，运用服务的各类技巧与关键环节，开展以客户性格为主导的沟通服务，最终赢得客户的满意。

【案例】

李大妈每月都要到国家电网营业厅缴纳电费和领取发票。某天她又来到营业厅，前台服务员小黄起身微笑迎接问好后，接过她的银行卡和客户服务卡，第一时间帮她存好电费，领取发票，并祝她有愉快的一天。这是合格的服务。

当小黄知道李大妈每月都定时到营业厅现场缴纳电费后，说："大妈，其实您不用每月亲自来营业厅缴纳电费，我们现在有多种新型缴费方式，如：在社区或超市人口密集处我们安装了自助缴费终端，您可根据住处灵活选择较近的缴费终端点；同时，我们还提供网上银行、支付宝或银行代收等方式缴纳电费。这是我们新型缴费方式的宣传册，您可带回家慢慢看，找到一种最方便、最快捷、最适合您的缴费方式。期间您有任何问题，都可以致电 24 小时统一服务热线 95598，咨询相关业务，我们一定会在第一时间给您解答。"这就是满意的服务。

第二节　客户性格分析

电力客户可以从不同的角度进行分类，例如，从客户用电量来看可分为大客户、中客户及居民客户；从客户区域角度可分为城市客户、城郊客户、农村客户；从客户对企业的利润贡献角度，可分为重要客户（大客户）、普通客户；从客户性格角度可分为谨慎分析型客户、沉默平和型客户、强势力量型客户、活泼友好型客户等，而强势力量型的棘手客户又可分为情绪失控的客户、难缠的客户和挑剔的客户。下面着重从客户性格入手，剖析客户关系与服务技巧。

在供电企业，很多客服人员困惑于客户关系的建立，因为不同客户有不同的脾气秉性、不同的兴趣爱好、不同的沟通技巧，要想和每一位客户都建立融洽的关系，需要全面剖析客户性格，运用灵活的沟通技巧使之满意。实际工作中，大多数客服人员喜欢按照"我想如何被对待就如何对待客户"的想法去实现服务，但这种想法可能会导致服务工作中出现诸多问题，因为你与客户很可能不是同一类型的人，内心期望或希望得到的服务方式也会有所不同。而且，不同的客户与供电企业的关系不同，要求服务的方式和内容也不同。所以，需要对客户的类型和特点进行系统的分析与归类，对待不同类型的客户采取不同的客服技巧。应该认识到客户服务不能"一把抓"，而是要"分开抓"，采取差异化的客服策略，是提升电力客户服务技巧的有效途径。

一、性格认识

性格可以分为最具代表性的四种基本类型，即活泼友好型、强势力量型、沉默平和型和谨慎分析型。

1. 活泼友好型

此类客户外向、重人际，性格随和，对人、对事没有过分的要求，具备理解、宽容、真诚、信任等美德。所以他们一般比较容易接触，也比较容易说服，更容易通过活动气氛感染，属于外向重人际类型。

2. 强势力量型

此类客户异常自信，有很强的决断力，感情强烈，不善于理解别人；对自己的任何付出一定要求回报；不能容忍欺骗、被怀疑、慢待、不被尊重等行为；对自己的想法和要求一定需要被认可，不容易接受意见和建议；以自我为中心，缺乏同情心，不习惯站在他人的立场上考虑问题；绝不容忍自己的利益受到任何损害；有较强的报复心理；性格敏感多疑，时常以异己之心来揣测他人。这类客户较难应对，通常也是投诉较多的客户，一定要学会以礼相待，用一颗宽容的心去理解他。属于外向重事物类型。

3. 沉默平和型

此类客户性格低调、随和，沉默寡言，或是太过于警惕等原因，在社交中属于倾听者；他们能够稳定地保持自己的原则，耐心地看待事物的变化，处乱不惊，不轻易发表自己的观点，也不轻易批驳对方的观点；办事往往随大流，其虽然有温和的外表，但内心却比较固执，不易接受改变；看似与世无争，心里却非常渴望得到别人的肯定和认同。属于内向重人际类型。

4. 谨慎分析型

此类客户对公正的处理和合理的解释可以接受，但绝不接受任何不公正的待遇。善于运用法律手段保护自己，但从不轻易威胁对方。这类客户通常是一些文化素质较高的人，他们很精明，讲道理，也懂道理，只要你的解释是合理的，他不会胡搅蛮缠；但如果是你的错，而又想推诿搪塞，就会跟你斤斤计较。他们一般是知识工作者（教师、公务员等），比较理性、注意细节。属于内向重事物类型。

二、性格类型剖析及服务策略

服务过程中，我们感觉到：有的客户一见面就有似曾相识的感觉，很容易拉近距离，但有的客户无论怎样维护，都感觉与自己格格不入；有的客户很感性，亲情服务很有效，但有的客户却很理性，只关注专业数据；有的客户比较容易说服教育，而有的客户却异常顽固……其实，这些现象都与每个人的性格有关，不同的性格会有不同的思想和行为等表现方式。下面用简单的性格剖析方法，对性格优缺点及服务策略列表分析，见表3–1。

表 3–1　　　　　　　　　　　　　不同性格优缺点及服务策略

类型	优　点	缺　点	服务应对策略
活泼友好型	热情、善谈、喜交朋友，快人快语，是天生的交际高手	缺少逻辑思维，容易情绪化，不成熟，不拘小节，缺乏耐心	多赞美他，恭维他；提供最好的服务，不因为对方的宽容和理解而降低服务的标准；要个性化交往，做足亲情服务，引导理性思维，不过分强调细节
强势力量型	果断、勇敢，有主见，行动力强，支配力强，是天生的领导	以自我为中心，比较武断，固执、自负	学会控制自己的情绪，以礼相待。对自己的过失真诚道歉；专业、坦诚、准时，小心应对，尽可能满足其要求，让其有被尊重的感觉，创造一种让他说了算的场面
沉默平和型	和平、谦逊，善于协调，注重感情	没有主见，欲望不强，行动力差，心口不一	情感切入，多鼓励，帮助其做决定，并耐心地解说
谨慎分析型	思维缜密，情感细腻，容易被伤害，有很强的逻辑思维能力	像书呆子，待人接物不够热情，不善交流	真诚对待，作出合理解释，摆事实，讲道理，争取对方的理解和谅解

第三节　准备服务技巧

准备服务是指在提供服务前，客服人员应做好客户性格掌握、沟通技巧及心理预期等相关的准备工作。

一、确定准备服务的目标

1. 明确自己的需要

在提供服务或准备沟通之前，应明确地设想：① 自己需要什么；② 为什么需要这些；③ 得到这些下一步决定怎样做；④ 做到了会达到什么样预期目的，没做到会是什么结果；⑤ 这样的结果是有助于我的吗？是我能管制的吗？如果没有事先考虑好以上问题，没有想清楚自己应该从沟通中得到什么，就进行沟通，那么可能会遗漏一些非常有价值的信息，从而导致本次服务或沟通失败。因此，准备服务的第一步就是要明白自己的需要。

2. 明确将会发生的事情

在服务或沟通前，要想清楚如果没有得到自己预期想要的结果，可能会发生的事情，或事情会带来的最坏结果是什么。细想一下，这个结果是不是自己能够接受的，有了起码的准备后，即使服务不满意或沟通不成功，也不会对事件的把控失去太大的方向或对自己的自信心产生太大的影响。

3. 明确事情的首次顺序

将自己在沟通当中想要得到的各种最终目标，分解成若干组成部分，考虑好优先部分是哪些，其次部分是哪些，最后的部分是哪些，这样才能主次分明地按步骤实现目标，进而加速服务沟通的成功。

4. 明确无法满足的事情

在服务或沟通中，会遇到对方提出的一些诉求或条件，自己无论如何也没有办法满足，也可能会遇到一些自己无法解决的问题。如果出现这样的情况，要预先想好处理的应对方法，为下次服务或沟通留下余地。

5. 明确理想的沟通结果

在服务或沟通中，你能做的最有价值的事情之一，就是弄清自己在沟通中最想实现也最可能实现的最佳理想结果。这样你就可以预控，谈到什么时候或环节应该暂时中止沟通，什么时候或环节可以积极跟进，什么时候或环节可以促成结果。这些时间或环节的关键控制点都是沟通中重要的界线，如果到了这个界线，就应积极考虑接下来自己该做什么事情。

6. 明确最佳目标、现实目标和底线

应为自己拟定沟通中的最佳目标、现实目标和底线，来明确知道自己想要什么，不想要什么，对自己什么最重要。最佳目标是指在理想状态下，可以获得真正想要的一切，并有可能实现它。现实目标是在实际条件下，最可能达到的结果，这个结果离希望结果不远，但沟通对象不同会导致其结果可能不同。底线即沟通中的最底线，当服务或沟通过程中达到了这条界限，应该想办法尽可能地暂时中止沟通行为。比如在服务过程中，客户的抵触情绪不断加深，客服人员就应该暂时放弃这次沟通行为，重新调整自己的沟通方式、方法，服务技巧、策略。

二、了解客户的需要值

客户的需要往往是多方面的、不确定的，需要我们去分析与引导。客户的需要值是指通过客户服务人员与客户双方长期沟通，对客户的欲望、想法、心理等进行逐步发掘，将客户心里模糊的认识以精确的方式描述并展示出来的过程。实际上，有着同样需求的客户，因性格或表达方式的不同，其需要值也会有所不同。所以，沟通是定义客户需要值的关键，掌握客户的基本信息，大体知道客户属于什么类型

的人，为将要进行的沟通做好准备，做到心中有数。

沟通是双方的事情，因此，在沟通的准备工作中要考虑客户可能需要什么，客户的最低需要值与理想需要值的底线分别是什么，两者间的差距有多大，与你预想的是否接近，这一切要求我们把客户的需要值置于自己的预想值之上。这时就需要理性换位思考，充分站在对方的角度来考虑问题。如果我们是对方，在沟通中我们的需要值会是什么，我们为什么需要达到这样的目标，整个事件中什么问题对我们来说最重要，我们首先要考虑的是什么，而最可能出现的最糟糕的结果又是什么，为了支持我们的立场可能会提出哪些问题，面对这些问题，我们是否有足够的事实、数据或信息来支持该立场与观点等。

对于上述问题我们也许不能马上解答或全部准确答复，但在准备服务时，客户服务人员必须经过深思熟虑来推测这些问题，相当于已经在内心将所有可能发生的事件或沟通的全过程进行了一次实战演练，同时也想到了沟通中可能出现的问题与状况。只有在准备服务时，完全明确了目标值，充分了解了客户的需要值，才能在实际沟通的过程中，显得自信而有说服力，才能更好地把握沟通的进程与方向，实现满意服务。

三、制定准备服务策略

准备服务工作最重要、最关键的环节就是预先制定详细、周密的沟通策略，其关键点体现在以下 4 个方面。

1. 沟通前认真准备所需资料

资料的准备包括客户资料和企业资料两方面的准备工作。在与客户沟通时，对客户的了解至关重要，俗话说得好，"知己知彼，百战不殆"。对客户的了解也等于对客户的尊重，如果对其不了解，很难将话题顺利展开，也无法了解客户的需求，当然也就不能找到时机为其有效沟通或提供优质服务。

在准备客户的相关资料时，首先必须掌握客户的最基本资料，如客户的姓名、客户目前最迫切的需求、客户的信用状况、是大客户还是小客户等，不同客户需要准备的资料差别很大。总之，越了解客户沟通时就越占有主动权。同时，在沟通之前，还需要准备本供电企业的资料，尤其是关于企业生产或营销服务的详细信息。

【案例】

某供电公司为进一步拓展服务范围，与移动、联通、电信公司联系，开通了电力短信服务，向广大电力客户发送停电公告、月发生电费数额、电费交纳提醒、节日祝福等信息，在方便客户的同时减轻一线员工的收费压力。该业务推出不久，×先生通过电信 10000 号服务电话要求取消此项服务，电信客服将信息传递至某供电公司系统管理员，系统管理员将此事告之客户服务人员后，客户服务人员并未简单的安排系统管理员取消×先生该项业务，而是及时与×先生取得联系，了解客户为何取消该项业务，是否因为服务内容不符合要求导致客户取消此项业务。经过沟通，客户表示对短信服务内容表示满意，但担心收取服务费，因此要求终止，客户服务人员向客户说明并不收取任何费用，是供电公司推行免费便民措施，客户对此项服务表示感谢，并不再要求取消该项业务。某供电公司在后续的短信业务推广中，加大了对该项业务的便利性、免费性的宣传，再未发生客户取消该项业务的事件。

案例中，客服人员在业务处理过程中没有忽视客户感受，及时与客户沟通，了解客户的感受，获得了客户认同，发现服务范围推广中的不足，进行了完善，使该项便民措施发挥了应有的作用。在日常服务工作中与客户的沟通至关重要，客户对供电企业内部工作程序、法规政策不了解，容易对某些新业务出于自身的主观判断产生误解，当服务人员获知此信息时，应及时与客户进行沟通，了解客户的感受，及时完善，避免因沟通不及时，造成客户的误解加深，使"好事变坏事"。

2. 面对客户可能提出的问题要有准备地应答

准备服务时，应充分考虑在沟通过程中客户可能提出的问题或疑问，针对每一个疑问关键点做好多种不同的应答准备或服务策略，这样才能保证在服务的沟通过程中，根据现场客户的各种情况灵活运用，做到"有的放矢"。

3. 初次沟通时要从客户关注的话题开始

第一次与客户沟通，能够吸引客户注意力的话题是沟通中最好的开始。话题应当"投其所好"，即依据客户的特点、需求与兴趣来决定与客户沟通时重点关注的内容。只有建立了良好的关系，营造了良好的氛围，为解决客户诉求，提供优质服务搭建了有效的平台。

4. 沟通中采取的沟通策略

（1）通过接触，判断客户究竟属于哪种性格类型，然后确定适合其性格特点的接触策略。这个过程中，不是要评判客户，而是要对客户的性格、个性做一个基本的识别，从而思考应该如何应对，以改进自己与客户之间的关系，获取客户像朋友一样的信任。

（2）不同的客户可能在思维模式、讲话速度、肢体行为等方面存在差异。可以想象一下，如果一个语速快、音量高的客户遇上一个思维不够敏捷、说话结巴的客服人员，估计聊不上几句，就有更大的意见或诉求了。接下来换位思考一下，每个人都有不同类型的朋友，并且相处融洽，那把顺畅沟通、和平相处的钥匙，就是相互之间共同的话题和爱好。所以，客户服务人员准备服务的沟通策略要学会"对等模仿"，即与客户要尽量保持同步。如果客户说话声大、语速快，你也要提高音量、加快语速；如果客户对你表现得非常热情，你也应该充满热情，这样才能与客户相互呼应，获得其心理认同。

（3）作为客服人员，必须懂得根据客户的性格特征、优缺点等，采取对应的接触策略（如表 5-1 所示），明确自己应该做什么、说什么，应该怎样做、怎样说，才能满足客户的诉求，否则就可能随时"踩雷"，遭到客户的不满投诉或诉求升级。

四、做好接待客户准备

在接待客户之前，应注意整理好自己的仪表，同时为与客户的有效沟通准备最佳的心理状态。

1. 仪表整理

仪表就是平常所说的一个人的外表，包括人的形体、容貌、健康状况、姿态、举止、服饰、风度等方面，是人举止风度的外在体现。生活中人们的仪表非常重要，它反映出一个人的精神状态和礼仪素养，是人们交往中的"第一印象"。天生丽质、风仪秀整的人毕竟是少数，然而，我们可以通过化妆修饰、发式造型、着装佩饰等手段，弥补和掩盖在容貌、形体等方面的不足，并在视觉上把自身较美的方面展露、衬托和强调出来，使形象得以美化。

客服人员给客户的第一印象非常重要，因此，在迎接客户前，客服人员需要特别注意自己的仪表。仪表美简单概括为 48 个字：容貌端正，举止大方；端庄稳重，不卑不亢；态度和蔼，待人诚恳；服饰端庄，整洁挺直；打扮得体，淡妆素抹；训练有素，言行恰当。

仪表修饰应遵循适体性、整体性、适度性、场合性 4 个基本原则。适体性原则要求客服人员仪表修饰与个体自身的性别、年龄、容貌、肤色、身体、体型、个性、气质及职业身份等相适宜和相协调；整体性原则要求仪表修饰首先着眼于人的整体，再考虑各个局部的修饰，促成修饰与人自身的诸多因素之间协调一致，使之浑然一体，营造出整体风采；适度性原则要求仪表修饰无论是修饰程度，还是在饰品数量和修饰技巧上，都把握分寸，自然适度，追求虽刻意雕琢而又不露痕迹的效果；场合性原则是时间、地点、场合的综合协调原则，简称 TPO 原则，要求仪表修饰因时间（Time）、地点（Place）、场合（Occasion）的变化而相应变化，使仪表与时间、环境氛围、特定场合相协调。

服饰搭配应考虑三要素、三色原则、三一定律及三大禁忌。

三要素——色彩少、款式雅、面料好。

三色原则——全套装束颜色不超过三种。

三一定律——皮鞋、手袋、皮带的颜色要保持一致。

三大禁忌——穿西装必须要打领带，不可无领带；西装上的标签必须拆除；穿深色西装不可配白色袜子。

简而言之，色彩要少，款式要雅，分类要准，面料要好，做工要精。

2. 心情准备

每个人都有心情差的时候，客服人员也是如此。工作或者生活上遇到不顺心的事，难免会有情绪。但是不管怎样，供电企业客服人员不应将自己的情绪带到工作中来，不应将自己的坏心情迁移到客户身上。因此，在与客户沟通之前，客服人员需要调整自己的心情，可以通过多次深呼吸或是面对镜子微笑等方式调整，找到较佳的状态后，再以一个良好的心态迎接每一位客户。

第四节　微笑服务与真诚赞美技巧

一、微笑服务

（一）微笑赞美的力量

多数客服人员在服务或沟通时很重视自己的服饰仪容，上班前面对镜子整理着装，看领结是否端正，衣服是否整洁，头发是否零乱，但往往窥视了自己的面部表情，更没有意识到自己的微笑将会对工作产生的影响。其实，微笑比仪容更重要，特别是对于供电服务来说，至关重要的是微笑赞美服务。

"客户是上帝"，怎样才能让客户在供电企业找到"上帝"般的感觉呢？最简便、最实惠的方法就是把真诚的微笑与赞美赠给每一位客户。如果说态度是心灵的镜子，而微笑与赞美则是好心情的使者。在供电企业，微笑与赞美是一把神奇的金钥匙，可以打开客户心灵的钥匙；能使客户感到亲切，充分体现客服人员甚至是供电企业的饱满热情、优雅素养和神奇魅力。

一个恰当的微笑传递出来的信息是：快乐、友善、真诚、可信。

"你好，请问你需要办理什么业务？"

当客户来到某供电公司服务人员面前时，服务人员早已用端庄的站姿、亲切的问候、真诚的微笑迎接"您"了。一扇代表供电企业形象的窗户瞬间打开，"客户第一"的理念，在服务人员的微笑里演绎得淋漓尽致。

一声亲切的问候，一张微笑的脸庞，一杯饮用水，一张面巾纸，一小颗糖果，一个医药箱，点点滴滴都透出供电企业对每一位客户的一片真情。小小的细节、真诚的微笑，让供电企业的营业厅彰显着亲切而温馨的气息。

客服人员通过微笑向大家展示了供电企业的形象,但更重要的是融入了一种服务技能——微笑服务。微笑服务不同于微笑,只是一味地在脸上挂着笑容,还要求我们真诚地为客户服务。试想一下,如果一个客服人员只会笑,而对客户内心有什么想法,有什么要求一概不知,一概不问,那么这种微笑又有什么含义?所以,我们提倡的是微笑服务。

(二)微笑服务的要点

多数供电企业都要求客服人员微笑,微笑服务等,但如何微笑、如何微笑得更好,如何改善自己的微笑,如何坚持做到微笑服务,可能很多客服人员都不清楚。

服务差距在于专业,专业的差距在于细节。微笑服务就是决定细节成败的关键,付出微笑不会使我们贫穷,但却会使客户感到富有。微笑时我们给客户一个轻松的感觉,同时我们自己也得到了一份好心情。根据有关调查,所有从事服务工作的人员每天只要连续微笑 2 个小时,那么这个微笑动作就会影响一天快乐的心情。

1. 微笑服务的基本要领

(1)微笑与眼睛结合。在微笑服务中眼睛的作用十分重要,眼睛是心灵的窗户,眼睛具有眉目传情的特殊功能。只有笑眼传神,微笑才能扣人心弦、情意真切。

(2)微笑与神、情结合。"神"就是笑出自己最饱满、最热情的神态,做到神采奕奕;"情"就是笑出情感,做到友好关切、善良自信。

(3)微笑与仪态、仪表的结合。得体的仪态,端庄的仪表,再加以适度的微笑,就会形成完整和谐的美,给客户以享受。

(4)微笑与语言的结合。语言和微笑都是传播信息的重要因素,只有在二者间做到有机的完美结合,才能相得益彰,微笑服务才能发挥出其特殊的功能,给客户以全新的感受。

2. 微笑服务的要点技巧

(1)改变和调整表情。每个人都有自己的微笑特点,如何根据自己的笑容特点来改变和调整面部表情呢?可以经常照镜子,观察一下自己微笑的神态,看自己微笑时的关键部位,如:眼角是否垂了、口型是否好看、是半张好还是抿合着好、牙齿露出多少适度,找出最适合自己特点的微笑,多加练习,就会收到理想的效果。

(2)流露真诚的笑容。真心的笑容是由心底流露出来的,也是最美丽、最动人的。当被快乐、感激和幸福包围着时,展露出的笑容是自然的;当心中有温和、体贴、慈爱等感情时,眼睛就会展露出微笑,给人以诚心诚意的感觉。这样的笑容和美好的心境能够增强办事的效果,获得客户的真心喜欢。

(3)收放自如的笑容。微笑需要讲究技巧,有节制的微笑才更能够表现你的魅力。有的人笑起来就一发不可收拾,让客户莫名其妙,这样会使自己的形象大打折扣。服务过程中，没有节制的笑肯定会影响事件处理的效果。沟通时，如果遇到令人发笑的事情，要适宜的露出自己的笑容，要笑得既不张狂也不做作，还要能够表现出倾听的热情，这样就能够为自己的形象加分。如果客户处于尴尬状态或生气、悲伤的场合时，此时的微笑一定要适宜，否则只会弄巧成拙。

（4）有效控制情绪。有时难免会遇到客户过激的言行，客服人员可能会因为主观心境不好忽略了微笑，影响了服务的效果。所以，在服务沟通过程中，必须要熟练地运用微笑服务技巧，保持良好心态，有效控制情绪，用美丽、稳重的微笑服务赢得客户。

（三）微笑服务的时机

前面提到，微笑服务要讲究技巧，要收放自如，不能一点微笑没有，也不能像面具似的一直在笑。那么，客服人员在接待客户时，什么时候提供微笑服务最恰当，能沁入客户心扉呢？遇到以下情况客服人员必须微笑：

（1）当客户走近柜台，我们与他目光接触时；

（2）当客户走近柜台，我们与他打招呼时；

（3）在我们与客户交流的间歇中；

（4）在送别客户时；

（5）在与客户进行电话交流时；

（四）微笑服务的表现形式

（1）婴儿式微笑。什么样的微笑最可爱？大家会说：婴儿的微笑是最可爱的。这种可爱的微笑，足以让你有个好心情。可是这种微笑成年人很难笑出来。

（2）标记式微笑。标记式微笑展示得最多的是一些国家领导人或企业负责人，每次出现在电视屏幕，都是一幅标记式的微笑。领导要体现一个国家、一个企业的大方与尊严，所以，在供电营业厅不宜出现这种标记式微笑。

（3）职业式微笑。职业式微笑是比较可取的一个微笑模式。所有客服人员都要学会职业式的微笑，职业式微笑的前提是爱岗敬业，因为客服人员要在所有不同性格的客户面前展示微笑，所以我们要统一标准，同时要有一定的亲和力。

（五）微笑服务的训练方法

微笑服务的训练方法有很多种，最常用、较主要的有 3 种：

（1）练微笑口型。摆出普通话"一"音的口型，注意用力抬高嘴角两端，具备一定的微笑幅度，脸颊轻松，嘴形微上或 C 形，通常以 6～8 颗牙为准。

（2）情绪记忆法。借助"情绪记忆法"辅助训练微笑。即将自己生活中最高兴的事件情绪储存在记忆中，当需要微笑时，可以想起那件最快乐最使你兴奋的事件，脸上会流露出会心的笑容。

（3）意思理智训练。微笑服务是客服人员职业道德的内容与要求，客服人员必须按要求去做，即使有不愉快的事也不能带到工作中去，影响与客户的服务与沟通。

在服务中我们不可能做到一直保持微笑，但何时露出灿烂的笑脸是服务人员的重要技巧之一。虽然不能永远微笑，但既然笑，就要发自内心，通过眼睛、嘴和眼神"三笑合一"，表现出你的善意与亲和力。

自我练习感受"三笑合一"

（1）与语言结合的微笑。微笑着说"早上好""您好""欢迎光临"等礼貌用语。不要光笑不说或光说不笑。

（2）与形体结合的微笑。把形体语言运用在微笑服务中，微笑与正确的形体语言相结合，才会相得益彰，给客户最佳的印象。

（3）微笑的自我体验。取一张厚纸遮住眼睛以下部位，对着镜子，心里想着最高兴的情景。这样，整个面部就会露出自然的微笑，眼睛周围的伤风肌肉也在微笑的状态，这是"眼形笑"。然后放松面部肌肉，嘴唇也恢复原样，可目光中仍然含着笑意，这就是"眼神笑"的效果。学会用眼神与客人交流，这样的微笑才会更传神，更亲切。

二、真诚赞美

1. 赞美的力量

渴望赞美是人类的天性。每一个人，包括我们自己，都渴望得到别人真诚的赞美。以一颗宽容与仁爱的心，随时随地赞美别人，是人类的美德。假如我们身边的人不断赞美我们，不断给我们信心，我们就会有源源不断的动力去更好的服务客户。

赞美是发自内心深处的欣赏，是表示对别人的关心，更是沟通中有效的服务技巧。它能使我们的情绪平静，有效缩短供电企业与客户之间的心理距离。因此，要学习和掌握好这一沟通技巧，灵活应用于供电服务工作中。

【案例】

某小区的电力客户经理王三是位帅气、嘴甜的小伙子。每月的抄表日或客户服务日，一大早，就能在小区里看见他的身影，一副笑呵呵的脸蛋，一张逢人便夸的嘴甜，一颗用心服务的信念是他的标志性特征。迎面走来了张大妈，王三笑容满面、真诚地说道：

"亲爱的张大妈，您今天穿得这件衣服特别显精神，显贵气，一大早看到您，给我都带来了一天的好心情!"

"呵呵,是吗? 我也觉得这件衣服不错,谢谢呀!对了,我的电费账上还有钱吗? 你看看,我正好出去,顺便多交点电费,反正是要用的!"

"好的,我查查马上告诉您! 谢谢您对我工作的支持!"

"不用谢,瞧你嘴甜的,看着你就高兴,多交点电费反正也是存在那儿用啦!"

这样的赞美不但赢得了客户对电费缴纳工作的支持,更赢得了客户的心。

2. 真诚赞美的要点

赞美能够迅速接近与客户的距离,包括身体距离和心灵距离,那么,如何才能让客户感到我们的赞美是发自内心的,是真诚的呢?

(1)赞美不要犹豫,要及时,要成为习惯。客户服务人员很多时候会忘记赞美客户,或赞美的时机不对,不能及时利用赞美的利器接近客户的关系。例如:一位漂亮美丽的女客户走进营业厅正准备抱怨停电事件,客服人员本想赞美其衣服,但没能及时开口,错过了最佳的赞美时机。待事件处理完后,客服人员再说"今天您的衣服特别漂亮,走进营业厅开始就成为一道靓丽的风景"。此时的赞美虽然真诚、贴切,但因时机不对,已不能达到最佳的效果。

(2)赞美要真诚,虚情假意的赞美不如不赞美。真诚是赞美的前提条件,有的客服人员每天都努力去赞美客户,却没能收到较好的效果。一天,一位女士拎着包进来了,这位客服人员想也不想就对其包大加赞美,结果客户只淡淡的回一句:"是吗? 这可是个旧包!"从客户的回答可以看出,客户对这样的赞美不觉得高兴,反而觉得不真实,很反感。

(3)赞美要配合亲切的眼神和身体动作来表达。不要在赞美客户时,头也不抬,或眼睛在看其他物品与人,或手里还在写东西,这样的赞美就像木偶剧,让客户觉得我们是在履行公事,敷衍了事。

(4)赞美的内容要具体,要找到值得称赞的事情。赞美女客户时,说"你的眼睛真迷人"比说"你真迷人"更能打动客户的心,为什么呢? 因为"你真迷人"这句话说得太笼统,说不定客户还在心里想"这句话我都听厌烦了,谁知道你心里怎么想呢?",而听到说"你的眼睛真迷人",女孩子会想"观察的真仔细,看来我眼睛确实漂亮",效果完全不一样。

3. 赞美的切入点

赞美别人不等于一味地拣好听地说。赞美要真诚,要客观公正,才不至于让人感觉不舒服,这就需要在充分沟通了解的基础上进行赞美。可以从以下几个方面进行赞美:了解客户引以为荣的事情(特别是对供电方面的了解);了解客户的弱点,将对方的弱点转化为一个优点；了解对方的爱好，对客户的用电习惯和缴费方法给予高度肯定；善于从小事上赞美客户；懂得运用对比性赞美；称赞并尊重客户的人品与人格；通过第三者赞美，即通过其他客户言行来影响客户；增加依赖感；客户讲的不一定全是对的，可是只要有一点是对的，就要赞美、认同他。

4. 真诚赞美的技巧

（1）发自内心。虽然每个客户都喜欢听赞美的话，但并不是所有赞美都能使客户高兴。能引起客户好感的只能是基于事实，发自内心的赞美；相反，不切实际，夸张且虚情假意的赞美，不仅会引起客户的反感，更会让客户觉得我们油嘴滑舌、狡诈虚伪，毫无诚信。例如：遇到一位其貌不扬的客户，你却赞美她说："您真是美极了"，客户立刻会认为我们所说的是违心之言，甚至在讽刺她。但如果你着眼于客户的气质、服饰、谈吐、举止等，发现其在某方面出众之处并真诚赞美，她一定高兴地接受。如"小姐，您这件衬衫是在哪买的呀？款式很特别，我还是第一次瞧见这种式样的衣服呢！"她自然会很高兴的与你聊起来。

（2）具体化。在赞美客户时，要有意识的说出一些具体而明确的事情，而不是空泛、含糊的赞美。好的赞美总是具体的赞美，具体的赞美才有说服力和影响力。例如：与其说"这上衣你穿起来很漂亮"，不如说"小姐，您眼光真好，这件上衣是今夏最流行的款式，非常的贴和您的皮肤，穿在您身上，就是文雅大方，充分展示您的曲线美。"因此，供电企业客户服务人员在赞美客户时，要十分注意细节描述，并且能够具体地说出"何处、如何、何种程度，为什么"等内容，而不是空发议论。

（3）适度性。对客户的赞美也应适可而止，真诚的赞美应该是恰到好处，充满真诚，发自肺腑。例如：客户身材不好，客服人员却说"您的身材真好，比范冰冰还好""怎么可能，胡说"。赞美就好比气球，吹得太鼓会爆。切记！赞美应遵循适度的原则。

（4）创新性。真诚的赞美一定要有新意，不要老是停留在人所共知的优点上，而是要去挖掘客户身上一些鲜为人知的优点，表现出我们的独特眼光，让客户得到一些新的肯定，这样的效果才会良好。对漂亮的客户你不要只夸她美丽，而是说她有气质、有内涵；对成功的客户，你不要只夸他事业有功，而应赞美他气度非凡，有品位；对年老的客户，你不要只谈论他的儿女孝顺，还可以说他身体硬朗，精神抖擞等。

（5）从否定到肯定。很多客服人员在赞美客户时只是平铺直叙，这种方式效果有限。从否定到肯定的赞美方法，幽默含蓄，风趣别致，比一般的赞美有更好的效果。一般赞美"我很佩服您！"从否定到肯定的赞美"我很少佩服人，您是例外"。

（6）赞美客户得意之处。每个人都希望别人注意他不同凡响之处的心理。赞美客户时，如果能适应这种心理，去观察发现他异于别人，引以为豪的得意之处，一定会取得出乎意料的效果。例如：客户有一头乌黑秀丽的靓发，这是她一直引以为豪之处，"哇，小姐，您的头发不仅黑还那么柔软！我一直以为这样乌黑亮丽柔软的秀发只有在电视广告上才能看得到！不知能否告诉我，您这头秀发是怎样保养的呀？"

第五节 有效倾听技巧

倾听是有效沟通的关键，是一种美德，一种尊重，更是一种与人为善、心平气和、谦虚谨慎的姿态。有效倾听是善于倾听的表现，是在沟通过程中，要求把感观、感情和智力等因素综合起来，寻求其含义和理解的过程。通俗地说，"听着"的不仅是耳朵，还应有眼睛、脑和心。但实际沟通中，倾听经常会出现问题，如受情绪状态的影响、受客户刻板印象的影响等，因此，必须掌握一些有效倾听的技巧。

一、有效倾听的作用

善于倾听是建立良好形象的最简单方法，当能设身处地地倾听别人说话时，自然可以给客户提供心理上极大地满足与温馨。在沟通中，有效倾听的重要性表现在以下 3 个方面。

1. 获得信息，了解期望的途径

每个人都拥有一个嘴巴，两个耳朵，即要多听少说。多听少说可以理解为做好一位听众更重要。在供电服务沟通中有许多有价值的信息，有时是客户一时的灵感，甚至客户自己都没有意识到，但对客服人员来说却有启发。这些信息不认真、有效倾听是抓不住的，所以听比说更重要。通过倾听，可以了解到客户要传达的消息或客户的期望值，当掌握了尽可能多的信息后，就可以更准确地给出不同的意见，为下一步决定提供依据。

2. 发现问题、解决问题的手段

在服务沟通中，倾听是了解客户，达到心灵共鸣的重要方式。当客户高兴地来到营业厅时，客户服务人员要倾听客户快乐的理由，分享其快乐的心情；当客户愤怒地来到营业厅时，要倾听其气愤或不满的缘由，理解客户内心的感受；当客户矛盾地来到营业厅时，要倾听矛盾点的症结，帮助分析原因，为其寻找解决问题的方法……通过有效倾听客户的讲话，感受对方的性格、脾气、爱好等，以便在往后的工作中有针对性地开展服务。只有仔细倾听客户的讲话才能有效解决异议和问题，积极倾听可以减少工作中的失误，多听客户的不同意见，才能为优质服务作出正确决策。

3. 建立信任，改善关系的法宝

拙劣的倾听往往会引起客户与客服人员之间的冲突，而有效倾听可以让客户感受到客服人员的尊重，可以拉近彼此的距离，提升沟通效果，改善彼此的关系。有效倾听除了帮助客服人员了解客户的感受、观点与需要外，也可以使客户乐意讲述或倾诉，令对话持续不断，达到消除隔阂、化解冲突、避免误会的目的。

二、倾听的层次

认识自己的倾听行为有助于成为一名高效率的倾听者。按照影响倾听效率的行为特征，倾听可以分为五个层次。

1. 第一层次——生理倾听

这是最糟糕的、最低层的倾听层次。主要表现为：对客户的话充耳不闻，完全漠视，根本没有听客户所说的内容或没有任何倾听的表示。

2. 第二层次——假装倾听

这是消极被动的低效倾听层次。主要表现有：注意力分散、漠不关心、容易受到外界干扰、迟钝、自满、感性、以自我为中心、主观臆断等。客服人员完全没有注意客户所说的话，却假装在听，其实心里在考虑与其毫无关联的事情，或内心只想着如何辩驳客户的话。这个层次的客服人员更感兴趣的不是倾听客户的诉求，而是敷衍客户。这种层次上的倾听，根本无法获得有效的信息，在供电客户服务中，客服人员的低效倾听只会引起客户的不满，进而引发冲突，导致投诉或越级诉求。

3. 第三层次——选择倾听

这是有"偏食"习惯的聆听表现。客服人员只听自己想听的部分，即自己认可或感兴趣的话题与内容，就会全身心地投入倾听角色，积极表现，如：声音突然放大，语速突然加快，但不持久，当客户的话题内容有转移或改变时，或当客服人员对话题不感兴趣时，会脱离对话环境，回到消极状态。

以上三种层次的听，都不是倾听。

4. 第四层次——专注倾听

这一层次才进入了真正的倾听阶段。客服人员会始终如一保持积极姿态，仔细听取客户的一字一句，并结合切身经验加以对比，通过重复客户的说话内容让对方感到诚心与专注。

5. 第五层次——换位倾听

这是倾听的最高境界，也是沟通的最佳境界。换位倾听即积极换位思考的听，移情换位的听，带有同情心的听。与客户讲话时，眼神看着对方，专注的听，并且撇开成见，站在对方立场设想。这种倾听是客服人员不急于对客户所言作出判断，而是感同身受，设身处地地看问题，询问而不是辩解客户的诉求，对听到的信息有连贯的反应，带着一种理解信息全部意义的强烈意图，对客户有经常地回馈，并伴有提问，情绪和客户一致。总体宗旨是带着理解和尊重倾听。

客服人员的倾听能力从第一～第五层次的发展过程，就是其沟通能力、交流效率不断提高的过程。大概80%的人只能做到前四个层次的倾听，而第五层次的倾听只有20%的人能做到。认真倾听能在最短时间内抓住客户提供的主要信息，从而找到客户的需求点，并提供有针对性的客户服务。

三、常见的倾听障碍

"一对敏感而善解人意的耳朵，比一双会说话的眼睛更讨人喜欢"。这句话诠释了倾听的重要性。但在实际沟通中，常常会犯一些错误，从而造成倾听障碍，影响沟通的正常进行。常见的倾听障碍有以下5种。

1. 观点差异，导致抵触心理

由于文化水平不同，生长环境以及性别、爱好等的差异，每个人心里都有自己的观点，很难接受异己的观点，特别是不同的观点。当观点不同，就可能导致抵触情绪，如反感、不信任，还可能产生不正确的假设。这种情况下，双方都无法静下心来认真地倾听。有的客服人员喜欢听和自己意见一致的人讲话，偏心于和自己观点相同的人，拒绝倾听不同意见，这样不仅拒绝了许多通过沟通获得信息的机会，而且在倾听过程中不可能集中精力在有抵触心理的客户身上，也不可能和其有愉快的沟通。

2. 意识偏见，导致心理成见

偏见是倾听的主要障碍。当客户服务人员在服务中，对客户产生了某种不好的意识，再与其说话时，可能不能全力倾听。当与客户在以往的接触或沟通中因某种原因产生了隔阂，客户再有什么诉求，就可能认为其所做的一切都是冲着你来的，无论客户做什么解释，可能都认为是借口。其实，由于个人存在根深蒂固的意识定势与成见，导致每个人的思想中有意或无意地含有一定程度的偏见，以致很难用冷静、客观的态度接收客户的信息，这也是严重影响倾听效果的障碍之一。

3. 急于表达，打断谈话

在沟通中，倾听是被动的行为，说话是主动行为。一般情况下，人都喜欢主动行为，所以服务过程中，多数客服人员习惯客户还未说完话就迫不及待地打断其说话，急于表达自己的观点，或心里早已不耐烦，更不可能把客户的意思听懂、听全、听明白，而把自己的观点强加于客户。所以，在沟通的时候一定要记住：别让你的舌头抢先于你的思考。

4. 环境干扰，导致客观影响

环境对倾听的影响是不言而喻的。环境之所以会影响倾听，是因为环境能产生两个方面的作用：一是干扰沟通信息的传递过程，使信息信号产生消减或歪曲；二是影响客户的心境，优雅的环境能使客户心情舒畅，心境平缓，而恶劣的环境会使客户心情烦躁，心生难受。

5. 身体语言，导致倾听受阻

在日常工作中，无意识地培养了一些消极的身体语言，如：在听别人说话时东张西望，双手交叉抱在胸前，跷起二郎腿，甚至用手不停地敲打桌面，常常是"耳虽到，却听而不闻，眼虽到，却视而不见，心虽到，却荡漾于九霄云外，脑虽到，却神不守舍"。这种心不在焉的工作状况，消极的身体语言会严重导致倾听受阻，妨碍沟通质量。

四、有效倾听的技巧

1. 把说话权交到客户手上

在交谈过程中，最容易出现的问题是过于热衷畅谈自己的意见和感受，把重心放在"说"而非"听"，因此忽略了客户的感受，结果往往谈而不畅，因为客户能够察觉你对他感受的忽略，对谈话已经失去了兴趣。由于在交谈中客户服务人员自己说得太多，而给客户表达需求和意见的时间太少，许多客户服务人员不能了解客户的期望，难以满足其需求，得不到客户满意，甚至因此失去了客户。因此，在沟通中应该给予客户足够的时间和机会，让他们能充分表达自己的需求、意见和建议。

2. 避免打断客户的谈话

打断客户的谈话是交谈中普遍存在的问题。打断客户的谈话意味着客户服务人员对其观点的轻视，或表明没有耐心听客户说话。在客户说话时，不要试图去猜测其意思，待其讲完，自然就明白大致的意思。只有当需要客户就某一点进行澄清时，才可以打断对方。例如，当你听到客户作自我介绍时，如果客户的名字听起来很拗口，这时你可以询问具体是哪个字，为了减少打断客户的谈话可能造成的负面影响，最好用"请原谅"开头。

3. 重点关注客户的意见和感受

客服人员在倾听客户的过程中，要把重点放在了解客户的意见和感受方面，而不是关注自己如何解释和表达。客服人员如果没有有效倾听客户所讲内容，关注其态度和观点，就无法掌握客户的问题和需求，更无法与客户进行很好的交流，为其提供有效的解决方案。

如何才能将注意力集中在客户谈话的要点上，确保客服人员真正理解客户的实质需求？可以通过以下方法加强对客户讲话意义的理解程度。

（1）用自己的话重新表述一下对客户说话内容的理解，让其检查是否正确。

（2）如果发现被告知的事情会感到兴奋不已时，需要提醒自己是否由于理解出现问题，而事实却并非如此呢？

（3）如果对客户的某些讲话内容感到厌烦，这时要尤其注意，一些很重要的事实可能会错过，也许只得到部分信息，因此，客服人员可能并不完全明白客户究竟讲了什么。

（4）即使是以前听过的信息，仍然要认真听下去，"温故而知新"。

4. 简要表述理解的重点

这是有效倾听的重要沟通方法，但在简述重点时不要做详细论述和评价。沟通中，客户可能由于注意力不集中，环境中存在干扰因素等各类原因，对自己所要表达的要点和客服人员表达的要点不是很清楚。因此，客户服务人员在沟通中应简明扼要地表述自己的主要观点，并总结和陈述客户的要点。

例如，在总结和陈述客户表达的要点时，比较常用的句式是："您的意思是不是……？"或者"我觉得您说的是……"这种总结和陈述一方面表明你在认真倾听，同时也可以检验理解的准确性。对于一些不能肯定的地方，也可以通过直接提问的方式，来寻求客户的理解。

5. 善于用目光进行交流

倾听时，应多用目光接触进行心灵交流。如果在倾听过程中没有听清楚、没有理解或得到更多的信息，想澄清一些问题，想要对方重复或者使用其他的表述方法以便于理解，想告诉客户已经理解了其所讲的问题，希望客户继续其他问题的时候，应在适当的情况下，通过眼神通知客户。试想当你说话时对方却不看你，你的感觉如何？大多数人将其解释为冷漠或不感兴趣。虽然只是用耳朵倾听，但是别人可以通过观察你的眼睛来判断是否真的在听。客户服务人员可通过目光接触客户使其相信我们在倾听并尊重其感受。

6. 巧用身体语言积极回应

有效倾听时客服人员会对客户表述的信息表现出兴趣。通过一些非语言的信号，如表示同意的点头、恰当的面部表情、积极的目光接触，不时地用"嗯、哦"、点头等方式来表明我们的共鸣等。这些做法虽然简单，但可以表明客服人员对客户的讲话感觉兴趣，让其知道客服人员在认真倾听，从而鼓励其继续讲下去。

7. 集中注意力准确理解

影响有效倾听的一个普遍问题是注意力不集中，理解不准确，导致思绪发生偏差。多数人听话的接收速度通常是讲话速度的四倍，因此，往往一个人一句话还未说完，听者已经明白他讲话的内容了。所以，这样就容易导致客服人员在倾听客户讲话时注意力不集中，理解不准确。为此，客服人员在倾听时应注意以下 5 点：

（1）不仅要关注客户的语言表达，还要专注客户的非语言表达行为，以求增强对其所讲内容的了解，力求领会客户所有要传达的信息。

（2）克制自己，避免精神涣散。比如，待在一间很热或很冷的房间里，或坐在一把令人感觉不舒服的椅子上，这些因素都不能成为分散注意力的原因。而且，在许多情况下，供电服务现场环境经常是嘈杂的，人员繁杂、有很强的背景音等。因此，客服人员在倾听、交流时应注意抵制各种不利因素的影响，克制自己、保持精力和注意力。在这个意义上，倾听不是一项简单的工作，它需要很强的自我约束能力。

（3）保持平和，避免过于情绪化。情绪化也会导致思绪涣散。例如，在客户表达疑问或不满以及抱怨的时候，由于负面情绪的干扰，客服人员很容易思绪游离，使得倾听效果降低。所以，遇到此类问题，客服人员更应认真地听下去，因为处理客户抱怨，恰恰需要更平和的心态和更认真的倾听，才能解决问题，避免矛盾升级。

（4）尽量避免做出让客户感觉客服人员的思想在游走的举动，如：不断看表，心不在焉地乱翻档案，随手拿笔乱写乱画，这些举动会让说话者感到客服人员很厌烦，对诉求漠不关心。更重要的是，这表明客服人员并没有集中注意力，很可能会漏掉客户传达的有效的信息。换个角度思考，如果一边听一边手脚不闲，打哈欠，或用不适宜的声音附和，肯定会使客户感到你不尊重他，甚至导致谈话中断，进而损害与客户的关系，导致客户流失。

（5）注意整理出客户沟通时表现出的一些关键点和细节，特别是客户带有感情色彩的一些潜台词，如客户讲话的语调、重音和语速的变化。客服人员会习惯性地用潜在的假设对听到的话进行评价，但每个人的思维习惯不同，关注点就会千差万别，倾听时要取得突破性的效果，必须打破习惯思维的束缚。

8. 克制与客户争辩的想法

客服人员与客户沟通是为了了解客户的供电需求和诉求，而不是要就某些观点达到一致，这意味着即使相互之间存在意见不一致的地方，也不要争辩以说服客户。即使对客户表达的意见持有不同观点，也不要大声说出来。依然认真听，不做任何评论去理解客户的观点。同时注意调整自己的情绪，防止因外界干扰使自己在瞬间情绪失控。尽力保持冷静，维护双方的关系。哪怕内心有打断客户谈话的念头，也会造成有效倾听的阻碍，学习控制自己，克制与其争辩的冲动。

9. 做好笔记有助于有效倾听

做笔记能体现客服人员对客户的郑重承诺和责任心。客服人员每天面对许多客户，每个客户的要求都不尽相同，把客户谈话的重点记录下来是防止遗忘的最安全方法。做笔记可以更好地倾听，以便稍后能根据笔记回忆起主要的沟通内容或客户诉求。

第六节　询　问　技　巧

如果供电企业客服人员只知道倾听客户的诉求，但是缺乏提问的技巧，加之有些客户对自己的问题和抱怨阐述不清，客服人员就难以弄清客户的真正需求，更别说帮助客户解决问题了。因此，在处理客户抱怨时，有效的询问是非常重要的。

"盲人摸象"的故事想必都听过。主要内容是：几个盲人去摸一头大象，有的摸到大象的腿，就说大象像柱子；有的摸到大象的身子，说大象像堵墙；有的摸到大象的尾巴，就说大象像条蛇……虽然他们每个人说的都有道理，但又不全对。听了几位盲人的描述后，要想得到关于大象的正确信息，就要把每个人的描述进行综合分析。而客服人员为客户提供服务时，如果电力专业知识不多的客户来描述用电中碰到的问题，往往也会出现"盲人摸象"的结果，客服人员就是那个需对所有描述进行综合分析的人。

电力客户来反映问题或提出诉求时，整个思维已经非常情绪化了，加上性格、情绪、交际能力和表达能力的差异，客户提供的信息往往是不连贯、不完整、甚至是不真实的，这就需要客服人员对客户陈述的信息进行过滤、归纳、整理和分析，最后通过询问的方式，把整个问题或诉求还原到与客户心中所想一致。

一、询问的重要性

客服人员安抚好客户的情绪后，应该把注意力集中到客户提供的信息上并适时提出问题，以补充、证实或澄清客户的问题。

（1）通过询问，能快速了解客户的真正需求和想法，切实把握客户想要解决的问题，这对于客服人员来说是至关重要的。"您能描述一下电力故障发生时的具体情况吗？""您能谈一下对供电企业提供服务的希望和要求吗？"等问题，都有助于客服人员理清思路，明白客户想要什么，自己能给予客户什么。

（2）通过询问，还能让愤怒的客户逐渐变得理智起来。客户很愤怒地走进供电营业厅时，会忘记向客服人员陈述事实。客服人员应该有效地利用提问的技巧："您不要着急，相信我一定会给您解决问题的，您先说一下具体是什么问题，怎么回事好吗？"客户这时就会专注于对所提的问题的回答上。在客户陈述的过程中，他的情绪就会从不理智逐渐冷静下来。

二、询问的原则

（1）表达意愿。提问前，要向客户表明能够积极处理问题的意愿。比如，对客户说："我很乐意尽快帮您处理这个问题。"如果客户还需要了解相关信息或询问有关细节，要注意礼貌用语，友善提问。如果客服人员希望得到更精确的数据信息，可使用这种方式提出问题"为了能尽快为您提供优质服务，跟您请教一些数据，好吗？"

（2）表达理解。提问过程中，要对客户目前的处境表示同情、理解与关心。如果客户知道客服人员的确关心他的问题，也了解他的心情，怒气便会消减一半。找出双方相互认同的观点，加强沟通与交流，表现出对客户的理解与关心，就能有效化解客户的情绪。

（3）表达重点。全过程把握重点，有的放矢。在聆听客户的诉求时，客服人员需要用自己的话再简要复述一遍，让客户知道已经明白了他的意思。引导客户说出问题的重点，理解客户诉求的本质，做到有的放矢，准确应对，这样才能提出恰当的、令双方共赢的解决方案。

三、询问的技巧

1. 针对性询问

所谓针对性询问，就是针对客户抱怨的具体内容进行提问，以获得客户反映问题的细节。比如，有客户抱怨智能电能表报警灯常亮。这时，客户服务人员可以问："那您今天早晨出门时，报警灯还是亮着的吗？是闪动亮还是一直亮着的？"这种了解细节的问题就是针对性的询问。

2. 选择性询问

选择性询问是封闭式提问的一种，就是客户只能回答"是"或者"不是"。这种提问的主要目的是用来澄清事实和发现问题。比如：有客户反映"我家电费以前都是40元，这个月却是200元，怎么回事？"客服人员问道："您家最近有没有添置新的电器？"此时客户只有"是"与"不是"两种回答。

3. 了解性询问

了解性询问是用来了解客户相关信息的提问方式。在了解相关信息时，客户有时会对服务人员提出的这类问题反感。比如："您什么时候新装的电能表？""您的发票是什么时候开的？""当时是谁接待的您呀？"等。客服人员提这些问题的目的是了解更多信息，这些信息对客服人员是很有用的。可是客户有的时候不愿意回答，或懒得回答，或用"我不记得啦"之类的话语搪塞。因此，在进行了解性询问的时候，一定要说明原因："麻烦出示一下您的身份证，好吗？因为我们要做登记""麻烦您报一下密码，因为……"这样就能得到客户的配合。

4. 澄清性询问

澄清性询问是指正确了解客户所说的问题是什么。有时候客户会夸大其词地说：

"你们新换上的智能电能表，怎么回事呀，走得这样快，还让不让人用电呀！"这时，客户服务人员首先要提澄清性问题，因为，这时并不知道客户反映的这块智能电能表具体情况是什么。针对这种情况，客服人员可以问："您的电能表走得太快，具体是怎样个快法，您能详细地描述一下吗？"了解客户投诉的真正原因，事态的严重性，这就是澄清性询问。

5. 征询性询问

征询性询问是告知客户问题的初步解决方案，之后征询客户的意见。"您看……"类似这种提问就是征询性询问。当告知客户一个初步解决方案后，要让客户做决定，以体现对客户的尊重。比如，当客户投诉说："我家没电了。"客户服务人员就需要通过提问来补充不完整的信息，这时，可提出："对不起，我们会尽快帮助您解决的。请问您是户内故障还是户外故障？是开关跳闸还是电器设备故障？是单户没电还是成片没电？"这种询问方式既表达了解决问题的意愿，也表达了客户服务人员对客户的尊重。

6. 开放式询问

开放式询问是用来引导客户讲述事实的，不是针对事情的某个方面提问，而是进行全面提问。客服人员之所以采用开放式询问，通常是希望对客户的抱怨作进一步详细的了解。例如，"当时的具体情况您还能回忆起来吗？""您觉得这个电能表有什么问题呢？"这样的询问通常给客户一定的引导，客户接触到这类问题，脑海中就会不断浮现出自己了解的相关情况，并进行回答，这种提问就是开放式询问。

7. 关闭式询问

关闭式询问是对客户的问题做一个重点复述，多数用来结束提问。例如："您的意思是想申请重新对电能表进行校验，是这样的吗？"客户就只能用"是"或者"不是"来回答。这样的询问一般是对客户表达的主题内容进行明确或确定，以便按照客户的意见，有针对性地解决问题。

8. 服务性询问

服务性询问在供电服务结束时用，其作用是获得超出客户满意的效果。例如：95598 热线服务结束时，会问"请问您对我们的服务还在什么意见或建议吗？""请问还有什么需要我们为您做的吗？"这种询问方法会让客户对接受的服务加分，即使可能对前面的回答不是很满意，但听到这些话以后，可能会让改变，进而达到满意服务的效果。

四、询问的关注点

询问沟通中，客户服务人员要对客户的基本信息、诉求情况等问题进行重点关注与询问，主要包括以下 5 个方面：

（1）客户的基本资料信息：如客户的户号、户名、用电地址、联系方式、用电性质、缴费方式等。

（2）问题描述的相关信息：如故障的起因、现象，停电的现状、过程、结果等。

（3）证实性的问题信息：如"您是要我们上门为您排除故障是吗？"这类提问在于证实客户的真实需求。

（4）商讨性的问题信息：如"我请示领导后马上给您电话回复，好吗？"这类提问在于征询客户的意见，取得客户的支持和配合。

（5）补充性的问题信息：如"除了为你检修线路外，你还有什么要求？"这类提问在于超越客户的期望值。

第七节　沟　通　技　巧

沟通无处不在，其重要性不言而喻，然而，正是这种每天都在做，人人都知道的事情，其技巧却常常被忽视。

一、认识沟通的魔力

【小故事】

在美国一个农村，住着一个老头，他有三个儿子。大儿子、二儿子都在城里工作，小儿子和他在一起，父子相依为命。

突然有一天，一个人找到老头，对他说："尊敬的老人家，我想把你的小儿子带到城里去工作，可以吗？"

老头气愤地说："不行，绝对不行，你滚出去吧！"

这个人说："如果我在城里给你的儿子找个对象，可以吗？"

老头摇摇头："不行，你走吧！"

这个人又说："如果我给你儿子找的对象，也就是你未来的儿媳妇是洛克菲勒的女儿呢？"

这时，老头动心了。

过了几天，这个人找到了美国首富石油大王洛克菲勒，对他说："尊敬的洛克菲勒先生，我想给你的女儿找个对象，可以吗？"

洛克菲勒说："快滚出去吧！"

这个人又说："如果我给你女儿找的对象，也就是说，你未来的女婿是世界银行的副总裁，可以吗？"

洛克菲勒同意了。

又过了几天，这个人找到了世界银行总裁，对他说："尊敬的总裁先生，你应该马上任命一个副总裁!"

总裁先生说："不可能，这里这么多副总裁，我为什么还要任命一个副总裁呢，而且必须马上?"

这个人说："如果你任命的这个副总裁是洛克菲勒的女婿，可以吗?"

总裁先生当然同意了。

这个网络故事给人内心深处一种震撼，原来沟通有这样的魔力，而人们可能并没有在意，其实自己就是魔术师，沟通由心开始，技巧就在口中。

二、语言沟通技巧

(一) 服务语言的基本规范

供电服务语言不仅是表面的"欢迎光临，您好，再见"等基本的礼貌用语，而是专业的、标准的、能够让客户感受到正在接受优质服务的语言。客服人员在家里或在朋友面前，可以不经思考而随心所欲地按照个性说话，但在工作中就必须养成恰当的修辞、用语与发音习惯，表达有逻辑性、吐词清晰与用词准确等，所用语言也应该从"生活随意型"转到"电力专业型"。

1. 内容规范

(1) 具有逻辑性。客服人员要想清晰地表达自己的想法，语言必须简洁，内容必须条理化，词汇必须准确，做到说话有逻辑、表达清晰，这是对客服人员说话内容的最基本要求。那么，首先要理清自己的思路，说话时做到层次清楚、表达明确，切忌颠三倒四，令人不知所云。

(2) 具有重点性。客服人员说话时要突出重点和要点，分清主次、简洁明了。重要的信息要突出强调，不重要的内容则相对少说，尽量做到字字有力量、句句有内容。

(3) 具有准确性。在与客户沟通时，对服务或电力专业事件的描述要真实准确，避免夸大其词。只有这样，客户才能对供电企业树立信任的心理，以赢得客户的心。

(4) 具有礼貌性。供电服务行为面对的是各种各样有感情的人，多使用礼貌用语会让客户产生备受尊敬的感觉。以客为先，礼貌友好，不急不躁，用良好的国家电网形象去服务每一位客户，解决每一个问题。即使面对态度恶劣的客户，也要展现良好的职业素养，保持良好、轻松的心情，运用婉转的语言与客户沟通，尽量营造出积极和谐的氛围为广大电力客户服务。

客服人员应该掌握的部分常用服务语言:

1）迎客时说"欢迎""欢迎光临""您好"等；

2）感谢时说"谢谢""谢谢您""多谢您的帮助"等；

3）当客户致谢时说"请别客气""不用客气""很高兴为您服务"等；

4）表示歉意时说"很抱歉""实在很抱歉"等；

5）当客户道歉时说"不用客气""很高兴为您服务"等；

6）听取客户意见时说"听明白了""清楚了，请您放心"等；

7）不能立即接待客户时说"请您稍等""麻烦您等一下"等；

8）对在等待的客户说"谢谢等待""感谢您的耐心"等；

9）打扰或给客户带来麻烦时说"对不起""实在对不起，给您添麻烦了""给您带来了困扰，我们深表歉意"等；

10）听不清客户讲话时说"很对不起，我没听清，请重复一遍好吗"等；

11）当要打断客户的谈话时说"对不起，我能占用一会您的时间吗？""对不起，打扰您一下，可以吗？"等；

12）送客时说"再见，欢迎光临""再见，欢迎下次再来"等。

2. 声音规范

声音是服务沟通中，传递信息的重要载体，如果声音不对，供电服务就达不到满意的效果，特别是在电话服务中，声音的力量尤为突出。客户可根据客服人员说话的声音感知其服务时的心情如何，以及要表达的话题是好是坏，所以需要注意声音的规范。

（1）发音。提供服务时，想把信息清楚明白地传递给客户，就一定要做到发音清晰，让客户知道在说什么。口齿不清、模模糊糊的声音，不能有效传递信息，还会使客户对客服人员失去信心，进而对供电企业的服务能力产生怀疑。

（2）音量。声音过小会让人听起来很吃力，声音过大会让人听起来很刺耳，客服人员应控制好自己的音量，以对方能听清为准，与对方保持一致。适时控制音量有助力于突出讲话重点，提到重要的信息时把声音提高引起客户的特别注意，或降低音量同样能达到相同效果。通常，喊叫代表愤怒和不满，会使客户产生误会，但有时候，适度升高音量，以表现出对客户的热情，这需要客服人员根据现场情况和客户情绪来协调把握。

（3）语调。在供电服务中，客服人员应具备清晰、乐观、温柔、舒畅、同理心的语调，不能出现讽刺、不耐烦等带有负面情绪的语调。语调包涵丰富的含义，同一句话用不同的语调说出来，给人的感受是不同的。

（4）语速。与音量一样，针对不同的客户调语速，与客户保持一致，语速合适，不快不慢。语速过快，客户会感觉出你的不耐烦；语速过慢，客户会感觉你心不在焉。但当客户生气或着急时，其语速会很快，这时，可以改变语速，客户生气时，语速可有意慢于客户的语速，这样有利于其情绪稳定；客户着急时，则要加快语速，甚至比客户的语速还要快，因为这种语速会让客户感到你是站在他的立场上思考问题。

（二）服务的语言禁忌

1. 行为、态度禁忌

（1）客户讲话时随意打断客户、插话或转移话题。

（2）与客户发生争吵。

（3）与客户交谈过程中态度傲慢。

（4）与客户闲聊或开玩笑。

（5）不懂装懂，推诿搪塞客户。

（6）说话时打呵欠、吃东西或嚼口香糖。

（7）遇到不知如何解答的问题，未征询客户同意直接交给其他工作人员处理。

（8）与周围同事攀谈。

（9）工作期间做与工作无关的事

（10）酒后上岗工作。

2. 内容、声音禁忌

（1）不使用礼貌用语。

（2）解答问题的过程中使用过多的专业术语。

（3）过多使用口头禅、方言、非礼貌性语气助词。

（4）说话带拖腔，语气生硬、顶撞客户。

（5）口语化表达。

（6）不耐烦、反问、命令的语气。

（7）带有主观色彩的话、消极的话。

（8）怠慢拖延的语言。

（9）模糊不确定的用语。

（10）犹豫或者"连珠炮"。

（11）使用质问的语气向客户发问。

（12）责问、训斥或辱骂客户。

（三）服务的语言技巧

1. 善用积极的表述

供电服务用语应选择专业的，传递正能量的词句，并保持积极的表达态度。比如，要感谢客户的等候时，可根据具体等候时间的长短，分别说"谢谢等候""感谢您的好耐心""非常感谢您的耐心等待"等几个不同层次的用语。再如，如果一位客户就故障停电问题多次求助于客服人员，客服人员想给客户信心，于是说："这次不会让您重蹈覆辙了。"为什么要用"重蹈覆辙"这样一个负面的词语呢？不妨正面表达："我们有信心让这个问题不再发生。"

表3-2是供电服务中常见问题的习惯用语与积极表述的对比。

表3-2 习惯用语与积极表述

序号	习 惯 用 语	积 极 表 述
1	电费储值卡卖完了	由于需求很大，我们的储值卡暂时没货了
2	天气原因故障太多，抢修人员都出去了	我会安排抢修人员第一时间与您联系
3	我不能给你他的手机号码	您是否向他本人询问他的手机号
4	你没有必要担心电能表计量问题	电能表计量准确，请您放心使用

2. 善用第一人称

第一人称是"我""我们"，沟通时，善用"我""我们"会带给客户一种谦逊的服务态度。而"你""你们""他""他们"这样的称呼，会给客户教育、指挥的感觉，不容易亲近人。因此，在供电服务中要善用且习惯用第一人称。

表3-3是几种不同情形下的两种表述方式的对比。

表3-3 两种表述方式的对比

序号	习 惯 用 语	专 业 表 达
1	你的联系方式是	我可以知道您的联系方式吗
2	你听错了	对不起，我没有说清楚
3	你做得不对	我得到了不同的结果，让我们一起来看看到底问题出在什么地方

3. 善用"因为"表达

客户的要求形形色色，而供电资源是有限的，无法满足所有客户的要求。这时，客服人员应多用"因为"这类词，诚心地告知客户是什么原因导致与其要求有偏差或无法满足，同时表示歉意；而应避免用"我不能……""这不是……""我不知道……"等用"不"开头的话语直接回复客户。这样可以将负面答案转变成积极的响应，从而使客户产生正面的感觉与联想。如："在系统中我查不到您提供的客户资料"更改为"对不起，因为我暂时在系统中没有看到您提供的客户资料，麻烦您确认一下，在我们供电公司的开户名是×××吗？"

4. 善于与不同客户沟通

不同性格的客户，心境、期望各有差异。有效沟通就是要求客服人员在掌握许多有共性特点的表达方式和技巧的基础上，能够运用针对不同个体的表达沟通方式。

表3-4是对各类客户性格特点及沟通技巧的简单介绍。

表3-4　　　　　对各类客户性格特点及沟通技巧的简单介绍

划分标准	客户类型	客 户 特 点	沟 通 技 巧
从客户的注意力划分	漫听型	听客服说话时漫不经心，注意力不集中	导入对方感兴趣的话题
	浅听型	只停留在事物的表面，不能深入问题的实质，听得不真切	简明扼要阐述自己的观点
	技术型	只根据客服说话的内容进行判断，忽视客服的语气、体态和表情	提供事实和统计数据
	积极型	既注重客服说话的内容，又注意情感，能够领会要点	多进行互动反馈
从客户的工作方式和风格划分	支配型	工作严肃认真、有条不紊，在做决定前收集大量资料，动作缓慢，语调单一	快速步入正题
	分析型	注重事实、细节和逻辑，强调问题的合理性、客观性	说话方法和态度要更加正式
	和蔼型	容易合作、有耐心、对人友好且富有同情心	建立亲密的个人关系
	表达型	率直活泼、热情友好、外向幽默	给其充分的时间表达自己

5. 善用微笑与赞美

沟通中，一个甜美的微笑，一句赞美的话可以迅速、有效拉近客服人员与客户之间的距离，收到意想不到的效果。微笑服务与赞美他人都是一门艺术，运用得当，它会变成沟通的有效武器；运用不妥，就会让客户觉得有吹捧、虚伪、不真诚的感觉。

三、身体语言技巧

（一）身体语言的内涵

身体语言，即非语言性的身体符号。沟通中，身体语言能够表露双方当时的感觉和想法，很多时候在语言上可以伪装自己，但身体语言却经常出卖其伪装。即使是不说话的沟通，也能凭借双方的身体语言来探索其内心的秘密，了解其真实的想法。在供电服务中，关注客户的身体语言，掌握其语言内涵艺术，可更准确地认识和了解客户；通过自己的身体语言，也能更好地传递服务信息。

（二）身体语言的分类

正确理解客户的身体语言并正确使用自己的身体语言，是花费最少且最有效的沟通技巧之一。身体语言主要分为表情语言、手势语言和肢体语言三类。

1. 表情语言

人的面部表情就像一块告示牌，表现了其内在的精神状态，它能让周围的人知道此时他是高兴还是难过，是激动还是平静。而眼神又是面部表情中最重要的成分，更能突出反映人们内心的思想和情绪，因此，客服人员一定要学会通过眼睛这扇窗户来观察客户的内心世界，同时也要学会利用眼神的交流向客户传递真诚和关心。

2. 手势语言

手势语言简称手语，是通过手指、手掌、手臂做出各种动作向对方传递信息的一种交流方式。在沟通中，手势运用得自然、大方、得体，能够使人感到既寓意明晰又含蓄高雅。

表 3-5 是对几种常见的手势语言进行的例举、剖析。

表 3-5　　　　　　　　　几种常见的手势语言的例举、剖析

序号	手 势 语 言	含 义
1	摆手	制止或否定
2	双手外推	拒绝或表示无可奈何
3	双臂外展	阻拦
4	搔头或搔颈	困惑、迷惑或不相信
5	搓手、拽衣领	紧张
6	拍头	自责
7	抖脚	紧张
8	双手放在前后、环抑双臂	愤怒、不欣赏，不同意防御或攻击
9	耸肩	不以为然或无可奈何
10	双手举过头顶	暴怒
11	双手往上伸直	激动
12	双手枕在头下	舒展
13	扭绞双手	紧张，不安或害怕
14	一只手托着下巴	疑惑
15	耸肩、双手外摊	不感兴趣
16	颔首、双手放在胸前	害羞

3. 肢体语言

肢体语言是指人们在行走、站立和坐卧过程中的所有动作和姿态，是较常用的一种身体语言。如：客户进入营业厅时，行走速度是快是慢，站立时双臂是自然下垂还是交叉于胸前，坐下时是双腿平放，还是跷起二郎腿等，都代表当时客户的心境与状态。人际距离是指沟通时，人与人相处应该保持的较佳距离，它也是肢体动作的一部分，往往容易忽视。在不同的场合，不同的人际距离代表不同的人际关系。供电服务的前台接待工作属于正常的社义场合，一般以 1.219～3.657 米为宜，这个距离便于双向沟通，能促进沟通效果。

（三）身体语言艺术

人与人之间的沟通，如想获得较好的效果，需要双方传递较完整的信息，而单纯的语言信息只占 20%，另外的 80% 要靠非语言的身体行态来传达，且身体语言通常是个人下意识的举动，所以很少有欺骗性。可见，有效沟通，客服人员要将规范的语言技巧和优美的身体语言技巧巧妙地结合，才能创造最佳的表达效果。

1. 表情语言艺术

客服人员通过眼神、眉毛、嘴唇、脸色变化等构成了丰富的面部表情语言。

（1）眼神。眼神是最有效的表情语言，与客户进行目光接触时，应把目光的焦点柔和地放在客户脸上，一般放在脸部三分之二以上的部位。目光接触虽然有效，但要把控度，如客服人员一直用锐利的目光盯着客户，或者一直不移开目光，让客户不敢对视，这会使其感到紧张、压迫和不礼貌，甚至想赶快逃离我们的目光。反之，沟通时，客服人员对客户一直不抬头，或继续低头伏案工作，或做紧盯电脑屏幕，或做其他的事情，与其没有任何目光交流，客户会更感不安、焦虑，甚至会理解是客服人员不愿意帮助自己解决问题。所以在谈话进行时，要有礼有节的移动目光，通过明澈、坦荡的眼神给客户表达正直、热情的感觉。

（2）面部。精神饱满、神态庄重，目光柔和亲切，面带微笑，态度和颜悦色，自然地注视着对方，并认真倾听，这样的面部表情与客户交流会获得较好的效果。反之，冷淡、漫不经心或极不耐烦的样子，呈现给客户的则是拒绝服务。所以面部表情与眼神的表达一样，要把握好度。通过嘴唇的细微变化给客户传递灵敏、轻松的感受；通过笑容满面的面部表情给客户创造舒服安定的氛围。

2. 手势语言艺术

如果眼睛是心灵的窗户，那么手就是心灵的触角，是第二双眼睛。"心有所思，手有所指"表达的就是此意。供电服务中，恰当地运用手势语言，可以更加充分地表达出对客户的热情，让客户有"宾至如归"的感觉。手语在沟通中会非常吸引客户的注意，所以，提供服务时，要注意自己的每一个手势，不要因为一个不经意的手势动作而引起客户不满。如：用手指示引导时，掌心向上，手指并拢，不要用手指指向客户；谈到自己时可手掌轻按自己左胸，这会显得端庄、大方、可信。运用手势时要注意手势力度的大小、速度的快慢、时间的长短，同时配合动作的协调和饱满的热情；切忌手势不可以过度、不可表现无自信、不可单调重复，甚至手舞足蹈。

3. 肢体语言艺术

优美的肢体语言是对有声语言的强化和补充，可直接反映客服人员内心情感的变化。如：庄重平稳的站姿，端庄平直的坐姿，自然适度的点头，快慢适宜的起身，尊敬得体的弯腰，都会给客户留下举止文明、服务优质的良好印象。身体姿势和动作，表明了客服人员的态度和对客户所说内容感兴趣的程度。服务中，举止要稳重、端庄，落落大方，双手递接物品；语言、神气、神态、举止应和谐一致；交流中，要向正在谈话的客户点头示意，身体朝向客户或者身体前倾，并保持一个合适的距离。否则，会表现出言不由衷，表里不一的情况。

（1）观察。通过观察客户一些简单的身体语言，基本能看出何种情况下客户听得不耐烦，或者想结束谈话。例如，当一个客户身体向后仰靠或者直接走开，把身子从客服人员这边移开，推开桌子，收拾资料，不停的玩手机或看手表等，这些都是客户不愿意继续沟通下去的危险信号，或对目前谈论的话题不感兴趣。这时，应该尽快结束此次交流沟通过程，或者换个话题开始新一轮的交流。

（2）点头。适度的点头是向客户表明正在专心倾听的有效方法，但持续不断的点头表露的则是不耐烦的情绪。当一位客户正向你不停地重复讲述某件事情时，不能打断客户，但又要表现出在认真倾听，这时，适时点头会显得特别有效。当客服人员希望谈话尽快结束并想向客户表达一下自己的意见时，可适当地用不断点头的动作干扰客户。作为客服人员，身体语言不能单调、僵硬、死板，一定要尽力并且有意识地运用身体语言来向客户表达。

（四）改善身体语言的 12 个技巧

1. 观察自己的身体动作

改善身体语言首先在于意识到自己的身体在做什么。否则，改善将无从下手。注意自己的每一个动作，什么时候会这么做，为什么会这么做。例如，你之前可能没有注意到，当谈论一个自己不喜欢的话题时，会不自觉地挠挠脖子。所以说了解自己的身体动作是成功的一半。

2. 直视对方的眼睛

在路中遇到陌生人、同事，或者当被介绍给其他人时，你能否保持目光的接触？

眼睛是自信的最重要指示器。直视他人的眼睛会告诉对方你很自信。如果觉得这么做有困难，试着注意对方两条眉毛中间的那一点，对方不会觉察到之间的差别。但要记住不要盯着对方看，这样会令人生厌的。

3. 把头抬高

把头抬高，做到目视前方那么高就可以了。低着头走路的人通常不希望别人看到他们，就好像他们有什么要隐藏似的。我确定你没有什么需要隐藏的，所以，自信地抬起头来吧。

4. 让身体多占据些空间

或许你会认为这么做是没有礼貌，事实上不是这样的。这表明你的身体很舒适自在。自信的人通常会在站立和坐下的时候双腿分开一些，所以你也应该开始这么做。

5. 不要交叉双臂或双腿

双臂交叉抱在胸前或跷起二郎腿传递出的是防御或拒绝的信号，这个动作就像在告诉别人自己心情不好，不要来打扰我。没有人会愿意和这时的你交谈的。

6. 适当点头

和他人交谈时，在赞同的时候点头。这表明你在认真听，并对对方谈论的话题很有兴趣。但也不要做过头了。

7. 保持微笑

在谈话中保持微笑，在走路的时候稍带一点傻笑，这会告诉周围的人你很快乐、积极向上。这会使你更容易接近，其他人也会更乐于听你讲话。

8. 减速慢行

自信的家伙从不会急急忙忙的。对他们来说，一切都是那么完美。他们对自己、对这个世界都感到心情舒畅。走路的时候慢一点，会显得更自信和镇定。在其他人叫你名字的时候，不要急着扭过头去，要慢慢地把头转过去。

9. 掌握身体倾斜的艺术

身体前倾表明你对对方的话很有兴趣。然而，太过前倾就会显得太过依赖他人，并渴望得到他人的认可。身体后倾告诉他人你很放松和自信。然而，过分后倾会显得傲慢和冷漠。这可能听起来很难把握好之间的度，但其实做起来并不难。观察别人在听你讲话时是怎样做的，相应调整就好了。

10. 不要做小动作

和别人说话时动来动去会显得紧张不安。捏耳朵、玩瓶盖、摸脸等小动作都是不安的表现，同时也会让和你谈话的人分心。改掉手上的小动作，用双手使交流更清楚、有效。

11. 握手要有力

没有人喜欢握到一个死鱼一样的手（指握手时不够用力）。有力的握手和微笑，会给对方留下良好的第一印象。

12. 模仿

就像生活中大多事情一样，当师从一位某方面的专家时，进步是最快最多的。选择一位你钦佩的人，观察他的身体语言，然后学习、模仿。

四、电话服务技巧

与一位朋友或客户经常通电话，但从未谋面，而一见面，就会发现他与想象的完全不一样。这是为什么呢？因为每个人都有通过声音去想象别人容貌与表情的习惯。这种习惯对于长期守候在95598热线的服务人员来讲更是十分明显。热线服务人员说话时面带笑容，听筒另一边的客户即使没有看见，也同样可以感觉得到热情，这就是"听得见的微笑"。因此，虽然电话服务是完全通过语言来进行沟通的，但客服人员仍要把表情、肢体语言在听筒这边表现出来，然后运用声音传递给电话那头的客户。

（一）电话服务的基本规范

（1）声音。用甜美、轻松愉快、富有感染力的声音与客户交流，使客户通过电话就能感受到声音中的微笑。

（2）语气。亲切有礼，态度自然诚恳。

（3）音量。音量适中，不因自身外界环境干扰无故提高或降低音量。

（4）语调。平稳、柔和、亲切，不拖音，既不可装腔作势，也不可声嘶力竭，应给客户以愉悦之感。

（5）音调。音调略微上扬，体现积极向上的态度与活力。

（6）语速。语速适中，必要时与客户语速保持一致。

（7）发音。按普通话标准发音，做到发音标准、吐字清晰，避免含糊不清。

（8）表达。通过客户所说的内容和说话的方式，迅速而准确地判断出应以何种说话方式与客户进行沟通交流；在客户表达完自己的意思之后，用提问询问的方法，确保已经理解客户的意思，掌握了足够的相关信息；及时向客户表达对他所提问题的重视，从而使说话更有亲和力及说服力；通话过程中需适时尊称客户、正确使用规范用语、恰当使用礼貌用语。如"请您、麻烦您、谢谢您"等。

（9）态度。用心倾听客户，遇到客户抱怨时，首先要表达对客户遭遇的同情，用换位思考的角度为客户着想，记录重点，抚平抱怨，但同时要坚持我们的立场、维护供电企业形象；提供相关资料，告知客户我们将怎么帮助他解决问题，让客户了解整个服务过程；主动热情，不可推脱、责怪客户，不可打断客户讲话，要从客户的角度以积极的工作态度来理解和对待客户。

（10）措辞。措辞精准恰当、语言组织有条理、思路清晰，避免出现口头禅，确保通话过程流畅。

（二）电话服务技巧

（1）接听。电话铃声响时，客服人员应迅速拿起听筒，接听电话，以三声之内接听为宜。电话长时间无人接听，会使正在等待的客户心情急躁，导致服务过程受情绪影响，不能进入良好的沟通氛围。如果电话远离我们，听到铃响后，应用最快的速度拿起电话听筒，这样的工作态度是每个服务人员都应有的良好习惯。假如电话铃响超过五声，才拿起话筒，应真诚地向客户道歉，这样才能平息客户心中等候的怨气。因此，准确及时的接听电话是电话服务的第一步。

（2）问候。当客户一接听电话，就能听到亲切、优美的招呼声，心中会充满愉悦，有助于双方对话的顺利展开。因此，电话服务中的第一声是非常重要的。用声音清晰、悦耳、吐字清脆的方式向客户打招呼"您好，××号为您服务，请讲！"会给对方留下良好的印象，同时，客户对供电企业会形成一个良好的印象。所以，在提供服务时，应牢记"我是供电企业的形象代表"，这样，说出的话会时刻心系企业。

（3）心情。电话服务，要保持良好的心情，虽然客户看不见我们，但能从我们欢快的语调中感受愉快的氛围，给客户留下极佳的印象。因为面部表情会影响声音的变化，所以，即使客户看不见我们，也要抱着"对方在看着我"的心态去服务。如：95598 热线的客服代表桌前，都放有一面小镜子，当电话铃声响起，客服人员就会对着镜子微笑去问候第一声客户，在谈话过程中，一直用饱满的笑容对着镜子说话，让客户在电话那边，切实感受到真诚用心的微笑服务。

（4）声音。电话服务时，声音要温文有礼，以恳切的话语表达。嘴与话筒之间，应保持适当距离，适度控制音量，以免客户听不清楚、产生误会，或因客服人员声音过大，让人误解为盛气凌人。服务过程中，不能喝茶、吃零食或嚼口香糖；交流过程中，如客服人员处于一种懒散的状态，对方也能够"听"得出来。假如接电话时，客服人员趴在桌上，弯着腰躺在椅上，客户听到的声音就是懒散和无精打采的；相反，若身体挺直、坐姿端正，客户听到的声音就是亲切悦耳、充满活力。因此，电话服务时，要假设客户就在眼前，端正的姿态，认真的态度能通过声音完全呈现在客户心中。

（5）记录。服务中，要详细准确地记录通话时的要点。电话中，传递的信息量较大，且客户表达的观点也较多，此时，要遵循 5W1H 原则做好记录。所谓 5W1H 是指：when 何时，who 何人，where 何地，what 何事，why 为什么和 how 如何。这些记录能为更优质的客户服务提供支撑依据，也能为供电企业客户基础资料提供详尽的参考信息。

（6）礼貌。结束电话服务，一般应由客户提出，供电服务人员应有明确的结束语，如："请问您还需要其他服务吗？""欢迎致电，谢谢""再见"等，待客户挂断电话后，才能轻轻挂上电话，不能不顾客户先行挂断电话，给客户留下不礼貌的印象。

第八节　满足客户期望的技巧

一、理解客户期望

【小故事】　三家水果店

一条大街上有三家水果店在经营。有一天，一位老太太来到第一家店，问："有李子卖吗？"店主见有生意，马上迎上前说："老太太，买李子呀？您看我这李子又大又甜，还是刚进来的，新鲜得很呢！"没想到老太太一听，竟扭头走了。

老太太接着来到第二家水果店，同样问："有李子卖吗？"第二位店主马上迎上前说："老太太，你要买李子呀？""是"老太太应道。"我这里李子有酸的也有甜的，您是想买酸的还是想买甜的？"店主问。"我想买一斤酸李子。"老太太说。于是，老太太买了一斤酸李子就回去了。

第二天，老太太来到第三家水果店，同样问："有李子卖吗？"第三位店主马上迎上前说："我这里的李子有酸的也有甜的，您是想买酸的还是想买甜的？""我想买一斤酸李子。"第三位店主一边给老太太称酸李子一边问道："在我这儿买李子的人一般都是喜欢甜的，可您为什么要买酸的呢？""哦，最近我儿媳妇怀上孩子啦，特别喜欢吃酸李子。""哎呀！那是要特别恭喜您老人家快要抱孙子了！有您这样会照顾人的婆婆可真是您儿媳妇天大的福气啊！""哪里，哪里，怀孕期间最要紧的是吃好、胃口好、营养好啊！""是啊，怀孕期间的营养是非常关键的，不仅要多补充些高蛋白质的食物，听说多吃维生素丰富的水果，生下的宝宝会更聪明些！""是吗？哪种水果含的维生素更丰富些呢？""很多书上说猕猴桃含维生素最丰富！""那你这儿有猕猴桃卖吗？""当然有，您看我这里的进口猕猴桃个大汁多，富含维生素，您要不先买一斤回去给您儿媳妇尝尝？"这样，老太太不仅买了一斤酸李子，还买了一斤进口的猕猴桃，而且以后几乎每隔一两天就要来这家店里买各种水果。

从这个故事中，可以大致了解到什么是客户期望？它是客户在参与服务体验前就已经形成的一种观念，具有很强的可引导性。对供电企业而言，虽然客户期望是一种意识，但却离不开电力与服务本身这一核心内容，所以，供电客服人员应围绕核心内容，通过观察客户行为、询问客户需求，来了解客户期望。

（一）客户期望的类型

1. 与供电和服务有关的期望

就供电企业而言，产品就是电，与其相关的期望是客户最基本的期望，如果产品和服务能达到甚至超过客户的期望，那么客户就会满意。供电企业在供电和服务方面，影响客户期望满足程度的因素主要有：供电质量是否稳定；供电是否安全经济；电价是否合理；故障抢修是否快捷；是否提供必要的售前、售中、售后服务；以及服务的质量等。

2. 与客户服务有关的期望

与客户服务有关的期望包括两类：① 客户对客服人员知识和技能的要求，如，客户要求客服人员知识丰富、能力高；② 客户希望客服人员态度良好，最好能表现出对其的认同，如，客户希望自己得到尊重、得到重视、得到认可等。如果客户感觉自己没有得到认同、尊重和重视，即使客服人员的知识和技能再好，客户也会表示出不满意，最终达不到客户期望值。

（二）理解客户期望的重要性

理解客户期望是供电客户服务的第一步，是满足客户需求的基础，其重要性不言而喻。具体表现在以下 3 个方面：

（1）为客户提供个性化服务的基础。不同客户的需求偏好不同，对供电质量和服务的期望也不同，因此，供电企业需要了解每一位客户的具体偏好和期望。基于对不同客户不同期望的理解，才能提供针对不同客户的个性化服务。

（2）核对供电企业对客户期望的理解是否存在偏差的法宝。客服人员在不断提供服务的同时，也许一直都认为这些服务正是客户所期望的，但事实却并非如此。国家电网公司曾针对上千家大客户、居民客户代表调研客户满意度，而调研结果表明，有 80% 的客户认为国家电网公司向客户提供了"服务"；只有 20% 的客户认为向其提供的是"优质服务"。80% 和 20% 的差距体现出供电企业并没有真正理解客户的期望。如果供电企业根据自己的错误理解去服务客户，就无法满足客户的真正需求。只有不断核对对客户期望的理解，才能推动服务迈上新台阶。

（3）提高客户满意的前提。客户对供电质量或服务的满意程度，并不仅仅取决于产品或服务质量的好坏，还取决于客户的期望。如果供电质量或服务低于客户的期望，客户就会对其产生抱怨和不满的情绪，只有符合甚至超出客户的期望，才能真正实现客户满意。

（三）客户期望的层次

供电企业对客户需求满足的程度，可将客户期望分为基本服务期望、满足服务期望和超值服务期望3个层次。

1. 基本服务期望

基本服务期望是客户认为供电企业至少应该提供的基本服务功能，是客户认为理所当然应该得到的服务。如果客户的基本服务期望得到了很好的满足，也不会给其带来很高的满意感受。但没有满足客户的基本服务期望，其满意程度就会急剧下降，立即否认整体服务，甚至整个企业。例如，抢修服务就属于这一层次，供电故障常规处理完了，客户不会特别在意，而如果没有及时处理故障，客户会立即感到不满意，甚至拨打95598投诉。这是由于在客户看来，这个层次的服务是供电企业理应提供的。

2. 满足服务期望

满足服务期望是客户对企业提供额外服务的要求，是供电企业提供的一些具有自身服务特色的服务内容。它介于基本服务期望和超值服务期望之间。客户对供电企业的满足期待主要取决于服务宣传资料、十项承诺、对向告知书及客户之前的服务体验。当客户的满足服务期望没有得到较好满足时，客户就会产生明显的不满意的情绪；而当满足服务期望得到很好满足时，客户也会表现出明显的满意情绪。比如，客户在营业厅办理增容业务，他的满足服务期望可能就是要获得热情详细的业务讲解或优美的营业环境，客户一步入营业厅，就感受到了干净优雅的环境及客服人员权威耐心的专业指导，自然会对服务感到满意；反之，如客服人员没有细致地讲解专业知识，而是让客户自己查看宣传资料，他会带着怨气接受其他服务，最终以不满意告终。其结果会严重影响供电企业的形象。

3. 超值服务期望

超值服务期望是客户得到额外收获，获得额外服务的过程。客户对于超值服务的预期水平较低或根本没有预期，其情况与基本服务期望恰好相反。当为客户提供惊喜服务时，一般客户都会很满意。如果服务质量较好，客户满意度会得到很大提升；即使服务质量不尽如人意，客户也不会产生反感情绪。例如：客户在营业厅办理增容业务，客服人员根据客户原用电址、用电容量、用电性质等档案，结合增加容量大小及线路负荷情况，为其提供了一份经济、安全、合理的增容用电告知书，这是客户来营业厅办理业务时，没有预想到的服务内容，这就给客户带来了超值服务。客服人员可根据营业厅客户的变化段，不断进行服务提供内容及方式的调整，以满足更多客户的超值期望。

总之，客户的基本服务期望对应的是客户认为企业应当提供的服务，满足程度低则客户会很不满意,满足程度高客户也不会很满意;而超值服务期望则恰恰相反,期望满足程度低,即使不满足,也不会导致客户的不满意,满足程度高则客户会非常满意;而满足服务期望介于两者之间,需求满足程度与客户满意度基本呈正比关系。

(四)理解客户期望的方法

1. 询问法

询问法是指客服人员向客户提出一些问题让其回答,再结合客户提供的答案理解客户期望。询问客户要结合其特点以及服务的特点综合提问,不能漫无目的随意进行。

首先,结合客户特点,向其提出一些他们感兴趣且非常容易回答的问题。例如,一位年轻人来缴纳电费,那么他可能对手机钱包、POS 刷卡、网上缴费等新型缴费方式比较感兴趣,此时服务人员可以向年轻客户推荐足不出户、随时随地缴纳电费等特点的缴费方式;而如果是一位老年人来缴纳电费,服务人员可能需要推荐的是银行代扣、银行代收等安全保守的新型缴费方式。

其次,根据供电的特点与服务的重点向客户提问,这样可以直接把客户引向服务的特点介绍上。如,网上缴费功能特别便捷,可以询问客户是否喜欢上网。这就是,客服人员与客户通过面对面的询问沟通来了解客户期望。

2. 调查法

调查法是向客户发放问卷的方式进行调查,适用于分析和了解一些普遍的客户服务期望。调查问卷的内容可以是开放式的问题,由客户自由填写;也可以是封闭式的问题和答案,由客户从若干备选答案中选择一个或几个。通过调查问卷的收集、整理和分析,了解客户的普遍期望。

3. 观察法

观察法是在与客户的频繁接触中,通过直接观察客户的外在表现和行为举止,迅速判断客户的大体需求特点,进一步为与客户沟通和提供服务奠定基础。在实际的观察过程中,客服人员需要重点关注客户的外观和行为方式两个方面。

(1)外观观察法。客服人员可以通过观察客户的年龄初步判断客户的需求特点,同时还可以观察着装、发型、首饰等方面来判断客户的职业、收入水平、文化特点和消费习惯等信息。例如,如果一位客户身着正装,且西装和衬衣都非常整洁,表明他可能是政府工作人员或者企业员工,那么他的需求则更关注服务环境的品质和档次;如果一位年轻的客户穿着非常宽大的 T 恤,留着比较怪异的发型,挂着很多饰品,表明其是一位时尚青年,他可能更关注服务方式的时尚和新潮;而如果客户是一位中年妇女,那么她很可能是一位家庭主妇,她的需求可能更关注电价或服务质量。因此，客服人员可以通过观察外观推断出客户的性格、需求，寻求其喜欢的沟通方式，并为其提供期望的服务，不断提高优质服务能力。

（2）行为观察法。从客户的行为方式中推断出客户的性格及需求期望。例如，一位客户在供电营业厅内随意走动，随手翻看各类业务的宣传资料，认真查阅电价目录，他的目光很少在服务人员或营业前台停留，这表明该客户没有非常明确的办理用电业务需求，只是对政策、业务或办理流程做初步了解，此时，客户服务人员可上前从电价入手询问了解客户的真正需求；而另一位客户进入供电营业厅后，径直走向营业前台，拿出电费清单请客户服务人员对照电脑算费系统仔细比较，这表明这位客户很关注电费计算过程或电价执行情况，此时，客户服务人员应结合客户用电情况，按照电价政策将算费过程一一向客户解释，这样才能满足客户的期望。

（五）客户的期望值管理

在供电服务中，客服人员无法无终止的为客户提供超值服务，因此，要做到合理调控客户的期望，一方面，要积极面对客户的期望，不断改善自我的服务；另一方面，则要合理引导客户的期望，从源头出发，尽可能规避客户"不合理期望"的出现，这就是客户期望值管理。

1. 设定期望值的目的

设定客户期望值就是要告诉客户，哪些是其可能得到的，哪些是其根本无法得到的期望。最终目的是为了能够跟客户达成双赢。如果为客户设定的期望值和客户所要求的期望值之间差距较大，就算运用再多的技巧，恐怕客户也不会接受，因为其自身的期望值是最重要的。因此，如果客户服务人员有效地设定对客户来说是最重要的期望值，告诉客户什么是其可以得到的，什么是其根本不可能得到的，那么达成最终协议就水到渠成了。

2. 影响期望值的因素

各种环境趋势影响供电客户期望值的因素包括企业背景、供用电环境、客户价值观、外境媒体、客户年龄、之前对供电企业的接触与认识等。每一种因素的变化都会导致客户期望值的变化。例如，客户对智能电能表的认识和接受，早期的信息都是来源于网络和居民团体的内部传播，因不了解其性能及使用方法，加之网络虚假信息的宣传，民间谣言的放大，导致与客户的初期期望值出现了一定程度的偏差。这种信息源的多样性、不真实性，导致了客户期望值的不确定性。后来，供电企业立即采取官方媒体、政府权威部门主持等强有力的宣传方式调整客户期望值，以达到双方认可的水平，这样实现了"双赢"。

3. 降低期望值的方法

在无法满足客户的期望值时，最有效的方法就是通过一定的技巧去降低客户的期望值。

（1）通过提问了解客户的期望值。通过提问可以了解大量的客户信息，帮助我们准确掌握客户的期望值中最为重要的期望值。

（2）对客户的期望值进行有效地排序。应该帮助客户认清哪些是最重要的，提供专业的指导意见后，帮助客户有效地对期望值进行主次管理。但这也是一个挑战客服人员能力的难题。

（3）客服人员在调控客户期望值时，要争得客户的谅解与支持，将彼此的关系调整到双方都能接受的程度。当客户由于期望值偏差提出过高的要求时，企业要主动向客户进行分析，例如，电能表本身已经具备的功能，附加功能会增加额外成本、影响其他功能等。

【案例】

在供电营业厅，随时可能会接待反映电价较高的客户，他们就是希望将电费降至最低。面对客户的这种期望，供电企业肯定是无法满足的。这时，客服人员就必须想方设法地尽量降低客户的期待值。以居民客户为例，可以告诉客户：目前的居民生活用电电价为 0.588 元/kWh，不到 0.6 元钱，而 0.6 元钱的市场购买力是显而易见的。但是，用这不到 0.6 元钱买的 1kWh 的电，能让 3W 的节能灯泡连续点亮 36 小时，能让家用冰箱运行一天，能让 1P 空调开 1.5 小时，能让电视机开 10 小时，能让吸尘器把房间打扫 5 遍，如果你有电动自行车，所充的电足够跑上 80km……等。您知道吗？这 1kWh 电要经过发电厂工人的安全生产、高压线路的安全传输、电力调度的全线监控、一线工人的精心维护才能安全地送到您家，为您和家人带去光明和温暖。客户服务人员这样合理调控客户的期待值，能有效降低客户的期望值，达到相互理解，双方共赢的局面。

二、满足客户期望

1. 差异化服务

差异化服务是客服人员在服务时，除了遵循通用的服务标准，还要考虑客户的个体差异，针对客户的特殊需求，为客户提供个性化服务。

（1）了解每位客户独特的服务需求。这是开展个性化服务的前提。要充分使用多种沟通手段，分析客户的服务需求。对一般的服务需求，采用标准化的服务予以解决；对独特的服务需求，采用有针对性的个性化服务予以解决。

（2）建立客户数据档案。客户数据档案是供电企业借助现代信息技术，建立一套完整的客户信息基础档案。① 可以保证及时地收集、整理客户的个性化信息；② 可以保证随时查阅和了解客户的各种信息，持续地提供个性化服务。

（3）设计服务模块。在对一定范围内不同方式的服务进行功能分析的基础上，划分并设计出一系列功能子模块，通过子模块的选择和组合构成新的服务组合，以满足不同客户的个性化需求。为每一位客户提供不同的服务内容，就需要付出更多的时间和精力，同时也会加大服务成本。为控制个性化服务增加的成本，可以通过服务模块化方式满足客户的期望值。

【案例】 电力个性化服务

（1）电力客户经理在走访大客户收集基本信息等资料时，发现×日是某企业周年庆典，立刻报告了供电客户服务中心负责人，马上响应个性化服务，为该企业周年庆送上一份特制的精美礼品表示心意，该企业负责人十分惊喜，立即交代分管后勤的负责人说："供电企业提供如此贴心的服务，以后企业财务再困难也不能拖欠电费。"

（2）随着电卡表安装数量不断增加，个别孤寡老人、身体残疾及行动不便的客户到售电点购电较困难，客服中心了解到这一情况后，主动推出一项新的服务举措：凡是孤寡、残疾人及行动不便的客户，只要拨打 95598 要求购电，95598 客服班和客户所在区域营业厅各派出一人，上门为客户服务，讲解用电常识。某天，95598 客服中心接到一位老人的电话，称他和老伴都已经 80 多岁，家里已经没电了，因下雪路滑，不能出门购电。95598 客户值班员接到电话后，按照客服中心上门服务常态机制的规定，立即与营业一班营业员一起到该老人家中提供服务，为老人更换了新的售电卡，并详细帮老人解答了家庭用电方面的问题。

（3）张先生是某供电营业厅的常客，每月按时交纳电费，有高度老花眼加散光的他对电费结算清单却看得特别认真，可营业厅常配的老花眼镜和放大镜不能满足他散光的需求，为此，该营业厅专门登记了他的眼睛度数为其配了一副专用眼镜。此后，每月他一来到柜前，服务人员就将他的专用眼镜双手递上，为此他很感动，交完电费后不愿离去，主动站在营业厅前向路人及过往客户宣传供电企业的优质服务。

2. 增值服务

增值服务是企业满足了客户的基本需要后，再提供的超出基本需求的服务，进而使服务质量超出客户的正常预期水平。客服人员需要不断细心观察，了解客户除了基本需求外，真正关心的问题是什么，哪些需求还没有很好地满足，然后为客户提供有针对性的增值服务。如为解决客户在营业厅等候问题，在厅内设置了客户休息区，为其免费提供有线电视、茶水、报刊、杂志，甚至是手机充电及擦鞋服务等。

3. 超越服务

超越服务是给客户的服务感知远远超过其期望时所产生的一种情感感受。每位客户所感受的超越感觉是不同的，且超越的惊喜是动态变化、因人而异的。对此，供电企业的客户超越服务策略应随机应变、个案处理。要达到这个目标，需要我们不断地培养高度责任感和业务水平，以及娴熟的应变能力和高效的沟通能力。

【案例】

××公寓的数百户居民长期深受用电问题的困扰。开发商在小区配套设施尚未健全的情况下，去向不明，将小区居民用电违章接到施工临时电源上，并且长期拖欠电费。临时电源的容量远不能满足居民的正常用电，造成小区居民多年来生活上极大不便，时常因用电负荷过大造成长时间停电，给当地居民留下用电安全隐患，也给电力企业造成很大损失。

供电公司积极配合地方政府解决小区居民用电问题，在城市转供电工程中发挥主观能动性，积极与区建委、当地居委会、业主委员会等相关部门联系，起到承上启下的作用。

供电公司组织工作人员利用公休日深入小区对居民提出的使用正式电源、安装一户一表的疑问进行咨询和解答。个别客户因曾受开发商欺骗，在安装一户一表的问题上心存疑虑，为了消除这些客户的疑虑，工作人员逐户进行走访沟通了解，并给客户耐心解释，使其免除后顾之忧。

为尽快解决小区居民用电问题，工作人员将申请表及相关手续送到每位客户手中，及时与负责人联系，上门把填好的资料收回，并及时送回相关部门，为业扩报装的工期流转赢得了时间，缩短了工期，保证了工程进度。

工程正式送电后，小区居民代表送来了锦旗和慰问信，感谢供电公司主动上门服务，解决了困扰居民多年的用电难题。同时也为供电公司解决了遗留已久的欠费难题，赢得了客户对电力服务的认可，履行了社会责任，展现了良好的企业形象。

通过为客户无条件地提供附加服务和惊喜优质服务，获得了客户的认可和信任，与客户达到共赢的效果。

第九节　特殊服务技巧

在供电服务中，会遇到各种各样的客户，除了普通客户外，还有强势力量型的棘手客户、恼怒败坏的怨气客户、抱怨无常的投诉客户，面对这些特殊的客户，客服人员更需要特殊的服务技巧来满足其需求。

一、强势力量型棘手客户的处理技巧

服务中，大部分的供电客户乐意与客服人员合作，接受帮助，解决问题；但也有一些强势力量型的棘手客户，由于他们的态度、生活方式、个人习惯等因素的影响，可能会给服务工作造成烦扰。如：情绪失控的、难缠的和挑剔的客户，这些客户称为"棘手客户"。处理与棘手客户的关系，要求客户服务人员保持冷静、专业，这是供电企业客户服务人员面临的挑战之一，又是不得不面对的服务对象。常见的棘手客户有三类：情绪失控客户、难缠客户和挑剔客户。

1. 情绪失控客户

表现特征：有抵触情绪、情绪激动、愤怒，甚至对客户服务人员破口大骂。

要缓解客户的愤怒需要客服人员付出额外的努力，一旦处理不当，客户的愤怒可能会使事件升级，给企业带来消极影响，并给后续的安抚工作造成很大困扰。

2. 难缠客户

表现特征：固执、唠叨、自大，甚至对客户服务人员耍赖。

难缠的客户乐意花费时间与客户服务人员争论，来争取自己的利益。他们往往固执己见，不会轻易接受客服人员提供的解决方案，需要付出额外的努力。在供电服务中，常常会遇到以下几类难缠的客户：固执客户、唠叨客户、妄自尊大客户、找老板的客户。

3. 挑剔客户

表现特征：要求苛刻，习惯在产品或服务的细节上找问题、挑毛病、甚至吹毛求疵。

不论提供的产品和服务如何优质，挑剔的客户总能找出其不满意的地方，进而要求客服人员给出合理解释或适当补偿。

（一）处理原则

1. 合作双赢原则

合作双赢法是供电客服人员与客户以相互信赖为基础，寻求双方的共同点，最终达成共识，客户的问题得到解决，企业赢得了客户，实现双赢的处理原则。服务中，面对棘手客户，客服人员不应与其争论迫使客户放弃诉求，也不应一味地迁就客户接受其所有要求；而应相互信赖，采取合作的方式，争取双赢。此法则的制胜点是必须赢得客户的信任。

2. 满足需求原则

客服人员要努力满足客户需求，但并不是所有的客户需求都要满足。必须通过规章制度明确客户要求的满足条件，满足条件的满足其需求，否则不予支持。这样客服人员遇到客户不合理的要求时，就能够做到心中有数，明确拒绝或委婉拒绝制度不支持的服务。与一般客户相比，棘手客户更容易提出不合理要求，如因雷雨天气导致线路停电，还要求在最短时间内送电。拒绝棘手客户时，客服人员应拿出政策支撑文件为依据，明确告知拒绝的原因，做好解释，让客户明白为什么办不到，最后对自己的拒绝表示歉意，做到服务有理有节，不激发矛盾。

3. 持续改进原则

客服人员在应对棘手客户的过程中，充分收集客户的信息和意见，并对意见进行分类，如：对供电质量的各类意见转交生产或调度部门，由技术人员负责寻找问题或寻求改进方法；对营销服务的意见上交客户服务中心，由客户服务中心查找问题症结并负责改进。所以，在应对棘手客户时，不能只当作是完成一个棘手的服务任务来处理，而应积极主动发现问题，再加以改进。

4. 加强培训原则

供电企业必须对客服人员进行系统的、有针对性的培训，使客服人员掌握技术知识、服务技巧和相关政策。因为应对棘手客户的供电服务人员，必须是有经验的资深员工，没有经验的客服人员难以胜任这项棘手的工作。同时，必须让客服人员明确自己的职权范围，给予一定范围内的授权，当客户问题的解决方案在职权范围内时，客服人员就能及时解决，而不用请求上级导致服务过程繁锁，引发客户等待时间过长的矛盾。

（二）处理步骤

1. 以客户为尊的初次接触

与棘手客户初次接触，客服人员要表现出专业的素质，给客户留下可信赖的美好的第一印象，以便进一步沟通。如：友善的态度，平和的声调，积极的眼神，积极的聆听，愉快的交流。

2. 以客户类型为主的应对技巧

客服人员在与棘手客户接触时，根据其表现特征，判断属于哪种类型的棘手客户，是情绪失控的客户，还是难缠的客户或挑剔的客户？然后根据棘手客户的类型运用有针对性的应对技巧，予以应对。

3. 以客户需求为导向的信息收集

不同种类的棘手客户沟通中的需求表现是不一样的，这时，就要善于发现客户真正的要求服务。除了直接询问、分析客户问题或需求外，还要从客户的音调、措辞、身体语言、情绪状态等方面收集客户信息，以挖掘客户的真正问题或需求，找到适合其的差异服务。

4. 以客户合作为本的解决问题

依照双赢的理念，与客户合作解决客户面临的问题或需求。首先以客户需求为导向，询问客户是否已有自己的解决方案，然后把客户的意见和自己的方案进行对比，提出双方都能接受的有针对性的解决方案，并尽快落实，直至客户满意。

5. 以总结评价为果的结束服务

提出解决方案并实施之后，还应对棘手客户的服务过程和结果记录在特殊档案，填写"应对棘手客户记录表"，并上交客服中心归档备存，由专业人员对处理结果进行总结评价。同时，回访棘手客户，询问其对解决方案是否满意，还有什么新的问题或需求，这样的闭环管理才能使客户满意。

（三）处理技巧

1. 情绪失控客户的处理技巧

（1）尊重、理解客户。要对客户的失控情绪表示理解。如"我能理解您的心情，我也想帮您解决这个问题，您能告诉我发生了什么事情吗？"切不可试图否定客户的情绪，说："您真的不必这么愤怒"，这会导致服务失去控制，激发更严重的冲突。

（2）努力安抚客户。供电服务人员通过倾听、询问、反馈、分析等方法，了解客户情绪失控的原因，并努力安抚客户。在客户冷静下来之前，可能没耐心听客服人员讲话，不能进行有效沟通。这时，要运用口头语言及肢体语言相结合的手段来极力安抚其情绪。如"我明白""我清楚您的担心""我了解您的忧虑和生气的原因"；加上一个微笑，一个倾听的姿势，一个解决问题的态度，或者端上一杯热茶等，都能让客户情绪得到平息。

（3）倾听客户发泄的情绪。当客户情绪失控时，通过积极倾听，向客户表示真诚和尊重，给客户一次发泄不满的机会。其间，切不可试图打断客户的倾诉，或用"是的，但是……"之类的回答搪塞客户，这样会加重客户的愤怒。

（4）让客户放心。要想使客户放心，就一定要以解决问题为导向，这是安抚情绪失控客户的有效手段之一。如"我会尽力为您解决问题""请放心，我会优先考虑这个问题""我可以向您保证这件事会在三天内得到解决"等，这样肯定的答复，会让客户信任我们，从而赢得处理问题的缓冲时间。

（5）协商解决方法。情绪失控的客户发泄完不满后，对问题往往已经有了自己的解决要求。供电服务人员应适时采用询问技巧，促使客户说出自己的解决方法，如果客户的方法合理且在可控范围内，可同意其方法，达成一致意见。

2. 难缠客户的处理技巧

（1）通用处理技巧。

1）充分发泄不满。让客户发泄怨气是应对难缠客户的第一个步骤，并且很关键，如果客户的怨气不能够得到发泄，就不会听取客服人员的解释，以至于针锋相对，最终，后果一发不可收拾。多数难缠客户发泄不满时，会比较激动，怨气十足。而供电客户服务人员多数也是血气方刚的年轻人，两者间容易形成对立情绪，造成沟通阻碍。但是，客服工作的关键就是沟通，所以，客户服务人员必须压制自己的情绪，耐心倾听客户的抱怨，不轻易打断客户的讲述，更不能对客户的表述进行评判；相反，应用鼓励的态度激发客户把问题说出来。当客户将所有不满发泄完后，其情绪会平静下来，逐步恢复理智，这时，再进行解释与沟通工作，客户也会乐于接受解释和道歉。

2）理解客户。学会换位思考，体会客户的感受，即站在客户的角度来思考问题。看似简单的问题，可客户却不这样认为，看似无聊的问题，可客户却觉得很重要，试想一下，客户提出了这个问题，势必对他而言是个重要的问题，必然期望获得解决。只有带着同理心去感受客户的心情，才能发现从未注意过的问题是需要关注与解决的。

3）端正态度。客户的抱怨与投诉多源于对供电质量或服务的不满意。因此，抱怨的客户有供电企业亏待了他的心理感受，这时，供电客户服务人员的恶劣态度，会导致其情绪更差，从而将事情演化到更恶化的关系中。反之，若服务态度诚恳，客户的抱怨、抵触情绪就会缓和，这样能使客户以比较理智的心态与客服人员进行沟通。

4）自信果断地接触。在难缠客户面前，供电客户服务人员要充满自信的沟通、果断的阐明观点。沟通中，要规范站姿和坐姿，说话时眼睛看着客户，认真聆听客户陈述，冷静地向客户点头示意，耐心听完客户的陈述后，向客户提供主动、热情的专业服务。

5）快速反应。难缠客户的最终目的仍是与供电企业共同解决问题，而不是有意使客服人员难堪，所以，面对这种情况客服人员必须快速反应，快速处理。这样做既表达了解决问题的诚意，使客户在心理上获得补偿，也可以使客户产生被重视和被尊重的感觉，客户的需求也得以满足；并且能够防止客户的负面传播造成更大的影响。

6）明确规定与权限。供电客户服务人员要非常熟悉供电的政策、流程和自己的权限，并告知客户，以便降低客户预期。对合理要求，表示认同，并努力满足；对不合理要求，要说明国家政策，并予以拒绝。最终，让客户明白即使"缠"下去，也不能违背国家的规定。

7）管理层有效介入。每位难缠客户都希望供电企业能够重视其抱怨和意见，而实际应对客户的均是一线供电服务人员。这样，即使问题最终得到解决，难缠客户的心理可能因没有管理层的介入仍不满意。这时，假设供电企业管理层能够有效参与此事，客户会立刻降低抵触情绪，期望值得到满足，甚至连补偿的想法都可放弃，因为，管理层的介入已经让其获得了心理上的补偿。况且，处理此类抱怨与投诉难度较大，过程复杂，客户的要求有时会超越一线服务人员的权限。因此，管理层的有效介入来应对难缠的客户往往是最有效的。

（2）各类难缠客户的服务技巧。

1）固执客户。特征：坚持己见，很难听进去客户服务人员的意见。

应对固执的客户，客服人员说话要委婉，有耐心，首先表示理解客户，且不要试图花费大量的时间说服客户，而应引导客户站在互相理解的角度解决问题，最后，用简单的语言果断地阐明自己的意见，告诉客户公司的政策。

【案例】

酷暑的一天下午，17:35，某村7、8、9组居民反映变压器冒烟，电压突然升高，烧毁家电。供电所接到通知后立即组织人员到达现场，分两班进行抢修，一班为事故抢修班，另一班为烧毁家电登记班。20:31，两项工作均已完成，当时向客户解释"关于烧毁家电问题明天一早就派修理人员到现场维修"。

正当要离开的时候，突然有些客户起哄"不准他们走，要走留下车，要不然也不知道他们什么时候能把我们的家电处理好，天气那么热，没有电扇、电视我们晚上怎么过啊！"接着客户把道路堵住了，供电所人员经过十多分钟的解释"电压升高，烧坏了熔丝和电容是小故障，很容易解决的"，但客户都不接受，只说要走人走，车留下，最后供电所主任说"要不这样，你们看行不，我留下来，你们让车先回去，给你们找师傅维修，大家一定要相信我们"。就这样把维修师傅请来一直维修到23:00左右，有位客户说："供电所的工作人员，你们真的太辛苦了，从下午到现场工作快7个小时了，你们连水都没喝过一口，没坐一分钟，我相信你们，你们真诚的态度感动了我，你们先回去吧，村民的工作我来做。"当供电所员工第二天进行工作时，客户都竖起了大拇指：供电所的工作人员，你们真好！

2）唠叨客户。特征：总是没完没了地说，对表达自我有着异乎寻常的强烈需求。

应对唠叨的客户，客服人员首先要当好倾听者，给他们一个唠叨的机会，但也不能放任客户无休止地唠叨下去，当客户重复已经说过的观点时，客户服务人员应该抓住机会介入谈话。可以说"您现在说的观点，刚才已经说过了，我已经完全明白您的问题和需求。"然后自信、果断地提出解决方案。

【案例】

凌晨两点，和白天繁忙的景象相比，95598值班室非常安静，这时，一阵铃声打破了值班室的宁静……

座席代表：您好，很高兴为您服务！

客户：（说话口齿不清的，好像喝了很多酒）我，我要查哈电费。

座席代表：好的，请告诉我您的缴费户号。

客户：啥，啥子户号？

座席代表：您有缴费卡吗？请告诉我您电费缴费卡上的9位数字的户号。

客户：我，我，我没有缴费卡。

座席代表：那您记得您的户号吗？如果记得，也请告诉我，我帮您查电费。

客户：哪个，哪个，记得到户号喔。

座席代表：先生，那您可否提供您的姓名和详细住址吗？我也可以帮您查到您的电费。

客户：我住到哪儿的？我住哪儿喃？（好像和身边的其他人说话）我住哪儿喃？我想不起来了。

座席代表：先生，现在很晚了，如果你不是特别着急的话，您现在先休息吧，明天您找到了电费缴费卡，我再帮您查您的电费，好吗？

客户：我，我现在没得事，就想查下我的电费，和你聊下天嘛！

座席代表：先生，95598是为客户提供用电方面的咨询查询，是故障报修的热线电话，如果您现在无法提供您的缴费户号，或者您的姓名和详细地址，我无法为您查到电费，您先休息吧，如果您明天找到了您的缴费卡，我再为您查电费，好吗？

客户：那，那我和你摆，摆哈龙门阵嘛。

座席代表：先生，我们这里是供电公司95598客户服务热线，因为工作需要，所有的来电都有来电显示，并且所有的通话都有录音。所以，我建议您现在先回家休息，如果有什么用电方面的问题，请你明天再打来好吗？

客户：有录音索，（客户挂断电话）。

遇到此类骚扰电话，95598 座席人员没有因为不耐烦而强行挂断电话，语言完全在服务标准和服务用语范围内，最终令打电话者自动放弃，停止纠缠不休。同时也保证了其他真正有需要的客户能及时打入电话，保证了热线电话呼入率。

3）妄自尊大的客户。特征：以自我为中心，往往希望客户服务人员立即放下所有的事情去为他服务。

应对妄自尊大的客户，一方面，客服人员要照顾其特殊的心理，对其表示一定的尊重，不能与其发生直接的冲突；另一方面，还需根据客户的先后顺序公平办事，可告诉其需要等待一段时间。

【案例】

临近中午时分，家住××花园的张先生，来到××营业厅，一进屋，一股酒气迎面扑来，他气势汹汹地坐在柜台前的座椅上，营业员看到这种情况，礼貌地上前问道："您好，请问您办理什么业务？"张先生瞥了营业员一眼，说道："我着急买电，可这儿排队买电的人太多了，这墙上不是写着优质、方便、规范、真诚吗？那你就给我想想办法吧！"此时，正值初夏，气温偏高，该营业厅的 3 个售电窗口全部开通，但因买电的人较多，出现了短时排队现象。面对这种情形，营业员并没有着急，礼貌地对他做解释工作。谁料想，该客户不但不听解释，反而拍桌而起，夹杂着不堪入耳的污言秽语，指着营业员破口大骂。介于客户是在酒后极不冷静的情况下，才出言不逊的，为了避免因客户酒后过激的言行给电力企业造成不良的影响，营业员立即改变了工作方法，主动提出由营业厅其他工作人员代替这位客户排队买电，用实际行动感化他。值班班长派出另一名营业员代替该客户排队买电，最终解决了该客户的买电问题。面对这种超范围的服务，客户满脸羞愧地向营业员道歉，并连连道谢。

案例中，营业人员坚持原则，采取灵活机动的措施，解决客户的问题，维护企业的形象。用真诚的服务取得客户的理解和支持，赢得客户的认可。

4）感情用事的客户。特征：情绪激动，或哭或闹。

应对感情用事的客户，客服人员应保持镇定，尽量引导客户到休息室或 VIP 室适当发泄；表示理解，尽力安抚，告诉客户一定会有解决方案；注意语气，谦和但有原则。

5）以正义感表达的客户。特征：语调激昂，认为自己在为供电企业的发展考虑。

应对以正义感表达的客户，客服人员首先要肯定客户，并对其反映的问题表示感谢；告知供电企业的发展离不开广大客户的爱护与支持。

6）有备而来的客户。特征：一定要达到目的，了解消费者权益保护法，甚至会记录处理人的谈话内容或进行录音。

应对有备而来的客户，客服人员要清楚公司的服务政策及消费者权益保护法的有关规定；充分运用政策及技巧，语调充满自信；充分表达希望解决客户问题的诚意。

7）有社会背景、宣传能力的客户。特征：通常是某重要单位或部门的领导，电视台、报社记者，律师等，要找领导，咄咄逼人，或不满足要求威胁实施曝光，导致事态升级。其最常说的一句话是："如果你不能给我解决，我就要找你的领导（或我就要找媒体来曝光）。"

应对有社会背景、宣传能力的客户，客服人员一定要谨言慎行，尽量避免使用偏激文字；无法满足客户要求时，及时上报，迅速、高效地解决此类问题。

【案例】

某日，某客户致电供电服务热线"95598"投诉，称自己因平时工作很忙，没有时间及时交付电费，导致住所被供电公司中止供电，这次特意请假交费，居住地附近多家银行却拒绝现金交付电费，遭遇到如此"冷遇"，客户非常不满。面对客户的抱怨，客户代表一边安抚客户情绪，一边向客户解释，并提出了其他交费方式的建议，但由于客户情绪激动，根本听不进任何解释，一味坚持要投诉，要找新闻媒体曝光，还扬言要拒交电费。客户代表感觉事态严重，放下电话后立即汇报了当班值长。当班值长随即与客户取得联系，通过接触了解到对方应该受过高等教育，并不属于蛮不讲理之人，目前，只是暂时情绪失控、不肯让步。掌握了对方的情况后，当班值长决定特事特办，采用以退为进、以诚感人的策略，先替客户垫缴电费，然后请装表接电人员立即为客户复电，同时请业务外勤的工作人员专程上门将发票送到客户手里。两天以后，当该客户双手接过供电部门专程递送的电费发票时，脸上充满了歉意和笑容，不但当场交纳了应交电费，还一再为自己之前的不理智道歉。抓住这个机会，我们又不失时宜的在现场为客户耐心讲解了电费交付的各种方式和途径，取得了很好的效果，客户当即表态，以后不管多忙都不会做"电费钉子户"，而且就是周围有人有同样的抱怨，他也会帮助供电公司做好解释宣传工作。

通过细致入微、贴心周到的服务及时化解了矛盾，既解决了电费拖欠问题，又避免了客户投诉，更展示了供电公司优质服务品牌，有效提升了供电公司的整体服务形象。

3. 挑剔客户的处理技巧

（1）称赞和感谢。应对挑剔客户，不论其挑剔是否有道理，供电客户服务人员首先应表示感谢，因他们充当了服务免费监督员的角色，提出了服务可能改进的方向。可以说："感谢您对我们抄表收费工作所提出的宝贵意见""您对计划停电信息公布的意见，我们表示非常感谢。"接着，客户服务人员要称赞客户的细心、耐心、观察能力等，给对方以充分肯定。

（2）建立和谐氛围。有了称赞和感谢，加上真诚的服务态度，即可拉近彼此的心理距离，建立和谐的沟通气氛，沟通也会顺利。假如双方观点发生冲突，陷入僵局，客服人员先暂停沟通，调节好气氛，再继续商谈。一定要确保和谐的氛围沟通才能有效进行。

（3）理性了解挑剔点。站在客户的立场看问题，是理解客户挑剔的有效方法。要彻底弄清客户对什么不满，其更高的需求是什么。要积极倾听客户的陈述，对不太明白的地方，请客户做出进一步解释。最后，冷静、客观地分析客户挑剔的理由及相关事实。

（4）实现承诺。客服人员有效判断客户挑剔的合理性，对于应该改进的，马上提出改善、解决及补救方法；如果供电企业暂时无法做到的，应婉转说明并提出补救措施；如果需时间解决或补救的，应承诺解决的时间。总之，要区分不同情况，予以不同对待。

【案例】

某公司报修中心多次接到，××先生打来电话，反映他家窗户外的路灯太亮，影响正常休息，强烈要求拆除此路灯。某公司立刻安排工作人员到现场调查，调查结果表明路灯安装位置符合建设标准，路灯安装在楼道出口处居民必须经过的路上，不可能拆除。调查过程中，工作人员从社区主任处了解到，由于一些居民常在路灯下打牌，影响了××先生一家的正常休息，导致此户人家与周围居民产生矛盾。××先生曾拨打"110"报警，由于居民没有赌博行为警察也无能为力，社区协调多次也没有作用。工作人员向住户××先生解释不能拆除的原因，××先生为难地说：

"'110'不管，街道不管，你们再不管，我的困难就没办法解决了"。工作人员把情况向上级领导汇报，并积极商量解决办法，经领导批准最终决定采取给路灯玻璃灯罩进行涂色遮挡的解决措施。当工作人员把灯罩涂成白色后，既达到了路灯采光标准，又使得其他人员无法在灯下打牌喧闹。××先生非常高兴，并表示感谢。

案例中，客服人员经过耐心细致的工作，平息了居民客户之间的矛盾，避免了群众上诉，为构建和谐社会作出了贡献。

二、恼怒败坏的怨气客户的处理技巧

（一）安抚情绪

"先处理客户的情绪，再解决客户的问题"是处理恼怒客户的基本原则。当客户情绪激动且愤怒时，就无法接收任何信息。特别是当客户自认为被欺骗、被欺负的时候，往往会提出高出真实期望值好几倍的要求，而这又是客服人员权限范围内无法解决的。这时，诉求就可能演变成一场争吵，一个投诉。所以，有经验的客服人员在处理投诉时，一般不急于解决客户的实际问题，而是先稳定客户的情绪，等客户把我们当作知己和朋友时，自然就会提出比较接近于其真实期望值的要求，这时，客服人员提出的解决方案也会比较容易被客户接受。

【案例】

一位大爷来到某供电公司客户服务中心，冲着营业员小张吹胡子瞪眼地说："你们欺人太甚，为什么停了我家的电还剪断了我家的电线？"

小张吓坏了，急忙核实情况告诉大爷："大爷，你家的电由小区物业管理负责，不由我们直管，电线也不是我们的人剪的。"

大爷根本不听小张的解释："我不管你们哪个负责，反正你们是管电的，不给我用电我就找你们。"

"大爷，你怎么不讲道理呢？"

"我哪一点不讲道理啦，你们剪人家的电线就讲道理了？"

一场争吵眼看不可避免，中心主任见状急忙过来，把大爷请进客户休息室："大爷，对不起，我们的营业员年轻缺少经验，你老别着急，先喝口水慢慢说。"主任一边安抚老大爷，一边让小张跟负责大爷家的物业管理联系。等大爷情绪稳定后，主任才细细地将供电公司和物业管理各自负责的区域和职责给大爷讲清楚，并主动跟大爷家小区的物业管理联系，恢复了大爷家的供电。大爷满意地离开了客户服务中心。

（二）体谅客户情感

1. 移情换位

当一位情绪激动的客户抱怨对供电的不满时，很可能会冲动地说出许多难听的话，这时，客服人员一定要冷静，及时移情换位思考，如突然停电这样的事情如果发生在自己身上也许一样会生气。如果供电客服人员设身处地告诉愤愤不平的投诉者，比如说："我非常理解您现在的感受，如果我家突然也没电用，我相信我会和您一样焦急，……"这样的体谅之情，一定会极大缓解客户激动的情绪。

移情换位就是将心比心，把自己换成客户，设身处地去感受、体谅客户的心情。站在客户的角度思考问题，正确辨识客户的情绪，理解信息内容与感情成分，分析客户的心里话并有效地表达出来，与客户产生共鸣。

移情换位应遵循三个原则：站在客户的角度考虑问题的原则；专心听客户说话，让其觉得被尊重的原则；正确辨析客户情绪，正确解读其说话含义的原则。

移情换位的沟通技巧是与客户面对面沟通时，能够辨别客户此时的内心感受与想法，并在第一时间有效地表达出来，快速接近与客户的心理距离。

2. 积极评价

从某种角度理解，客户的投诉或多或少是有一定道理的，但有一些投诉却是可以解释的，特别是投诉的问题本身是由客户的原因造成的，例如：客户不太了解专业知识，没有留意停电通告，未及时缴纳电费等。这时，供电服务人员一定不要对客户产生"连这个都不懂！""这又不是我的责任！""简直是无理取闹！"等类似的负面评价。因为这些消极的话语，会影响你对客户的态度，影响供电企业形象。

3. 模仿与分享

模仿客户的情绪。仔细观察进入营业厅的客户，每个人的心情和神态都不一样：有的轻松自如，有的焦躁不安，有的悠闲自得，有的愤愤不平，有的平易近人，有的孤高自傲，有的热情洋溢，有的冷峻淡漠……不同的心情要用不同的态度与之匹配，才会收到良好的沟通效果。

例如，当客户满心欢喜地来到营业厅，我们横眉冷对，客户的心会立即像掉入冰库般寒冷；反之，当客户遇到了麻烦，心情烦躁地进入营业厅，我们却报以不恰当的微笑，这无异于火上浇油，客户会恼怒地认为我们是在幸灾乐祸；客户在认认真真地投诉，我们却毫无反应地站在旁边听，客户会有"对牛弹琴""跟木头说话"一样的感觉。所以，供电客服人员在接待投诉的客户时，要尽量在态度上和行为上与客户的心情保持一致。

（三）表达承担责任的意愿

1. 承担责任的作用

实际生活中，大多数客户在遇到供电问题时，由于怕麻烦、没时间或问题涉及后果不严重等原因，不会向供电企业投诉。换言之，投诉是客户在遇到比较重大的供电问题时不得已的选择，或是已给客户造成了一定的损失或麻烦而引起的。这时，如果客服人员一味推托责任，过多地在客户方面找原因，甚至怀疑客户的品行和诚意，那样只会激怒客户而使问题复杂，错过解决问题的最佳时机。最佳做法是在安抚客户的情绪和感受、充分向客户道歉的同时，明确表示承担责任的意愿，以平息客户的不满，取得客户的理解和谅解。

2. 承担责任的方式

（1）首问责任制。将接待客户诉求的第一个人，作为全权受理、协调、督促、处理和回复客户的第一责任人，做到内转外不转，最大限度地减少层次以方便客户的一种服务方式。如客户诉求一时处理不了，需要相关部门或其他人协助解决，也要由第一责任人对处理情况进行跟踪，待相关人员处理完后，再由第一责任人给客户一个满意的回复。绝不能因为自己权限或内部业务范围的划分而将问题推给其他部门或其他人，让客户产生一种受冷落、遭推诿的感觉。如果没有首问责任制，一个诉求往往会导致客户在几个部门间奔走，使其产生一种被人踢来踢去的感觉，从而对供电企业的信誉和诚意产生怀疑，引起更大的不满意。

（2）表明承担责任的能力。在向客户表明承担责任意愿的同时，还要向客户表明承担责任的能力。例如：当客户提出"我要见你们领导"时，可以说："先生，您不用着急，您的心情我能理解，如果是我遇到您这样的情况，也会像您一样的。我是专门处理这项业务的客服人员，过去也有客户反映了和您同样的问题，经过协商处理，问题很快得到了合理的解决。我的工号是 12345。相信我也能为您解决好此类问题"。这充分表明了承担责任的权限和能力，消除客户的疑虑后，就比较容易配合客服人员的工作。

（3）巧用"我"和"我们"。向客户表明承担责任要使用"我"而不是"我们"。站在客户角度理解，"我们"代表的是供电企业，而"我"则代表的是客户见着的实实在在的客服人员，有性别、高矮、容貌。所以，在客户投诉时用"我们"，客户感觉没有受理这个投诉，只有用"我"才能使他较安心。

【案例】

供电公司调度接到省公司调度的指令实施紧急拉闸限电，限电从早上 8:00 开始，直到晚上 19:00 仍然没有解除。19:13，一位客户打供电服务热线"95598"要求投诉，投诉的内容是限电没有提前通知，而且长时间停电给客户日常生活造成影响。由于打电话时客户极其愤怒并且态度十分恶劣，根本不允许 95598 座席员解释，因此，座席员没有急于向客户解释限电的原因以及为什么限电没有做到提前通知，而是耐心倾听客户的叙述，并不时的用"嗯! 哦!"等话语向客户表达真诚的态度。

待客户将投诉的内容叙述完毕，要求座席员处理时，座席员首先应用"先处理心情，后处理事情"的服务技巧，对客户的遭遇表示同情，并且叙述了座席员亲身经历的一次由于限电给生活带来不便的遭遇。通过此举，座席员拉近了与客户之间的距离，客户的态度有所缓和，但仍然要求投诉，并且说如果得不到满意的结果就反映给媒体。

座席员此时需要做的是打断客户的话，争取服务的主动。于是座席员重复客户的话："您打电话是要投诉限电没有提前通知，而且由于限电时间长给您的工作生活造成影响是吗？"客户只能说是。座席员趁热打铁，跟客户说"感谢您把电话打给我，我一定会尽力协助您得到满意的答复!""感谢您对 95598 的信任，我一定会尽力协助您把问题处理好!"此时客户的态度愤怒已经渐渐平息，座席员已经将服务的主动权掌握在手里。

为了让客户相信座席员有能力处理客户反映的问题，座席员说："最近我也接到了几个像您一样投诉限电的电话，他们的态度比您差多了，可是经过我的解释，他们都打消了投诉的念头，有的客户还向我道歉。不过这也不能怨客户，主要原因是由于我们宣传不够，造成客户对限电的程序和原因不了解并且存在一定的误解，因此才会投诉。"此时客户感到了自己刚才的无礼，并有了一丝愧疚。

这时座席员才将限电原因以及为什么拉闸限电做不到提前通知客户，并且一再表示拉闸限电是为了保证电网的安全运行，是不得已而为之。为了避免拉闸限电，供电公司已经采取了内部限电的措施，应用了各种避峰、错峰手段。此时客户已经被座席员说服，不再要求投诉。为了让客户感到被重视，同时给客户一个台阶下，座席员说："虽然在特殊情况下紧急拉闸限电不可避免，不过我们会建议相关部门尽量减少拉闸限电，尽量做到限电提前通知，从而减少对客户工作和生活的影响。"

此时客户的心理防线已经被突破，不好意思地说："以前从来没有停电这么长时间，我也是因为一时冲动才打电话投诉，真是不好意思!"座席员适时说出结束语："没关系的，如果您今后有任何关于用电方面的问题，都可以拨打 95598!"客户在谢谢声中挂断了电话。

案例中，95598座席员使用了"先处理心情，后处理事情""移情换位"等服务技巧，将看似棘手的问题圆满地解决了，用技巧及真情成功化解恼怒的客户的投诉，使其心平气和，由愤怒的投诉变为由衷的感谢，避免了客户与供电企业之间矛盾的激化，树立了供电企业良好的服务形象。

三、抱怨无常的投诉客户处理技巧

（一）正确认识客户抱怨和投诉

客户对供电或服务等产生不满就会引起抱怨和投诉。客户抱怨是任何企业都必须面对而无法回避的事，有投诉不完全是坏事，关键是怎样处理。面对客户抱怨，供电企业可以通过善待客户的抱怨来解决，并将不良影响转化为提升服务质量的动力。客户抱怨和投诉的主要原因有以下4种。

1. 由供电商品引起

良好的商品质量，是客户满意的基础和首要条件。供电企业的商品为"电"这一特殊物品，具有其特殊与特别性，如：供电质量不高、电压不稳定、经常停限电、供电存在大量隐患等都是商品质量不良的体现。供电质量不高，或虽然供电电压较为稳定，但经常停限电，客户同样也会产生不满，进而引发抱怨与投诉。尤其是供电危及客户的人身、财产安全时，往往会引起重大投诉或社会的关注，并引发企业信誉危机。

2. 由供电服务引起

（1）服务态度不佳。供电客服人员在接待客户时，经常会因态度不佳引发客户不满。例如，客服人员只顾自己聊天，不理会客户的服务请求；客服人员因客户缴纳电费不多而冷淡应付，或者不屑一顾；客服人员在客户申请用电业务时，热情相待，倘若客户再次问什么时候能供电时，则马上板起面孔，甚至冷嘲热讽；还有些客服人员会与客户发生争吵。这些行为容易引起客户不满。

（2）服务人员失误。不管客服人员如何注意服务态度，偶尔会因为一时疏忽而引起客户的不满。例如：算错了电费，多收了客户的钱款；为客户介绍用电业务时表达不准确、不清楚，以至客户理解错误；提供给客户的户号、表号、供电方式等用电信息不全等。

（3）客户对客服人员产生误会。有时候客服人员可能没犯什么错，也没什么不称职的地方，但客户会因为对客服人员及其提供的服务的误解而产生不满情绪。如，客服人员在接待客户时已经十分诚实和热情了，但客户仍然怀疑服务人员对自己有所欺骗和隐瞒，从而导致误解。

3. 由服务场所引起

供电服务场所的环境问题和安全问题也可能引起客户的不满和投诉。安全问题涉及客户的人身安全和财产安全，通常是由于服务场所的安全防护存在漏洞，当客户在服务场所受到意外伤害或产生财产损失时，必然会产生抱怨、投诉。环境问题通常是指客户对其接受服务的环境不满意，如服务场所卫生环境较差，噪声较大的问题。

4. 由虚假信息引起

如有人在网上散布智能电能表普遍跑得快的谣言，一些客户就怀疑自家的电能表走得快。又如，有些银行在宣传新型缴费产品时，刻意宣传一些产品本身不普遍具备的功能或特征。例如，某银行卡需对客户的信用度做一个评估后，才能实现缴电费50天的透支服务，但银行宣传单上却未对信用度评估环节做介绍。

（二）客户抱怨和投诉的目的

客户希望通过对客服人员抱怨甚至对管理人员投诉来表达自己的不满与需求。因此，在客户抱怨时，客服人员要认清客户希望通过抱怨得到哪些方面的满足，以便对症下药。在听取客户的抱怨时，大致可以判断引发客户抱怨的原因属于哪些方面，客户需要解决哪些问题。

1. 希望问题得到认真对待

客户希望有人倾听他的问题，并且能够认真答复，而不是受到客服人员的质疑。客户抱怨时，通常不希望客服人员用怀疑的语气，如："您说的问题怎么我们以前没有出现过呢？""这个问题不属于我管，您要找其他部门。""您仔细研究一下说明书，按照说明书进行操作了吗？"这类话语，会导致客户抱怨、投诉。

2. 希望被尊重

客户是上帝，希望被充分尊重。供电企业在与客户接触的每一个环节，都要表现出应有的素质，对客户有足够的诚意与尊重。客户在接受服务时，对供电企业的要求与挑剔，常常会被少数客服人员视作麻烦并导致不友好的言行。

3. 获得补偿或赔偿

当客户利益受到损失时，就会产生抱怨，而这时客户最实际的要求就是希望得到补偿。无论是更换新产品或是赠送礼品都是补偿或赔偿客户损失的有效方式。

4. 期望企业立刻采取措施

客户一旦产生抱怨，就希望供电企业能够立刻采取措施解决问题。因为，看似一件微不足道的小事可能已给供电客户造成了比较严重的麻烦，客户做出抱怨的举动就是希望供电企业能够立刻行动，及时采取措施，快速响应客户的要求并提供有效的解决方案。

（三）处理客户抱怨与投诉的心理准备

1. 克制自身的感情

投诉过程中，客户往往在言行、态度上难免会过于激动，甚至有过激言行。供电客服人员必须克制自己，避免受到客户激动的言行、态度刺激而变得情绪失控。否则，事情将更难以控制与处理。

平复情绪的 3 个小技巧：

（1）深呼吸，平复情绪。注意呼气时千万不要大声叹气，避免给客户不耐烦的感觉。

（2）看开些。要记住，客户不是对你个人有意见，虽然看上去是如此。

（3）以退为进。如果有可能的话给自己争取点时间。如"我需要调查一下，10分钟内给您回话""我需要两三分钟的时间同我的主管商量一下如何解决这个问题，您是愿意稍等一会儿呢，还是希望我一会儿给您打电话回去？"当然你接着应确保在约定的时间内兑现承诺。

2. 清楚担负的责任

客服人员作为供电企业的一员，要明白，在抱怨与投诉现场，不仅代表自己，更代表着企业，一言一行直接代表企业的形象，处理结果的好坏直接影响企业的利益与形象。尤其在处理抱怨与投诉的时候，更要专业、严谨、热情、有同理心，有效处理，避免事态升级，千万不能意气用事。

3. 保持精神上的独立

在尽全去化解客户的愤怒或矛盾的同时，也要注意保持自己精神上的独立性，不要过多地卷入客户情绪之中。如果客服人员自身过多地卷入到客户的不良情绪中，不但会对处理问题带来不良影响，长时间也会对自己的身心以及工作和生活带来不良影响。要学会把客户的情绪、工作的处理方式与自我的情绪分开。

4. 视为人生的修养

在处理客户抱怨和投诉时，应树立一种积极的认知方式，即将其视为人生的一种学习机会。面对客户的大声叱责抱怨，以及激烈刺耳的言词，客服人员只能忍耐道歉，很多人会感到自己很悲惨，尤其是抱怨起因于客户自私的想法甚至是无理取闹时。因此，如果整天想着今天抱怨与投诉的事还未解决，明天还要受到同样的斥责，时间一长就会身心俱疲。面对与处理这些不如意的过程，并且忍受的同时，也是自我成长的过程，更是心理的成熟与能力提升的过程。

5. 精诚所至，金石为开

客服人员对待客户要有诚意，对客户的诚意往往会给供电企业带来超值的效果，"诚意"是对待客户抱怨与投诉的基本准则，是化解矛盾、解决问题、达到客户满意的基本手段，所谓精诚所至，金石为开。

【案例】

因不可抗力的天气因素，某线路故障跳闸，导致某企业故障停电，影响生产。客户服务中心客户经理和相关负责人亲自到客户企业道歉，并将不可抗力的故障原因及相关数据一一汇报给企业负责人，后来又郑重地送了道歉函及供电企业特别制作的小卡片送到客户处。客户企业负责人认为停电原因既不是人为因素，且第一时间已恢复了送电，供电企业又多次道歉，觉得充分被尊重。从此之后，每次客户座谈会上该企业都会竖起大拇指称赞供电优质服务。

（四）客户抱怨与投诉的处理步骤及沟通技巧

【案例】

某日，上午7点多某高层公寓的客户打来电话，语气十分不客气，"我把电费给了你们电力公司没有，给了你们就应该保证我用电，线路有问题是你们的事，现在都21世纪了，修什么修不好，修这么长时间还没有电，你们的办事效率也太低了，你们都是干什么吃的，你们投诉电话是多少，我要投诉。"客户越说越激动，客户代表见有插话的机会，马上说："您先别着急，我这就是投诉电话，有什么事您慢慢说。"

经客户代表耐心询问客户才将具体情况说清。原来前一天晚上从22点开始客户家所在的楼多次停电，抢修人员来了两次，修好就走了，但走了没多长时间又停电了。最后，从凌晨近1点停电到现在一直没有电。对此客户很不满，要求立即抢修，解决用电问题，同时强烈要求投诉抢修人员不处理好故障就离开，而且投诉客服人员不负责任。客户代表听了客户的叙述，感到事情有出入，根据经验，一般的故障停电不可能这么长时间，于是一边安慰客户一边立即查询相关抢修工单。前一天，共有两张该处的抢修工单，回复结果均为已处理。根据工单的处理结果客户代表向客户解释前一天晚上该处的电力故障抢修人员已经处理好了，为什么该先生家楼里还没有电，现还无法解释。于是客户代表与客户协商，"您看这样行不行，您家里已经长时间没有电，我也很着急，这样我们先派抢修人员去您那，为您解决用电问题，其他问题一会等抢修人员处理好了，我再跟您联系，您看行吗"。因为客户着急的是用电，所以客户答应客户代表的建议。挂断电话后，客户代表立即发了抢修工单，并注明了情况，同时又与抢修人员取得联系，将客户的情况说明。

没过多久，客户主动打过电话来，对刚才的事表示歉意，并强烈要求表扬相关服务人员。原来，开始确实是因为供电线路故障停电，但由于高层内部线路老化，也出现了问题，外线虽然修好了，但高层内线的故障没有人处理，刚才抢修人员到现场已经查明了原因，并将结果告知了客户，内线由物业处理。

1. 步骤一：有效倾听诉求

客户前来投诉或抱怨，供电服务人员要立即放下手中的工作，运用服务规范语言认真接待，以真诚、尊重的态度认真倾听客户的抱怨。这是消除客户怨气、最终解决问题的基础。接待上门投诉的客户，可像中医看病一样，通过"望、闻、问、切"尽可能正确的获取客户需求的信息。"望"就是细致观察客户的行为举止；"闻"就是用心倾听客户的言谈，以了解客户的意见和需求；"问"就是证实客户省略的或是遗漏的重要细节，以确认客户的真实需求；"切"就是根据客户的需求，找到解决问题的切入点。

（1）"望"——细致观察客户的行为举止。通过观察客户的行为举止以获取情绪、性格、修养、社会经济地位等第一手信息，做到说话到客户的心窝里，事做到客户的心坎上，以收到让客户惊喜的效果。观察客户时要自然大方而有分寸，不能让客户有不舒服的感觉。重点观察客户的年龄、性别、神情、态度、服饰、语言、行为举止等。

通过观察，就可针对不同的客户提供有特色的服务。例如：急躁的客户要多安抚；没有主见的客户要多鼓励、多建议；愤怒的客户要先稳定情绪，要有耐心，保持自控能力；精明的客户要坦诚，但不要轻许诺言。

（2）"闻"——用心倾听客户的言谈。获取信息的关键在于多听少说。前面已说道：供电服务沟通中重要的能力就是掌握倾听的技巧。现针对不同层次的倾听所表现的差别进行剖析。

1）忽视地听。对心存成见的客户往往会这样听。这样听传递给客户的感觉是：我不关心你说的事，我不关心你这个人。这样会激怒一部分人，冷落一部分人，气跑其余的人。

2）假装在听。在人少事多、穷于应付的时候会这样听。这样听的结果必然是遗漏了许多重要的信息，让客户感觉你的服务很不专业。

3）有选择地听。喜欢凭经验办事的客服人员会这样听。其结果是，当客户提出新问题时往往感到措手不及、力不从心。

4）全神贯注地听。在面对情绪激动的客户时，有的客服人员会这样做。结果是自己的情绪容易被客户的情绪牵着走而出现言语对抗。

5）同情地听。倾听的最高层次是带着同情心去听，能听到客户的内心需求。

（3）"问""切"——维护客户尊严，找到切入点。"问"是了解客户没有讲清楚或遗漏的细节，问也能让客户有被尊重的感觉，你能问，说明你在认真地听。那么，什么是最好的"切"呢？不同情况可能有不同的切入点，但一般来说，真诚的道歉是"切"的最好途径。服务中，我们的道歉应及时、诚恳。客户的抱怨，其内心理解就是供电企业造成的，只要供电企业确实有过错，哪怕是一丁点的过错，都应真诚地道歉。真诚道歉是企业应有的风范，是打开客户心灵大门的钥匙，是建立良好沟通的桥梁。道歉时一定要慎重地选择适当的词语来解释清楚问题的前因后果，采取灵活多变的沟通技巧，不可直接陈述客户的错误，确保能维护其尊严。总之，不论服务于哪类客户，维护其尊严，是供电客服人员最基本的专业素养。

2. 步骤二：有效控制情绪

在有效倾听客户诉求的同时，供电客服人员还应控制其情绪，因为激愤的客户根本无法听进解释，所以，客服人员需要实时变更"人、地、时"使客户的情绪恢复冷静。

（1）改变场所。适时改变客户抱怨的场所，会降低其兴奋度，且会使其感到已受到重视与尊重，在这样冷静的状况下容易解决问题。例如：营业厅内有两位抱怨或投诉客户，此时，值班经理最好分别请到 VIP 室或办公室等处，使处理时抱怨与投诉离开人多嘈杂的营业厅，"我们到 VIP 室具体谈一谈""请跟我到接待室，那里环境更好些，可以吗？"这样做也可以避免客户围观、影响扩大。

（2）改变接待人。在第一客服人员不能有效处理时，可考虑改变客服人员的方式进行后续处理。例如："您讲的情况我已经明白了，但我无法决定，能否请您跟我们主管谈一谈？"一般来说，大发雷霆的客户在经过一段时间泄怒后，大多已有平息的意愿，但多因找不到台阶下一直表面维持着，因此，将客户请到 VIP 接待室，并且换人处理，有助于客户缓和愤怒的情绪。

（3）改变时间。对于客户投诉当场解决有困难时，要采取用"时间"换取冲突冷却的机会。这时，记下客户的联系地址和联系方法，改日处理。例如："您反映的情况我们都了解了，并重点记录下来了。现在我们需要向领导汇报下，确定最终方案后，明天再给您一个答复，好吗？"

3. 步骤三：真诚道歉

认真的倾听，有效控制情绪后，进一步安抚客户，真诚的道歉是必要的步骤。

（1）表示感谢。无论抱怨或投诉的结果供电企业是否有责任，先说声"谢谢"，会让客户的敌意和怨气骤降。加上，可以通过客户投诉反映的问题，不断改进供电工作质量，让企业良好持续发展，当然应该感谢客户。例如："非常感谢您对我说这件事……""谢谢您使我有机会为您提供服务……""谢谢您花费宝贵的时间特别来告诉我们这个问题，让我们能有机会立刻进行改进"等类似语言向客户表示诚挚的谢意。

（2）勇于承担责任。当供电企业的确对客户所抱怨的事件负有责任时，供电客服人员应勇于承担责任，不能一味推脱搪塞。承担责任时，请使用第一人称"我"，比如"针对这种情况，我很抱歉给您带来的困扰……"说话尽量婉转悦耳，例如"多多包涵""请您原谅"，让客户感受到我们是真心的承担，而不是在敷衍了事、推脱责任。

（3）真诚适度的道歉。道歉要真诚，知道错了马上真诚地说"对不起"，眼睛目视客户，这样有助于降低客户不满，避免抱怨升级；道歉要适度，注意掌握分寸，不要在问题的原因还没有得到澄清之前便承担所有责任。因此，面对抱怨时，态度一定要平和稳重。如果供电企业没有责任或错误，应耐心地向客户进行解释和说明；如果是供电企业的失误，就应勇于承担。

4. 步骤四：仔细询问

客户来投诉时，思维已经非常情绪化了，再由于性格、情绪、交际能力和表达能力的差异，客户所提供的信息往往是不连贯、不完整，甚至是不真实的，这就需要客服人员对客户陈述的信息进行过滤、归纳、整理后，通过认真仔细的询问，采取各种询问技巧了解到客户的真实期望值后，对症下药，帮其解决问题，达到满意。

5. 步骤五：认真记录

认真记录下客户所说的重要问题及细节，有助于客服人员更仔细认真地倾听客户抱怨，牢记其想要表达的要点。记录时，对客户要有适当的回应，如"我明白这个状况了""我理解您的……"记录问题涉及的事项主要包括客户姓名或名称、客户的联系方式、抱怨对象、抱怨内容、用电业务时间或服务的时间、何时产生的问题、客户提出的要求等。同时，要结合实际情况判断客户的要求是否合理，如果不合理，要耐心向客户解释并说明情况。

供电企业可建立"客户抱怨卡"管理制度。抱怨卡主要用于记录客户抱怨事件的有关情况，包括年月日、内容、接待人、处理人、经过及处理结果等。客户抱怨卡管理既可以让我们明了事情发生的原委，理解客户的立场，以快速处理抱怨；又能对其分析归类，及时发现严重的和经常出现的抱怨，对其进行早预控，做到早发现和早处理，为供电企业进一步发展提供可支撑的改进依据。

6. 步骤六：全面分析

供电服务过程中，投诉、抱怨的原因千差万别，我们必须加以全面的分析，才能真正了解客户的期望。但是，部分客户提出抱怨和投诉时通常不太明白自己的期望，或不愿意表达自己的期望，这时，我们就必须运用各种服务沟通技巧，有效沟通以确定客户不满意的原因，找问题所在的关键点，对收集到的各类信息进行全面分析。分析时主要考虑以下问题：

（1）清楚客户的表达。对客户投诉的问题进行查证；将客户提供的信息进行汇总；让客户再次思考并确认要解决的问题；征求客户对解决方案的意见；征询客户还有什么要求。

（2）有效地表达信息让客户能理解。要简洁，便于理解和记忆；有条理，语言的表达要有逻辑性和条理性。如"第一，……第二，……"通俗易懂，尽量不用专业术语；注意态度，围绕客户想得到什么，对其有何好处来表达。

（3）揣摩客户心中所想。当客户以坚定、高昂的语调重复着同一件事时，我们通常可以猜出客户心中的本意。例如，某位客户如果一而再、再而三地强调"其实我并不是一定要你们赔偿我的损失"这句话，表示他"希望店方全额赔偿损失"。再如，客户就客服人员提出的处理建议问"你觉得你们这么做可以吗？""难道没有更好的法子吗？"这实际上表示客户对处理的方式不太满意。因此，客服人员可以通过分析客户的心理、语气、身体语言，以了解其期望。如果仍不明确，可直接请客户说明其真正想要的解决方式。

7. 步骤七：积极地解决问题

参考客户的期望值提出具体的解决方案，一般情况下应尽量满足客户的要求与期待。在提出解决的方案时，应尽量用商量的语气询问客户，比如，"您看这样解决您满意吗？"这样，客户会感觉自己的意见和利益受到了充分的尊重，其结果通常是抱怨与投诉得到了解决，达到了客户与企业的双赢。对于暂时无法满足的特殊客户的要求，应向客户积极引导，感谢提议，表明改进的态度。如："你的要求我完全明白了，也表示理解，不过由于涉及国家政策的规定现在还满足不了您，我会及时将您的提议传递给我们领导，希望他们采纳。但在没有决定之前，我很抱歉不能破坏供电公司的相关制度，还希望您能谅解。"这样，相信一般客户不会再难为客服人员了，同时将客户合理的意见传递给相关部门。

在处理过程中，无论我们是否有决定权，都要让客户随时了解我们解决问题的进程及初步方案，提供必要的特色服务。

（1）提供"态度性"服务。供电客服人员根据客户的抱怨调整自身的服务态度，真诚理解客户，并通过客户抱怨所表达出的期望进行服务改进。例如，在电费缴纳高峰时段，营业厅经常会出现长时间等候的客户，客户在厅内不停地抱怨客服人员缴费操作速度太慢，这时，客服人员不能对客户冷脸相对，或听到抱怨而烦躁，甚至辩解自己的工作量如何大，应调整心态，面带微笑加快工作速度，适时向顾客微笑解释，并迅速为顾客提供其需要的服务。

（2）提供"知识性"服务。客服人员应具备丰富的专业知识及服务技能，能灵活运用知识为客户提供选择方案。

（3）提供"快速性"服务。客服人员要坚持时间原则，及时解决，快速反映。首先，向客户承诺将立即处理抱怨的事件，尽力弥补客户损失。其次，如客户抱怨事件是我们掌控范围内的，自行快速反映解决；如超出了掌控范围，应立刻向上级请示，第一时间向客户解释，尽快答复。最后，要针对客户的抱怨提出全面的解决方案。

8. 步骤八：跟踪服务质量

受理完客户的抱怨和投诉，供电客服人员需要诚心感谢客户，并对服务质量进行回访跟踪。这是提高客户满意度的重要手段和技巧，可以用三句话来表达三层意思。

（1）第一句话：再次为给客户带来的不便表示歉意；

如果不能现场及时处理，可告诉客户问题需要后台支撑，将第一时间联系相关部门解决问题。

（2）第二句话：感谢客户对供电企业的信任和惠顾；

表达出供电企业对客户的关注，让客户感受到优质服务。

（3）第三句话：向客户表示态度，让客户知道我们不断努力改进工作的态度。

如果客户还是不满意，客服人员要向客户表示公司会提供跟踪服务。总之，要通过这三句专业的服务用语，让客户在结束服务时说："谢谢！"以引导客户的满意度。

同时，要做好跟踪服务。为了避免同样的事情再度发生，供电企业和客服人员必须分析原因，检讨处理结果，吸取教训，减少以后同类抱怨与投诉事件的发生。同时，安排专人定期对抱怨记录进行总结，提升服务质量，进而提高客户满意度和忠诚度。

第四章

电力客户服务风险及应对

当前社会正处于转型阶段，经济快速发展、社会环境瞬息万变，企业生产和经营所涉及的不确定因素日益增多，面临的风险越来越复杂，并且风险所导致的损失规模也越来越大。由于供电服务的特殊性、电力突发事件的不可预见性，以及因电网建设与改造相对滞后所造成的供电服务能力与用电负荷的不平衡性、客户维权意识不断增强与供电服务需求快速增长等多种原因，供需之间难免产生诸多矛盾。作为供电企业的员工，应学会主动规避服务风险，善于发现服务风险，提高风险的辨识能力。

随着电力市场的发展，电力客户对供电服务的需求越来越高，供电服务工作更是遇到了前所未有的挑战，因此，供电服务水平及客户的期望将会给供电服务带来潜在的风险。

第一节 服务风险认知

一、服务风险内涵

所谓供电服务风险是指供电企业在开展供电服务活动时，受供电服务能力、政策以及各种事先无法预料的客观因素的影响，有可能使企业生产经营或企业形象出现损失。

供电服务风险具有以下特性：

（1）客观性。供电服务风险是不以企业意志为转移，独立于企业意志之外的客观存在。供电企业只能采取风险管理办法降低风险发生的频率和损失幅度，而不能彻底消除风险。

（2）损失性。只要风险存在，就一定有发生损失的可能，这种损失有的是可以用货币计算的，有的却无法用货币计量。如：供电影响客户生产，导致客户要求索赔，这是可以用货币计算的。如果客户在索赔的同时，将供电问题反馈到媒体形成了社会舆论，使供电企业的形象受到严重损害，此时的损失就无法用货币进行计算。

（3）不确定性。风险是不确定的，否则，就不能称之为风险。供电服务风险的不确定性主要表现在空间和时间上的不确定性以及损失程度的不确定性。

（4）可变性。风险的可变性是指在一定条件下风险具有可转化的特性。世界上任何事物都是互相联系、互相依存、互相制约的，而任何事物都处于变动和变化之中，这些变化必然会引起风险的变化。例如，客户投诉，如果供电企业没有有效处理，客户就有可能寻求其他途径进行投诉，当该客户的问题在社会上被公开后，就会引起有相同经历客户的共鸣，此时就有可能形成社会问题。

二、供电服务风险产生的因素

一般而言，供电服务风险的形成原因主要有两种：内部因素和外部因素。

1. 内部因素

内部因素包括企业受传统服务观念的影响过重，企业缺乏服务风险预控机制，企业服务人员自身服务意识不强等。具体因素有以下 7 方面：

（1）供电网络规划不够合理及布点不合理。这一点在城市供电系统中表现比较突出，致使客户在安装与增容过程中的成本不断加大，并且达不到客户的实际用电需求。

（2）服务协调不畅。对于供电企业来说，服务工作必须通过调度、执行、协调与快速反应等相关环节合力完成。如：抢修服务过程中，参与抢修的人员及部门缺乏协作与沟通，致使对外答复部门无法向客户答复，导致客户对供电服务不满意；生产与营销部门之间壁垒严重，后台与前台服务之间衔接不畅，导致服务部门无法快速为客户提供服务；停电通知信息发布不到位，不及时，覆盖率也比较小，对于需要停电检修所要涉及的部门，由于分工协作不协调，致使出现重复停电的情况及停电时长不合理现象，使得客户十分不满意。

（3）政策法规执行的偏差。随着我国法制体系的不断完善，以及《电力监管条例》《供电监管办法》等相关法律法规的出台，政府对供电企业的供电质量、供电能力、办理用电业务、履行电力社会普遍服务义务、实施停电、限电或者中止供电、向客户受电工程提供服务等方面的监管力度不断加大，相关法律也对供电企业的生存环境及企业形象不断进行考验。由于供电企业转变速度较慢，以及受固有思维的影响，因此，在政策法规执行方面就出现了偏差。如：极个别单位仍存在涉及"指定"的行为；收费标准未做到统一规定，随意性较强；服务承诺兑现率低，停送电计划执行不严格且随意进行变更，这样比较容易造成服务风险，对企业的形象也将产生一定的影响。

（4）服务员工队伍技能差距。因为部分员工的竞争意识不强，导致其在业务技能和服务技能学习方面缺少主动性，致使员工的服务技能与客户的要求相差较大，尤其是窗口人员业务不熟练，对新政策了解不透彻，对营销流程不熟悉，对于客户诉求不注意语言沟通技巧，缺乏主动应对、妥善化解的能力等。这些对企业提升优质服务都产生了阻碍作用，也是容易引发服务风险的因素。

（5）员工服务认识差距。① 部分员工或者单位没有真正落实"首问责任制"的服务机制，例如，对客户工程供电方案的设计、施工、验收及答复环节中存在部门与部门或单位与单位之间的推脱现象。② 部分员工的责任心，忧患意识及宗旨观念还不够强，也就和优质服务的要求背道而驰。主要体现在：服务缺乏主动热情，不礼貌及服务不规范等问题。由于历史和体制方面的原因，农电员工文化水平相对较低、服务意识不强、工作方式方法简单、纪律意识淡漠，都是诱发服务风险的因素。

（6）管理体系和机制不完善。基础管理、经济状况、队伍素质的不平衡，加之，制度执行缺位、对违反制度的处罚不严等，致使部分员工不能按制度办事，存在侥幸心理，在很大程度上容易产生服务敏感事件。

（7）供电信息透明度低。如，电网出现故障或事故后，没有及时与政府、媒体进行沟通，导致事态恶化，无法补救，使得造成的损失和影响扩大化。

2. 外部因素

外部因素包括：

（1）社会因素，受中央直属企业性质的影响，社会关注度越来越高；

（2）客户因素，社会总体的服务环境发生变化，导致客户对服务要求越来越高；

（3）市场因素，市场需求变化，导致供需矛盾发生；

（4）政策因素，因国家政策法规变化或调整，致使供电企业遭受质疑；

（5）环境因素，受自然和人为因素的影响，供电事故无法快速处理，导致社会不理解等。

三、供电服务风险的类型

供电服务风险的类型大致可分为三类，即客户投诉风险、舆情风险、法律风险。

1. 客户投诉风险

服务是无形的，有些难以标准化，且存在较大的差异性，因此，客户服务工作是不易的。供电服务也不例外，由于供电服务点多、面广、线长，遍布社会每个角落，服务的结果难免会因人为的失误、客户过高的期望、服务的程序失控等因素，造成各种各样的失误。一些难以预料的服务失误情形如果不及时发现并作出正确的反应，必然会导致供电客户服务满意度降低，引起客户投诉。如果有些局部服务问题处理不当，在网络媒体如此发达的当今社会，一经客户或媒体人为放大，就会对供电企业形象造成极大损害。

从客户投诉的角度分析，投诉风险类型可分为服务行为类投诉、供电业务类投诉、停限电类投诉、电能质量类投诉、故障抢修类投诉和电网建设类投诉。

2. 舆情风险

舆情全名叫舆论情况，是较多公众对于社会中各种现象、问题所表达的信念、态度、意见和情绪等的总和，其载体为网络、报纸、电视、广播等。一个社会热点事件，在互联网的作用下，通常情况下 6 小时内可能形成新闻热点，12 小时可能传遍全国。社会热点事件，一旦失去有效监测和正确引导，其社会危害性将难以估量。

随着供电企业市场化改革的不断深化，企业生产经营活动越来越受到媒体关注。特别是供电企业的垄断地位、服务质量、安全事故、电磁环境污染、收费问题、"三指定"、拉闸限电、电价调整等方面问题，与社会和公众生活息息相关，很容易成为媒体、网民追逐的热点事件。

3. 法律风险

简单的说，法律风险就是企业在经营管理过程中因不了解或违反法律规范而产生不利结果的风险。法律风险防控做得好与否，直接关系到企业是否能够可持续性健康发展。

法律风险是以势必承担法律责任为特征，具有可控性。供电服务的法律风险主要有以下四类：① 国家法律法规、政策变化带来的法律风险。由于涉电法律法规制定于 20 世纪 90 年代，如今很多条款已不适用市场经济发展的需要，执行涉电法规法律风险加大。② 没有签订供用电合同或供用电合同签订的不完整，而产生的合同不能如约履行的法律风险。③ 现场服务人员与客户发生争执，双方均出现了一些不理智的举动，造成人身伤亡的法律风险。④ 未按计划执行停限电，致使客户产生经济损失的法律风险。

事实上，法律风险贯穿供电服务的始终，存在风险并不可怕，可怕的是存在风险而不自知。作为供电企业的各级经营管理者和普通员工，都必须充分地、清晰地认识防范法律风险的重要性和必要性，要切实增强防范法律风险的意识，认真践行依法治企理念，构建长效法律风险防范机制，实现法律风险管控工作的常态化、规范化、程序化；同时，做好法律风险危机公关处理，提高风险防控能力，使法律风险尽可能地被控制在企业能够接受的最小范围内，实现企业社会效益和经济效益的最大化。

第二节 服务风险剖析

供电服务风险客观上是由于电力发展和建设滞后于客户日益增长的用电需求产生的；主观上也是由于供电服务管理层面存在不足，包括管理体制机制、制度执行、服务意识、服务差错等而引发的。

一、客户投诉类风险剖析

1. 服务行为类投诉

【案例一】

2015 年 4 月 10 日下午 5 点 40 分左右，某县某乡客户张先生到乡供电所缴费，因邮政储蓄银行押款车每日 5 点 30 分左右对该供电所收取的电费进行收款，该所工作人员当时正在对当日收缴的电费金额进行账务结算，准备交邮政储蓄银行工作人员。为保障供电所收缴电费的资金安全，收费人员在账务结算完毕后，不再办理电费缴纳业务，只是低头忙于工作，未向准备缴纳电费的客户进行解释说明。客户对此非常生气，拨打 95598 进行了投诉。

案例分析：

（1）营业厅工作人员对客户服务需求响应不主动、不及时，对事态发展可能带来的影响估计不足，认识不深刻，处理不及时，是造成客户投诉的主要原因。

（2）该供电所未严格执行规定工作作息时间，未能及时告知用户相关缴纳电费的信息，导致客户不理解。

这是一件本不该发生的投诉事件，由于服务人员忽视了服务细节的问题，导致客户投诉至 95598。

【案例二】

10 月 17 日下午，某客户到供电营业厅缴纳电费，在排了半个多小时的队轮到自己交费时，因自己不知道客户号，而不能缴费。此时，该客户让营业收费人员帮助查自己的客户号，因现场缴费人较多，营业收费人员拒绝查询，让客户自行查找。客户对此很生气，随后拨打 95598 反映此事，对营业收费人员推诿的态度表示不满。

案例分析：

客户在向大厅营业收费人员咨询用电问题时，工作人员未耐心解释、妥善处理，使客户对供电企业的服务不满。从案例中可以看出：① 服务人员未严格执行"一口对外"首问负责制，对客户进行推诿搪塞；② 营业服务大厅人员服务意识不强，未能从思想上牢固树立"优质、高效"的服务理念。

2. 供电业务类投诉

当前，国内的电力市场一般都是消费者消费后再付电费，有关拖欠电费引起的停复电的问题越来越突出，供电企业对用户先是温馨提醒善意催缴，对欠费的情况，停电是最终的应对措施。电费回收常态机制虽然建立，但电费欠费风险依然存在，如，缴费渠道不畅通、缴费方式不便捷、现场抄表与非现场抄表、抄表期的固定性、电力客户与供电企业的缴费矛盾极易转嫁至现场抄表员。不可否认的是，电力工作人员在服务态度、服务流程等或多或少有不规范之处，但在维权意识日渐强烈的今日，服务的投诉风险指数格外高。

【案例一】

客户来电投诉抄表人员没有按时按规范发放催费通知单，直接将停电通知书放到客户电能表上，导致客户没看见停电通知书，就已经停电，客户表示非常不满，要求供电公司相关部门尽快核实处理并尽快给客户合理解释。

案例分析：

居民客户的电费通知单、催费通知单和停电通知书的发放，一直是各供电企业较为头疼的工作，通知单到底应放置在哪里，才能达到客户既能看见，又能达到互相确定的效果。

从本案例中反映的现象来看，客户认为工作人员未按规定要求进行通知单放置。可是工作人员将通知单放置在电能表处是否真正违规？据了解多数供电企业规定通知单需放置到电能表处，那么按照要求，该工作人员并未违规放置通知单，可是客户为什么投诉了呢？原来，电能表设置的位置与客户家处于分置状态，工作人员将停电通知书放置在电能表处，客户是不能及时看见催费通知单和停电通知书的。因此，客户认为供电企业在客户不知情的情况下停电，遂进行了投诉。

对此类投诉分析发现，此种情况还有可能出现客户长期不在家，由于没有得到有效的通知，结果家中冰箱里的物品因长时间停电导致食品严重腐败，甚至冰箱也招致严重损坏，客户在投诉时同时附带了赔偿的要求，甚至，客户将家中的情况反映给媒体，经媒体曝光后，供电企业为了息事宁人，给予客户几倍的赔偿。

这是一种可以预见的风险，但又是一种容易被忽视的风险，原因是没有站在客户的角度去服务。

【案例二】

4月14日上午10点左右，某供电公司抄表员曹某到某小区对欠费客户张贴了欠费停电催费单，并告知不及时缴纳电费将在21日停电。4月21日上午8时30分，曹某将该小区内仍有欠费的客户列入了当日停电催费户名单，准备停电处理。9时16分，小区21栋101室的谢先生在小区内使用"拉卡拉"交清了电费，10时40分，工作人员对该户实施了停电催费。4月23日晚18时52分，谢先生回到家发现家中无电，拨打 95598 反映家中停电，95598 答复是由于欠费被停电，并当即通知工作人员送电，19 时 23 分，恢复供电。20 时 12 分，谢先生在某网站"百姓呼声"栏目中，以一封题为"某市供电公司，不应该停已交了电费用户的电！"为题发帖，质问供电局为什么不在停电之前核对用户欠费情况，并要求供电局对冰柜内解冻变质的食物给予赔偿。

案例分析：

电费回收涉及千家万户，欠费停电影响面广，很容易激起社会矛盾。该案例反映出抄表员对"十项承诺"和有关规定掌握不到位，优质服务意识淡薄，停电通知不到位，停电前未核实欠费的情况，且停电后又未及时为结清电费的客户复电。从中可以看出抄表员根本没有为客户着想，只考虑到自己的电费回收任务，导致停错电。也折射出该供电公司对欠费停电的管理流程和制度不完善，未执行停电审批制度，且对停电后结清电费的程序失于管理，说明该供电公司营销服务管理上存在很大漏洞。由于漏洞的存在，导致客户利用网络对该次事件进行了媒体投诉。本案例不是个例，在多数供电企业中都不同程度存在这样的问题，也是工作人员容易忽视的一个问题，这个问题就产生了客户投诉甚至是舆情的风险。

3. 停限电类投诉

【案例】

2014 年 12 月 8 日 13:55，李先生反映近期该处频繁停电，对此情况已多次向当地供电所所长反映，一直未能解决。

事件实际情况是：2014 年，某公司对某县进行城网改造，期间共停电六次，分别是 7 月 17 日 10:00～22:00，10kV 某线 3 号分支进行拆除改造；8 月 22 日 08:00～23:00，10kV 某线进行新架线路接入电网；9 月 23 日 08:30～21:00，10kV 某线进行拆旧线路；10 月 11 日 08:30～21:00，10kV 某三条支线线路送电；11 月 21～22 日 10:00～20:00，10kV 某线、10kV 某线变电所倒 10kV 间隔停电；12 月 8 日 12:30～18:00，10kV 某线 2 号真空断路器设备线夹烧坏，事故抢修，10kV 某线配合停电（同杆）。

案例分析：

（1）城网改造确实影响了一部分居民的正常生产生活，虽然它是必须要改的，但是否提供了一定的保障措施，是否考虑能够最大限度的避免影响群众生产生活。

（2）各类计划性检修停电等都有规定，要向社会提前预告公示，要让人们做好预防准备，这样能获得群众的理解，显然，该供电企业在这方面工作有瑕疵，群众对改造是不知情的。

虽然只有个别投诉，但也说明供电企业停电计划安排不合理，解释工作不到位。应以满足客户需求为出发点，为客户提供优质电能供应，统筹安排检修计划，减少线路和设备的停电检修次数和停电检修时间，建立应急保障机制和状态检修队伍，积极主动为客户服务。

4. 电能质量类投诉

【案例】

2015 年 3 月，某县某小区 1 号居民楼的电路总闸跳闸停电，1 号楼居委会向供电所报告后，供电所派人前往检修。工作人员在没有查明停电原因的情况下，合闸供电。但是本应为 220V 的照明电路电压却突然升至 380V，造成 1 号楼 40 户居民的家用电器不同程度损坏，总计经济损失 5 万余元。经专业技术人员查证，该楼为新建住宅，供电线路完好，居民用电正常，跳闸停电及电压骤升是因供电电缆线路发生短路所致。1 号楼 40 户居民委托张某与供电所交涉，要求供电所赔偿家用电器损失。而供电所认为造成线路短路电压升高的原因是用户擅自增容、线路超负荷供电，所造成的损失应由居民和供电所共同分担，不能由供电所赔偿全部损失。1 号楼居民不满意供电所的答复，投诉到 95598。最终，供电所赔偿了用户不能修理的家用电器折价赔偿经济损失 3 万元，其余电器负责修理。

案例分析：

事故发生的直接原因是，供电所员工在没有排除故障时盲目送电，导致客户的家用电器烧损。从案例中可以看出，抢修人员的工作责任心不强。

5. 故障抢修类投诉

【案例】

某农村用电客户于 2015 年 7 月 22 日拨打 95598 电话，投诉当地频繁停电，且每次停电时间长，导致他承包种植的 500 多亩棉花因停电无法连续灌溉，面临减产风险。对此情况曾向当地供电所所长反映，但一直未能解决。

案例分析：

（1）服务意识不强，在棉花种植关键时期，20 天内停电 3 次，未充分考虑到停电措施可能对农户带来的经济损失。

（2）停电计划管理存在漏洞，未实现生产、营销检修，送电等工作的全盘统筹、合理安排，欠缺计划性。

（3）对客户用电特点不了解，市场预测分析不足。

（4）应急机制的建设有待进一步增强。

在农作物生长关键时期，同一线路20天内停电3次，反映出该供电企业对客户的了解和关注度不高，未从客户角度出发；对于法制意识逐步提高的农民客户，极有可能向供电企业提起相关民事赔偿，存在一定的法律风险。

6. 电网建设类投诉

【案例】

某农村供电线路是十几年前农网改造时建设，低压线路线径较细，线路末端距台区配电变压器较远。随着经济发展，村民使用电焊机、磨面机等三相电数量剧增，变压器负荷严重超载，因而造成用电高峰期间，电脑不能正常使用，电视机、电冰箱等用电设备多次烧坏，电焊机、磨面机无法启动。客户就此事向当地供电所反映，得到答复是供电所没有能力，需要村民到上级部门解决。村民认为供电所在推脱责任，遂与工作人员发生争吵，最后投诉到电力监管部门。

案例分析：

自2003年起至今，农村电网经几轮改造后，农村电压低的问题得到了极大的缓解，但是在部分农村地区仍存在电压低的情况，该问题已经严重影响了居民生产和生活用电。从目前的95598投诉来看，供电质量问题投诉较多，除了客户向95598投诉外，还曾发生过客户向电力监管部门投诉、集体联名写信投诉、网站发帖投诉、电视台投诉等，对供电企业声誉造成严重影响。

从本案例中可以看出，问题发生后供电所的处理方式欠妥当：① 服务意识淡薄。② 责任心不强，存在敷衍客户的情况。③ 不能准确判断事件产生后果的严重性，导致客户向政府部门投诉，事态扩大化。

在投诉分析中发现，农村电压低的问题，是一个很容易被忽略的问题，很多供电企业只考虑到城网的负荷增长，忽视了农网负荷的增长。据了解，部分区域农村电网建设仍然停留在一、二期农网改造后的水平，农村电网发展远滞后于当地社会经济发展水平，特别是经济最不发达的边远山区和经济相对增长较快的城市郊区。农村电压低的另一个原因为：① 负责农网运维的县级供电企业总体基础较弱，资产规模偏小，农网投资能力有限。② 农村配电线路在一、二期农网改造时标准相对低、工艺相对差，导致配电变压器容量不足，无法满足用电负荷快速增长的需求。③ 部分运维人员管理不到位、维护不及时，设备隐患不能得到及时处理。④ 地域自然环境影响，线路抗灾害能力弱，易受冰雪、雷击灾害破坏，故障率高。综合以上因素，农村电网供电的问题，已经成为客户持续投诉的潜在风险。

二、舆情风险剖析

供电服务难免会出现失误，而且这种失误具有突发性和危害性，也是社会舆论及领导机关尤为关注的焦点问题，这样，供电企业就不得不对服务失误进行重视。面对服务失误，企业要勇于面对，主动承担责任和失误。

【案例一】

2015年6月9日，某村变压器被雷击损坏，由于历史原因，该变压器产权一直未划归供电企业，仍然属于该村集体所有，某县供电公司得知后积极协调，帮助恢复供电，无偿调配了一台变压器给村民供电，造成村民认为设备损坏应由供电企业负责的误解。2015年7月10日，该台区变压器第二次因雷击造成损坏后，村民代表持《请求解决一台变压器帮助及时恢复供电的报告》到县供电公司要求帮助解决，但短时间内烧毁两台变压器，供电公司无法及时提供新变压器。2015年7月16日，村民开始到县政府上访，县政府表示将予以协调，当晚某网站发出"某县某村停电好几天没人管"帖子。供电公司高度重视，即派相关人员赶到某村进行调查处理，同时紧急协调调运一台变压器，但从安全角度考虑需进行油化试验，当晚某网站上再次发出"某县供电公司，让百姓用上电才是首要任务！"的帖子。19日，变压器安装到位，恢复送电。

针对网络发帖，供电公司在发现后立即对投诉情况进行了调查，责成相关部门针对此帖进行专题回复，并赶赴事故现场进行调查；积极与当地政府联系，向政府部门说明情况，当地政府出具了《关于某镇某村某组因雷击导致电力中断的回复》，并由县政府宣传部跟帖说明此事，消除客户及广大网民的误解。

案例分析：

延伸服务对外宣传力度不够，客户对义务抢修和延伸服务界定不清楚。该设备产权归该村集体所有，应由村集体承担管理维护责任。在客户存在对电力故障范围及产权分界不清楚的情况下，供电企业办好事协助处理故障，违反了《国家电网公司供电服务规范》中"对产权不属于供电企业的电力设施进行维护和抢修实行有偿服务的原则"的要求，未能把握机会向客户解释宣传，赢得客户的赞誉，反而造成客户误认为应由供电企业承担责任，产生不利局面。

一客户开了一家冷饮店，到某供电公司办理低压动力电安装申请，供电公司营业厅工作人员正常受理，并在期限内派勘察人员到达现场，提供了供电方案，在规定时限内完成施工并验收合格，由于装表接电人员家中老人突然发病住院，没有把此工单移交他人，造成18天没有装表接电，引发客户投诉。因为冷饮属于季节性用电，没有及时装表接电，给客户造成了很大的经济损失，客户情绪激动，将投诉电话打到了"行风热线"进行投诉。接到"行风热线"转来的投诉后，供电公司领导高度重视，立刻安排专人负责调查落实，了解的情况与客户反映相符，随即安排有关工作人员向客户解释并道歉，取得客户原谅，同时及时与媒体沟通，消除不良影响。

案例分析：

（1）企业内部岗位管理制度存在不足。由于装表接电人员家庭问题，没能及时交接工作任务，其他人员也没能及时主动交接任务，造成工单延误，责任心不足，给客户造成损失，给企业造成影响。反映出企业内部管理制度还不够细化，执行存在漏洞，主要是工作交接制度不完善，员工因其他事务离开岗位时，应有完善的工作交接制度，确保业务不受影响。

（2）工单督办催办制度没有得到落实，业扩报装工作没有形成闭环管理。装表接电期限按照《国家电网公司供电服务"十项承诺"》要求，非居民客户5个工作日内送电，但案例中18天还没有送电，说明工单督办、资料归档业务流程没有得到严格落实，业扩报装工作没有形成闭环管理。

三、法律风险剖析

企业法律风险是指由于企业外部法律环境发生变化，或由于包括企业自身在内的法律主体未按照法律规定或合同约定有效行使权利、履行义务，而使企业有可能承担一定法律后果。因电力产品使用对象较广，电力企业特别是营销部门所面临的法律风险也很大。其风险要素有供用电合同的履行、人身意外、劳动争议纠纷等。

2015年6月，李某乘坐由王某驾驶的翻斗车，到某镇附近的山场拉石子，因石料场正在放炮，王某遂将货车停靠在山场外路边等候。在等候之际，李某坐到驾驶员座位，并操作翻斗车，当翻斗升起时不慎触碰到路上方的万伏高压电线，李某当场触电身亡。事发后，李某家人认为高压电线使用者和管理者某供电公司未设置高压线警示标志，导致李某触电死亡，供电公司具有过错，遂将供电公司告上法庭，要求赔偿各项损失 14 万余元。供电公司辩称，自己已尽到了充分的警示义务，是高压线架设后才在下面修的路；李某调试车辆使升起的翻斗接触到车辆上方的高压线的故意行为是导致其死亡的原因，因此不应当承担赔偿责任。经调解，供电公司赔偿死者近亲属 5 万余元。

案例分析：

法院经审理认为，供电公司作为高压电线的使用者和管理者，对李某之死不能免责，但李某对于损害的发生也有过错，可适当减轻供电公司的赔偿责任。法院经过多次耐心细致地调解，最终供电公司与李某的近亲属达成调解协议。

作为供电企业的各级经营管理者和普通员工，都必须充分地、清晰地认识防范法律风险的重要性和必要性，要切实增强防范法律风险的意识，认真践行依法治企理念，构建长效法律风险防范机制，实现法律风险管控工作的常态化、规范化、程序化；同时，做好法律风险危机公关处理，提高风险防控能力，使法律风险尽可能被控制在企业能够接受的最小范围内，实现企业社会效益和经济效益的最大化。

第三节　服务风险防范

供电服务是供电企业的生命线。从近年来投诉举报、信访案件查实和舆情事件情况的分析来看，行风建设是供电服务风险集中和交集的领域。如果供电服务敏感事件处理不及时、措施不得力，将直接影响供电企业行风建设和优质供电服务工作，甚至引起行风责任事件。供电企业应当妥善处理好各类服务敏感事件，通过建立完善敏感事件预警机制和应对处理程序，谋划具体措施，积极开展服务敏感事件风险防范的探索与实践，降低供电服务事件发生的概率。供电服务敏感问题是指客户对供电企业在业扩报装、农网工程、装表接电、电价执行、抄核收、欠费停电后复电、临时施工用电等工作质量不满意并引发投诉、信访、媒体曝光。

一、服务风险预警

风险预警是指企业根据外部环境与内部条件的变化，对企业未来的服务风险进行预测和报警。

服务风险预警的重要意义在于，通过服务风险预警，增强企业的免疫力、应变力和竞争力，使供电服务处变不惊，做到防患于未然。

供电企业要在现今的环境不成为社会焦点，就必须建立风险预警机制。企业建立风险预警机制就像给企业安装了危机雷达，在企业风险和危机形成之前就已经发出了预警，引起管理层的重视，并将危机消灭在还没有形成状态或者萌芽状态，从而使企业实现可持续发展。

二、供电服务预警机制的建立

供电企业应该通过建立早期预警机制，收集服务中存在的风险点反馈信息，做到全方位、多途径地发现风险点；通过查找"短板"，从服务意识、服务素质、服务流程、硬件支撑、应急机制等方面及时分析风险点；依据各类原因，制定整改措施，通过完善服务文化体系，达到有效地控制供电服务风险的目的，最大限度地增强供电服务可靠性。并在服务失误发生时，有效地控制失误影响的扩大，采取积极的快速反应机制，迅速消除服务失误可能引发的风险危机。

供电企业可以从以下服务预警方面建立预警机制：及时倾听客户对供电服务不满意的信息；征集供电服务建议（投诉）；供电服务质量反馈单；定期开展供电服务满意度调查；开展供电服务明察暗访活动，掌控服务质量；定期从宏观层面征求对供电服务的意见；与新闻媒体建立供电服务信息沟通渠道；设置供电服务意见箱；定期召开媒体、客户、行风监督员座谈会；关注网友热议的供电问题；关注 95598 反馈的热点问题；查找供电服务承诺与实际服务的差距；查找员工服务能力短板。

【案例】 居民阶梯电价政策执行的风险预警

居民阶梯电价中"一户一表"对居民客户的影响。居民阶梯电价执行范围是省级电网供电区域内实行"一户一表"的城乡居民客户。"一户一表"居民用电户原则上以住宅为单位，一个房产证明对应的住宅为一"户"。没有房产证明的，以供电企业为居民用户安装的电能表为单位。这就面临着一个居民客户几代同堂月用电量较大将多负担电费及一个房产证兄弟几家人住一起需要分户等具体情况。

居民阶梯电价中"合表"对居民客户的影响。合表客户是由于历史等多方面原因，多个客户合用一块电能表的情况。对未实行"一户一表"的合表居民客户暂不执行居民阶梯电价，电价水平按略低于三档电价加权平均提价水平调整。居民阶梯电价的执行势必造成部分合表客户进行分户；特别是在部分城镇老旧台区等不具备"一户一表"条件的地方，必须先进行低压配网工程改造，这就需要供电企业投入大量资金。

居民阶梯电价执行形成的其他影响。居民阶梯电价最大特点就是每月没有一个固定的电价，一年中同样的用电量，在不同的月份，可能导致所交的电费差别很大，特别是夏、冬两季用电高峰期和水电的丰枯期。因此，抄表是否按天按时和准确，居民阶梯电价执行是否符合规范，均会产生客户投诉的风险。

预警措施：

（1）做好前期准备工作。要深刻领会居民"一户一表"的含义，要对执行居民电价的客户计费档案进行清理和完善，确保基础资料准确。由于居民阶梯电价只针对"一户一表"客户，合表用电、学校及其他客户不执行阶梯电价，一旦发生计费纠纷会引起不必要矛盾。因此，必须通过现场勘察比对，分类标注，逐户清理完善。

（2）加强营销月度工作质量管理。① 强化抄表质量的管理。② 加强业务工作单的时效性考核。③ 加大用电检查和稽查。

（3）加大营销投入。① 加快推广智能电能表和低压集抄用电信息采集系统建设。要充分利用远程抄表技术逐步替代人工现场抄表，充分发挥智能电能表的表码冻结功能，尽量减少人为原因引起的抄表纠纷。② 加大对高损台区和低压配网的改造投入。要对接户线凌乱、机械表多等高损台区加大改造力度，提升供电质量，促进部分合表客户早日进行"一户一表"改造或分户。

三、服务风险防范及应对

1. 风险防范的关键——防

"预防是解决危机的最好方法"，将风险消灭在萌芽状态，是风险管理的最高境界。从机会成本角度看，降低十分的损失，就有十分的收益。所以风险防范的出发点就是"居安思危"，也就是说，不是等到危机发生后，再开始被动地反应，而是要在危机仍然在孕育和萌芽的时期，就能够通过深入细致的观察和研究，防微杜渐，提早做好各种防范准备，这样才能在真正危机来临时不至于惊慌失措。

在服务中应从以下六方面进行服务风险预控。

（1）提升服务意识。服务意识是做好服务工作的基石，只有思想转变了，才能在服务行为上展现出良好的服务意愿。服务行为是服务于客户的第一接触点，它的好坏，将直接决定供电企业的服务品质。而服务行为中礼仪礼节、接人待物、言谈举止的不当，将是服务风险发生的诱因。

（2）把控服务质量。服务质量是一种认知的质量，较实物产品质量更难被客户评价，对服务质量的认知取决于客户的预期同实际感受到的服务水平的对比，不仅会考虑服务的结果还会涉及服务的过程。因此，客户外部的评价需以客户忠诚度、满意度指数为核心，而客户的满意度指数除了高质量的电力供应问题外，就是目前客户对供电服务质量可接受的期望。

抄表、催费、收费工作，是营销服务质量的第一体现，也是客户敏感的一个工作环节，因此，应树立对抄催收服务的正确认识，拓宽服务平台，降低服务风险。从客户实际出发，建立健全与客户的信息沟通渠道，充分利用统一集中的自动化系统和多元化收费平台，提高平台覆盖水平，规范催费流程及服务标准，切实减少抄催收的服务风险。

（3）改善供电质量。受多种因素的限制，供电质量问题在供电业务领域比较常见，随着居民生活水平日益提高，电力负荷不断增大，线路老化，供电半径过大等造成线路末端电压低，特别是一些涉及民生的供水、供气、灌溉田地、厂矿企业生产安全等，由于电能质量问题导致产品不合格、机器设备损坏、居民家用电器烧坏等，供电企业将面临巨额经济索赔。

因此，在提升供电质量方面可以做到：① 要高度重视高可靠性用电客户，规范供电侧和用户侧保障措施和设备装置标准，发挥供用电合同的作用，明确供电质量的保障措施和双方责任。② 通过安装电压监测仪，在线监测线路、客户电压，开展线路无功治理、主干线路和客户端线路无功补偿，为客户提供技术支持。③ 用采集系统监测线路、专用变压器、公用变压器台区负荷情况，发现超负荷情况，及时转接负荷，调整变压器分接头位置等方式分流用电负荷。④ 提高供电项目规划前瞻性，尽可能考虑用电需求增长和人们生产生活用电的特点，做到电网建设适当超前于负荷增长，充分满足客户未来较长时间内的用电需求。⑤ 部分地区电压质量低，且在短期内难以彻底改善的，供电企业应主动采取临时措施加以改善，并将此类问题逐步分批纳入电网改造计划彻底整治。⑥ 加强客户服务人员舆情风险敏感度教育，对客户重复投诉应引起高度重视，及时向部门负责人汇报，与客户取得联系，听取客户问题，协调解决，落实客户回访制度，及时跟踪投诉举报处理进展情况，进行督办，避免客户不满情绪持续堆积，寻求其他渠道进行投诉、曝光。

（4）提升抢修效率。故障抢修服务是售后服务的一个重要环节，也是客户最为关心的一个环节。客户能够理解故障停电，但是理解不了长时间的故障维修，因长时间维修而产生的经济损失，是客户最不能接受的，这也是最容易产生服务风险的一个环节。

（5）规范业务办理，优化营销业务管理流程。业务办理是供电企业与客户之间交互的一个工作面，业务办理的规范性将决定着客户对供电企业的服务满意度。尤其是在报装接电服务中，首先，要确保把好供电方案关，既要经济合理，又要确保节省客户投资；其次，把好三不指定关，由客户自行选择工程设计、承建单位和物资供货单位，确保客户配电工程的公平公正性；再次，把好质量关，加强对客户隐蔽工程的中间检查，严格按国家相关技术规定对工程进行验收，确保工程质量；最后，把好安全关，认真执行电力安全规程，对客户配电工程实施安全管理，履行安全管理责任，确保供用电安全。

为了避免业务办理过程中出现服务风险，供电企业还应积极探索优质供电服务的新模式、新内容。如：

1）持续推行"一站式"服务。由客户代表协助客户办理相关手续，优化服务流程、明晰相关节点时限和承办部门职责，实现"一口对外"。

2）落实"首问负责制"和"问责制"，提高投诉举报直接办理质量。学会换位思考，真正把客户的利益放在首位。

3）实施"城郊营销一体化"建设工程，全面实现城郊营销业务与城市供电服务规范的全面接轨，从整体上提升城乡电力营业窗口的服务能力。

4）改进收费方式，方便客户缴纳电费。通过与银行、邮政、超市、社区合作等方式，新增电费代收点；利用充值收费系统、自助交费终端机、电费充值卡、电费贷记卡等技术手段，方便客户交纳电费。

5）信息发布及时准确。多渠道向客户宣传电价政策和管理规定，引导客户正确处理各类用电问题。通过及时有效的信息公开，积极争取社会各界和客户理解支持，尽力保证抢修时限的兑现，切实维护企业利益和形象。

6）加大"三不指定"督查力度。坚持联合业扩会审制度，加强对客户工程安全与质量管理，严把客户工程质量关。扎实推进用户受电工程"三指定"专项治理工作，从严处理"电托"、"私揽"用户工程违规行为。

（6）加强信息披露管理。随着公民权益意识的提高，供电信息披露逐渐进入人们视野。信息披露及时准确将是降低服务风险的有力措施，因此供电信息披露应做到以下6点：

1）披露供电企业基本情况。企业性质、办公地址、营业场所及联系方式、电力业务许可证（供电类）及编号等。

2）披露供电企业办理用电业务的程序及时限。各类客户办理新装、增容与变更用电性质等用电业务的程序、时限要求等。

3）披露供电企业执行的电价和收费标准。供电企业向各类客户计收电费时执行的电价和收费标准以及供电企业向客户提供有偿服务时收费的项目、标准和依据等。

4）披露停限电有关信息。计划性停电在供电企业服务过程中是客户抱怨和投诉多发的环节，也是发生服务风险的潜在环节，因此及时准确发布停电信息，拓宽停电信息对外发布渠道是消除服务隐形风险的有力措施。检修工作计划除应注重施工计划本身外，还应加强风险防范意识，充分考虑各种因素，制订完善的应急预案，确保检修工作计划的严肃性。同时电力企业内部应建立内部沟通协作机制，严格按照《停送电信息报送管理办法》报送要求，及时把停电信息录入营销信息系统，便于客服部门掌握检修施工进度，将信息及时发布，通知客户，做好应对咨询、投诉的解释工作，除按规定在电视、报纸、95598网站公告外，与社区、物业部门联动，增加停电公告进社区、进物业、进小区，确保一般客户多渠道获取停电信息。对于重要客户，应由客户经理、用电检查人员登门书面告知，确保客户了解收悉，避免由于客户不知情产生误解、不满导致舆情风险发生。

5）披露供电企业供电服务所执行的法律法规、供电企业制定的涉及客户利益的有关规定以及近期服务举措。

6）披露供电企业供电服务承诺以及投诉监管部门联络方式等。

供电涉及千家万户，社会影响面极广。在供电企业为客户提供供电服务的过程中，计划停电、故障抢修、用电检查、抄表核算收费、供电合同签订、客户报装接电过程中的设计、施工、验收、送电及代维护等服务环节都存在不同程度的服务风险。同时，也容易给客户造成经济损失，进而引发法律纠纷，所以，应该重视服务风险，提高风险意识和法律意识，加强服务风险的预防。

2. 风险防范的关键——控

（1）建立多方式的内部信息互动沟通渠道，完善内部信息沟通和反馈机制，使有效信息得到及时地分析，保证短时间内调整工作策略。通过服务失误早期预警机制，加强对服务过程、员工素质、服务系统和客户需要的详细分析，寻找服务风险的"高发地带"，出台补救办法，避免重复问题发生，最大限度地增强供电服务可靠性。如，定期在营业厅开展各种应对突发性服务事件的演习，可以达到提高客户服务人员紧急应对突发服务事故的能力，强化营销服务安全风险控制与规范管理的效果。

（2）建立有效的监督检查机制。养成按照法律法规办事的良好习惯，完善现有的用电纠纷处理机制和有效的监督检查机制，本着不违背行业法规，以公正客观的原则调解纠纷，杜绝各类问题的重复发生。

（3）加强舆情监控。供电服务失误有时具有突发性、严重危害性特点和社会舆论特别关注性的特征，使得许多供电企业不能正视服务失误。应采取积极正确的行动，主动承认失误，勇于承担责任。在服务风险危机发生时，供电企业应迅速统一与事件相关的各部门的思想，最大限度地减少各种传播信息之间的冲突和差异，向公众和有关部门及时真实地传递和公平地评价信息，平息不实媒体信息和混乱社会信息，必要时主动与媒体沟通，向公众披露失误的原因和正在进行补救的做法，尽量在服务危机中化消极因素为积极因素，化解公众信任危机。

（4）落实行风纠建责任制。进一步明晰行风纠建"三个体系"责任。建立健全责任体系：严格履行"一岗双责"，明确各级行政主要领导是行风建设第一责任人。把行风纠建纳入惩防体系建设，以行风纠建责任制为抓手，以全员落实责任为目标，抓住责任分解、考核和责任追究等环节，将行风纠建工作纳入业绩考核，逐步营造行风建设全员责任的大行风局面。完善落实保证体系：各级业务主管部门及其干部员工是行风纠建保证体系的主体，把行风建设纳入业务管理，形成长效机制，是推进行风建设的关键。强化完善监督体系：纪检监察部门是行风纠建监督考核的主体，重点对本级和下级单位保证体系主体履责情况组织监督考核，提出并督促整改建议的落实。逐步建立三个体系常态运作及协作机制，明确责任、保证、监督三个体系人员。建立定期或不定期沟通联系制度，进一步加强行风建设主管部门与监督部门的协调配合，持续推动行风进步。

（5）健全完善敏感问题管理规定。建立供电服务敏感问题管理规定，及时妥善处理好各类供电服务敏感事件，确实维护好企业和广大电力客户的合法权益。

1）做好敏感问题分类工作。按照其影响程度、受关注程度进行科学分层分类。

2）建立供电服务敏感事件报告制度。严格信息报送，按规定时限逐级报告，防止由于沟通不够引发越级投诉。

3）加强投诉信访共性行为剖析。针对常见的、典型的投诉事件，进一步建章立制，从源头上防范，利用营销稽查、效能督查等手段，深入自查自纠在规费收取、电价执行等工作中存在的管理"盲点"，举一反三，细化管控措施，保证敏感问题的可控、在控。

4）搭建敏感问题协调处置平台。加强企业内部职能部门沟通交流，建立和运作党风廉政、行风建设月度例会制度，部门合力控制风险，横向集成有效解决问题。

3. 客户投诉风险防范

对供电企业而言，防范投诉远比化解投诉重要得多。因此，在防范投诉风险中，应从投诉风险辨识、投诉风险分析、投诉风险应对策略三个方面进行考虑。

（1）投诉风险辨识。风险辨识是指在风险事故发生之前，人们运用各种方法系统的、连续的认识所面临的各种风险以及分析风险事故发生的潜在原因。风险辨识过程包含感知风险和分析风险两个环节。

1）感知风险，即了解客观存在的各种风险，是风险辨识的基础，只有通过感知风险，才能进一步在此基础上进行分析，寻找导致风险事故发生的条件因素，为拟定风险处理方案，进行风险管理决策服务。

2）分析风险，即分析引起风险事故的各种因素，是风险辨识的关键。电力投诉风险可通过四个方面来辨识：① 环境风险。环境风险指由于外部环境意外变化打乱了企业预定的生产经营计划，而产生的经济风险。如社会文化、当地道德风俗习惯的改变使企业的生产经营活动受阻而导致风险增加。② 市场风险。市场风险指市场结构发生意外变化，使企业无法按既定策略完成经营目标而带来的经济风险。如企业对市场需求预测失误，不能准确地把握消费群体偏好及消费习惯的变化。③ 生产风险。生产风险指企业生产无法按预定计划完成生产计划而产生的风险。如计划停电处理过程中发生意外或天气原因无法如期完成，造成供电中断。④ 技术风险。这是指企业在技术创新的过程中，由于遇到技术、商业或者市场等因素的意外变化而导致的创新失败风险。如技术无法有效地商业化，无法有效推广。

（2）投诉风险分析。投诉风险分析的目的在于为风险管理提供前提和决策依据，以保证企业、单位和个人以最小的支出来获得最大的安全保障，减少风险损失。对风险进行识别分析，一方面可以通过感性认识和历史经验来判断，另一方面也可通过对各种客观的资料和风险事故的记录来分析，归纳和整理。事先应该全面系统地考察、了解各种投诉风险事件存在和可能发生的概率以及损失的严重程度，风险因素及因风险的出现而导致的其他问题。为了保证最初分析的准确程度，必须进行全面系统的调查分析，将风险进行综合归类，揭示其性质、类型及后果。如果没有科学系统的方法来识别和衡量，就不可能对风险有一个总体的综合认识，就难以确定哪种风险是可能发生的，也不可能较合理地选择控制和处置的方法。因此，必须全面了解各种风险的存在、发生及其将引起的损失后果的详细情况，以便及时准确地为决策者提供比较完备的决策信息。

电力企业的投诉风险分析首先需梳理电力企业各业务单元、业务及服务流程中存在的潜在服务风险，对找出的投诉风险进行描述、分类，对其原因、影响范围、潜在的后果等进行定性、定量的分析，为投诉风险的评价和应对提供支持。投诉风险分析要考虑导致法律风险事件的原因、投诉风险事件发生的可能性及其后果、影响后果和可能性的因素等，必要时进行专家访问，从而找出各种明显和潜在的风险及其损失规律。因为风险具有可变性，因而风险分析是一项持续性和系统性的工作，要求风险管理者密切注意原有风险的变化，并随时发现新的风险，最终形成服务风险防范链条。

【案例一】 供电能力不足 影响居民生产生活

某村供电线路是十几年前农网改造时建设，低压线路线径较细，线路末端距台区配电变压器较远。随着经济发展，村民使用电焊机、磨面机等三相电数量剧增，变压器负荷严重超载，因而造成用电高峰期间，电脑不能正常使用，电视机、电冰箱等用电设备多次烧坏，电焊机、磨面机无法启动。客户就此事向当地供电所反映，得到答复是供电所没有能力，需要村民到上级部门解决。村民认为供电所在推脱责任，遂与工作人员发生争吵，最后投诉到电监会12398。

风险分析：

农村低电压问题已严重影响居民生产生活用电，针对此类问题投诉较多，已发生过客户向电力监管部门投诉、集体联名写信投诉、网站发帖投诉、电视台投诉、为引起关注而夸大事实投诉等诸多事件，对供电企业声誉造成了严重影响。

风险防范措施：

（1）供电企业应加强电网结构规划和建设，采取有效措施改善农村地区电压过低及供电设施老化等现状，保障农村居民生产生活用电。

（2）基层供电所工作人员应深入辖区，了解线路设施和客户用电情况，对供电质量进行实时监控，对重点客户重点关注，汇总存在的问题及时上报，建立风险识别和防范机制，采取有效的应对措施。部分地区农村电压质量低的问题由于涉及供电网络建设历史和建设计划等系统性工作，难以短期内彻底改善，供电企业应主动采取临时措施加以改善，纳入电网改造计划彻底整治。

（3）基层供电所处于客户服务的第一线，应端正处理供电质量服务事件的态度和加强沟通协调处理的能力，在收到客户投诉后，应立即调查了解，与客户沟通，针对客户用电困难，工作人员应换位思考，疏导客户不满，安抚客户情绪，积极主动为客户解决实际困难，赢得客户的理解和支持。

（4）各单位要及时向公司有关部门上报供电质量情况，加大宣传力度，正面引导，做好解释工作，同时要定期回访，形成闭环管理。

【案例二】 估抄电量惹争议 欠费停电太随意

某成人职业技术学校2月份接到抄表员吕某送达电费通知单后发现电费较多，向抄表员询问原因，得到回复本月电费抄算正确，若怀疑表计有问题，先结清电费，然后到供电公司营业厅申请表计检定。3月1日，客户交清了2月份电费后进行了表计检定，检定结果为合格。随后，该客户在收到3月份电费通知单时，以供电公司对连续几月的电量波动情况未解释清楚为由，拒交电费。3月29日，抄表员给该客户下达了欠费停电通知书，告知客户必须于3月30日12:00前缴清电费，否则将终止供电。3月30日，该客户到当地供电公司上级部门反映问题，上级人员在对事情进行了解后，表示对电费异常进行调查后给予答复，同时劝说在有电费争议时先行缴纳电费，并通知当地供电公司立即停止停电行为，客户表示将于近两日内缴清电费。由于信息传递问题，当日13时左右，抄表员仍对学校进行了停电，致使学校未能及时供应午餐，学校对此非常不满向当地电力监管部门进行投诉。后经过调查，该抄表员连续两月因天气原因未到现场抄表。

事件发生后，当地供电公司立刻恢复了职业技术学校供电，供电公司营销部、监察部负责人与当地分公司经理、经营副经理、抄表班班长、抄表员主动找到职业技术学校负责人进行解释，对抄表员违反规定停电向客户致歉，并就电费异常情况进行说明，客户接受了道歉并表示满意。

风险分析：

因为信息传递不顺畅及责任心不到位，导致产生投诉事件，造成职业技术学校未能按时供应午餐，学生不得不出校就餐，带来一定的安全隐患，引发电力监管部门关注，对供电服务形象造成负面影响。

风险防范措施：

（1）加强抄表工作管理，严格遵守有关规章制度，按规定的抄表周期和抄表例日准确抄录客户用电计量装置记录的数据。

（2）提高电费核算工作质量，发现电量异常及时通知工作人员到现场核实，三日内给客户答复。

（3）严格执行欠费客户停电流程审批手续。

（4）加强内部沟通，建立协同机制。

（5）加强员工责任心和优质服务意识教育和培养，通过加大考核力度，落实岗位责任制，督促员工严格执行业务管理的规章制度，提高爱岗敬业的责任心。

4. 舆情风险防范

（1）建立早期预警机制。首先，供电企业要建立消除服务风险危机预案，一旦服务出现失误，要按预案冷静面对，及时消除风险，控制服务风险的扩大。对已造成不利影响的危机，要快速反应，真诚解决问题，控制事态发展。其次，及时掌握供电服务质量差距，对舆情进行实时监控，了解客户对服务的态度，发挥投诉举报的作用，强化投诉调度的职能，收集服务质量信息，及时与媒体进行信息沟通等。

（2）加强舆情监控。加强企业日常工作中舆情突发事件处理与信息发布工作，最大限度地避免、缩小和消除因舆情突发事件造成的各种负面影响，掌握引导舆情的主动权，及时、有效地处理客户的意见和建议，营造和谐、稳定的供用电环境。每天由专人负责监测跟踪网上涉及公司工作的各种论坛、帖吧言论，掌握舆情热点，密切关注网络信息动态，捕捉带有苗头性、倾向性、群众性的问题。采取多种方式进行引导和疏通，同时进一步加强与市公司新闻中心和社会媒体的沟通协作，构建全方位舆情监控网络，密切配合，共同应对公司舆情的引导与监控工作。

（3）媒体曝光后应对。服务风险危机发生后，供电企业要在第一时间与相关部门统一思想，向有关部门传达真实的信息，并对事态进行公正客观的评判，对歪曲不实的媒体信息及社会信息在必要的时候主动与媒体进行沟通，向外界报道事情的真实原因、进展及补救的措施，化解公众对企业的信任危机。应对网络舆情，堵疏结合，构建舆情引导机制。针对社会关注度较高的事件，根据其脆弱性和敏感度，建立和完善新闻发言人制度和新闻发布会制度。牢牢掌控话语权，第一时间作出反应，坚持"先入为主"，提高公开信息的透明度和公信力，力争成为核心信息源，从不敢说、不会说，到说真话、说实话。

【案例一】 家里电表突然疯跑，两天时间多出 1469 度电

2015 年 6 月 14 日，某晚报刊登一条题为《家里电表突然疯跑，两天时间多出 1469 度电》的报道，报道称家住某村的居民刘女士家用电很节约，当年前 5 个月每月平均用电 31 度。6 月 8 日，放学在家的女儿偶然发现，有两名自称电力公司工作人员的男子正在楼梯口处拆查电表，当晚，刘女士发现电表上的止码数为 6450 度，而 2 天前交电费时还是 4981 度。这 1469 度电从何而来?刘女士一连几天睡不着觉，遂拨通某晚报新闻热线咨询。经调查，2015 年 5 月，该辖区某电力公司更换抄表员，新上岗抄表员将客户王某和客户刘某两户电表表码抄反，导致长期对客户王某的电量电费多抄多计，对客户刘某的电量电费少抄少计，截至事发当月，共错计电量 1458 度，因客户王某对其月用电量提出质疑，供电公司查实后，向客户刘某追缴长期少交电费，刘某认为自己无责任，也无力补缴巨额电费，因此投诉。

风险分析：

电量电费的准确性，一直是用电客户所关心的问题，也是敏感的服务风险问题，电费准确性被媒体曝光后，易引发社会问题并带来极其恶劣影响。本案例中由于抄表员在工作态度、责任心等方面存在严重问题，规章制度执行不严、学习掌握不彻底，致使长期错抄。另由于抄表员对工作差错事件的严重性认识不足，对事态发展可能带来的影响估计不足，认识不深刻，处理不及时，直接使工作差错上升为服务事故，从而扩大了负面影响，形成被动局面。

风险防范措施：

加强抄表作业规范的培训、考核，提高工作质量，杜绝差错；加强优质服务理念的熏陶培养，使员工能主动理解客户的诉求，化解矛盾；加强舆情监控，减少负面报道影响公司形象的事件发生。

【案例二】 客户工程验收不规范，不送电引发客户不满

某化工企业办理增容手续，其受电工程自愿委托电力公司关联企业安装、试验。项目完工后，客户向电力公司业扩项目经理提交书面竣工验收申请及相关资料。项目经理组织电力公司配网、计量专家参与验收，检查中，关联企业所提供的电气交接试验报告中接地阻抗为 2.8 欧，但参与验收的配网人员实测大于 4 欧，不符合电气设备交接试验标准要求。项目经理根据实测值作出验收结论为"验收不合格，不能送电"，并在现场口头提出整改要求后离开。客户为化工企业，因增加生产设备办

理增容，期间该企业生产工作受到影响，故想尽快送电恢复正常生产。得知验收不合格，不能送电后，客户的惯性思维就是，施工单位是电力公司的关联企业，也属供电企业，施工方认为试验结论合格，供电方又说实测不合格，纯属故意刁难客户，导致客户不满，向当地报纸曝光，指责供电企业只知道收钱却不办事，记者开始进行跟踪采访。

事件曝光后，电力公司相关负责人立即介入，积极与记者沟通，说明事件情况。客户服务中心负责人召集业扩项目经理及参加竣工验收的成员会同新闻中心人员和记者到客户现场，并请客户通知施工方共同参与，现场对缺陷进行再次核实确认，并下达了书面整改通知书。同时，积极向客户解释接地电阻不合格对安全用电造成的危害，宣传解释"三不指定"相关政策和要求，取得了客户和新闻媒体的理解。

风险分析：

电力公司的关联企业参与客户工程，虽是客户自愿委托，但如果被新闻媒体曝光后，仍然可能造成对供电企业利用工作优势，暗示客户选择关联企业进行工程建设获得便利的可能性，产生供电企业干预客户工程，影响电力工程公开、公正、公平的市场环境。

本案例中竣工验收发现问题未书面通知客户并请客户签字确认。供电方业扩项目经理未按要求出具书面整改通知书，违反了《关于进一步加强业扩报装管理的通知》中"开展客户业扩工程设计审查、中间检查及竣工检验工作，要严格执行国家、行业标准，并在规定的时限内一次性书面向客户反馈意见"的要求。安装单位为供电单位关联企业，属于客户自愿委托，不存在"三指定"问题，但在客户看来，很容易将施工方与供电方看成是一个单位，一个单位一个说合格，一个说不合格，容易使客户认为供电企业故意刁难，是造成此次舆情风险的主要原因。

风险防范措施：

（1）加强对客户受电工程"三不指定"工作的宣传。让客户理解到关联企业的施工经营活动遵守市场竞争机制法则，供电企业将从确保客户安全、可靠用电的角度，严格按照相关电气安装验收规程进行验收。

（2）加强对业扩竣工验收工作的规范管理。竣工验收要准备好相关材料，根据现场实际填写整改内容，并严格办理签收，杜绝口头答复客户，这样可以避免后期若出现问题，客户投诉证据不足，举证困难的局面，还可以避免客户产生"使用口头通知是在暗示可以通过不当手段获得验收通过"的思维。

（3）供电企业在客户工程设计审查、中间验收、竣工验收的环节，一定要按照相关规范，严格执行验收程序，并做好相关记录，针对客户自愿委托的关联企业也要一视同仁，这样既是对客户用电安全负责，也能有效规避自身风险。

5. 法律风险防范

（1）法律风险识别。法律风险识别是法律风险管理的基础和重要内容，法律风险识别的准确与否在很大程度上决定了法律风险管理效果的好坏。对法律风险识别的研究，有助于提高法律风险识别工作的效率，增加法律风险识别结果的准确性。如何进行法律风险识别，首先，查找公司各业务单元、各项重要经营活动、重要业务流程中存在的法律风险；然后，对查找出的法律风险进行描述、分类，对其原因、影响范围、潜在的后果等进行分析归纳；最终，生成企业的法律风险清单，从而为法律风险管理决策奠定良好的基础。

法律风险识别具有下列特征：

1）专业性。专业性是指企业遇到的法律风险不同于一般的风险，有其自身的特点，不仅涉及法律，也与企业的日常经营管理密不可分。

2）独特性。法律风险识别同其他风险识别相比，有其特有的识别对象与识别方法。

3）确定性。与传统风险识别具有不确定性的特点不同，法律风险识别因其调整对象具有可预见性和可控性的特点，当人们通过规范风险主体的自身行为，使其符合法律规定或者合同约定的要求时，则可以避免或者减少法律风险的发生。

（2）法律风险分析。对识别出的企业法律风险进行定性、定量的分析，为法律风险的评价和应对提供支持。法律风险分析要考虑导致法律风险事件的原因、法律风险事件发生的可能性及其后果、影响后果和可能性的因素等。

法律风险可能性分析，可以考虑但不限于以下因素：

1）外部监管执行力度，包括企业外部相关政策、法律法规的完善程度，以及相关监管部门的执行力度等；

2）内控制度的完善与执行，包括企业内部用于控制相关法律风险的规章、制度的完善程度及执行力度等；

3）相关人员法律素质，包括企业内部相关人员对相关政策、法律法规、企业规章制度以及法律风险控制技巧的了解、运用程度等；

4）利益相关者的综合状况，包括利益相关者的综合资质、履约能力、过往记录、法律风险偏好的表达等；

5）所涉及工作的频率，指与法律风险相关的工作在一定周期内发生的次数。

对法律风险影响程度进行分析时，可以考虑但不限于以下因素：

1）后果的类型，包括财产类的损失和非财产类的损失等；

2）后果的严重程度，包括财产损失金额的大小、非财产损失的影响范围、市场反应、利益相关者的反应等。

（3）法律风险评价。将法律风险分析的结果与公司的法律风险准则相比较，或在各种风险的分析结果之间进行比较，确定法律风险等级，以帮助公司作出法律风险应对的决策。在法律风险分析的基础上，综合考虑法律风险管理的目标、成本、收益、资源的投入安排等因素，对法律风险进行不同维度的排序，包括法律风险事件发生可能性的高低、影响程度的大小以及风险水平的高低。

（4）选择法律风险应对策略。法律风险应对是指企业针对法律风险或法律风险事件采取相应措施，将法律风险控制在企业可承受的范围。法律风险应对策略包括规避风险、控制风险、转移风险、接受风险和其他策略等。

【案例一】 合同中未告知公共电网存在的风险而引发诉讼

2015 年 7 月 28 日 23 时 40 分左右，因雷电击断供电线路上的电线和线杆上的绝缘子，导致原告的鱼塘停电，鱼塘内的增氧机停止运转。7 月 29 日凌晨 1 时左右，原告从睡梦中醒来后发现停电，即开启自备发电机，增氧机给塘内增氧、向塘内抛洒增氧剂，但为时已晚，同时由于被告方也未及时派人抢修线路，直到 7 月 29 日中午，原告所在的台区才恢复供电，致使原告养的三个鱼塘内的鱼全部因缺氧而翻塘死亡，共计死鱼 81 270 斤。

法院一审认为，原、被告签订的供用电合同是被告方提供的格式条款合同。合同第十条规定，用电方有自备电源和非电保安措施的，因供电方的电力运行事故给用电方造成损害的，供电方不承担赔偿责任。关于供电方供电免责条款的约定是提供格式条款一方免除其责任，加重对方责任，排除对方主要权利的条款，明显违背了民法公平、诚信的合同原则，依法应认定其无效。雷电击断供电线路上的电线和绝缘子，是不可抗力，但这是停电的直接原因，并不是原告鱼塘死鱼的直接原因。如果被告在停电后及时将停电情况通知用电户，用电户尚有机会采取积极防范措施，开启自备发电机给鱼塘增氧机供电增氧，但被告却没有履行及时通知对方的义务，也没有及时抢修线路，致使原告所养三塘鱼全部因停电缺氧死亡。同时原告在签订供用电合同时，自愿选择了单电源、单回路供电，加大了养殖风险。因此，原告对损害结果的发生应承担 55%的责任，被告对损害结果的发生应承担 45%的责任。

风险分析：

供电网络具有自然垄断属性，供电企业是公用事业单位，相关法律法规规定，供电企业有义务向所属营业区域内需要用电的主体提供供电服务。因此，只要申请方满足用电技术条件，供电企业就应当履行强制缔约的义务。其中，有部分客户，如养殖类，以公共电网用电作为申请，实际上，公共电网根本没有办法满足他的需求，但在断电发生后，养殖户却以连续性供电的特殊用电标准要求供电企业承担赔偿，在诉讼过程中，可能因为供电企业未将风险告知而承担较多不利法律后果。

风险防范措施：

（1）编制供用电合同的补充约定时应包含以下内容：罗列告知客户申请的公共电网标准存在的断电风险；告知其如果需要进一步提高电网可靠性，可以申请特殊用电要求；

（2）如客户不申请特殊用电，营销部在实际的业务受理中，应以书面形式固定客户不申请特殊用电的意愿。

【案例二】 故障抢修停电过程中未履行通知引发的诉讼风险

2015 年 4 月 23 日早上，一辆车撞断了某供电公司的电杆（线未断），电杆严重断裂，不得不进行抢修，所以，电力公司在做好一系列抢修准备后，于中午 12 点正式停电抢修，以保证更大范围的用电安全。在抢修过程中，7 家养殖户由于没有采用增氧措施导致其养殖的虾苗死亡，其中 1 家养殖户向人民法院起诉供电公司供用电合同纠纷。

本案的合同纠纷中，法院认定供电企业在可以做到通知时而未履行通知义务，致使养殖户无法及时进行救济措施，使得损失扩大，而养殖户应当对自己养殖虾负有管理看护责任，但疏于管理，也是此次损失发生的一个原因，双方都应承担一定的责任。

风险分析：

在第三人的外力破坏造成的断电要求索赔过程中，应该区别看待因第三人外力破坏直接导致断电和因第三人的外力破坏引发电力设施故障需要电力企业进行断电抢修两种情况，前一种情况可直接判定为第三人的原因造成的电力运行事故，依据《电力法》第 60 条，可以直接适用由第三人承担赔偿责任的规定。而对于第二种情形，一般会认为公司断电抢修是供电企业的主动行为，除了证明断电抢修的必要性，同时负有在防止扩大性损失方面做有效措施的举证或者是在履行合同方面已经履行了合同的附随义务，其中典型的义务即为通知。在实际案例中，客户与供电企业的关系被孤立在单纯的一般民事合同关系中，是一对一的关系，而且作为合同供电方的供电企业，即便合同没有明确约定，根据《民法通则》和《合同法》的防止损失扩大的义务以及附随义务，审判机关也会倾向于供电企业承担一定的通知义务。

风险防范措施：

（1）电力调度控制中心、营销部、运行检修部应重新梳理公司的抢修流程，针对外力破坏未直接造成断电的情况，适当增加通知环节，分不同的客户类型，分别由营销部、电力调度控制中心进行通知；

（2）通知方式，应采取短信、电话等有效方式；

（3）对于客户的联系方式，应提前进行梳理，首先以合同约定的优先，其次是以书面形式进行变更的联系方式。

第四节 危 机 公 关

在高度市场化的今天，企业的生存和发展很大程度上依赖于它所面临的环境，以及企业与这种环境之间的良好的公共关系，任何来自企业外部的不利因素，如果任其恶化，就随时有可能置企业于死地。危机公关是指由于企业的管理不善、同行竞争甚至遭遇恶意破坏或者是外界特殊事件的影响，而给企业或品牌带来危机，企业针对危机所采取的一系列自救行动。

一、危机公关分类

（1）传统危机公关。利用传统媒体如平面媒体、电视、广播等对企业相关品牌形象进行公关。

（2）网络危机公关。笼统地说，网络危机公关是指利用互联网对企业的相关品牌形象进行公关。

（3）综合性危机公关。综合以上两种形式的品牌形象维护、修复等。

二、危机公关原则

危机公关六原则包括承担责任原则、真诚沟通原则、快速反应原则、统筹应对原则、紧密依靠政府原则、第三者正式原则。

（1）承担责任原则。危机发生后，公众会关心两方面的问题：一方面是利益的问题，利益是公众关注的焦点，按照相关法律，企业应该承担的责任应义不容辞主动承担。另一方面是情感问题，公众很在意企业是否在意自己的感受，因此，企业应该站在对方的立场上表示同情和安慰，必要时可通过新闻媒介向公众致歉，解决深层次的心理、情感关系问题，从而赢得公众的理解和信任。实际上，公众和媒体往往在心目中已经对企业有了心理上的预期，即企业应该怎样处理，我才会感到满意。因此，态度至关重要。

（2）真诚沟通原则。企业处于危机漩涡中时，是公众和媒介的焦点，一举一动都将接受质疑，因此，不能有侥幸心理，企图蒙混过关。而应该主动与新闻媒介联系，尽快与公众沟通，说明事实真相，促使双方互相理解，消除疑虑与不安。真诚沟通是处理危机的基本原则之一。这里的真诚指"三诚"，即诚意、诚恳、诚实。如果做到了这"三诚",则一切问题都可迎刃而解。

1）诚意。在事件发生后的第一时间,公司的高层应向公众说明情况,并致以歉意,从而体现企业勇于承担责任、对消费者负责的企业文化,赢得消费者的同情和理解。

2）诚恳。一切以消费者的利益为重,不回避问题和错误,及时与媒体和公众沟通,向消费者说明事件处理的进展情况,重拾消费者的信任和尊重。

3）诚实。诚实是危机处理最关键最有效的解决办法。我们会原谅一个人的错误,但不会原谅一个人说谎。

（3）快速反应原则。好事不出门,坏事行千里。在危机出现的最初 12~24 小时内,消息会像病毒一样,以裂变方式高速传播。而这时候,可靠的消息往往不多,社会上充斥着谣言和猜测。公司的一举一动将是外界评判公司如何处理这次危机的主要根据。媒体、公众及政府都密切注视公司发出的第一份声明。对于公司在处理危机方面的做法和立场,舆论赞成与否往往会立刻见于媒体报道。因此,公司必须当机立断,快速反应,果决行动,与媒体和公众进行沟通。从而迅速控制事态,否则会扩大突发危机的范围,甚至可能失去对全局的控制。危机发生后,能否首先控制住事态,使其不扩大、不升级、不蔓延,是处理危机的关键。由于现代社会的突发事件意外性强、力度大、发展快、扩散效应明显,所以要求企业必须在第一时间内作出正确的反应。反应时间的长短在很大程度上直接决定了应急管理的成败。所以,"快速反应"是危机管理的首要特征。

要想实现这一原则,关键要做到以下 4 点:①"宁快勿慢"原则。在应急管理的信息获取中,必须一切从实际情况出发,不能因为事件对本部门或本地区不利就采取相应的隐瞒和遮掩措施,必须在第一时间内向上级和平级机关报告。②"允许越级"原则。紧急事件的发生往往具有全局性的影响,在这种特殊情况下,按照传统的逐级上报往往会耽搁事件的处理,所以允许越级上报。③"限定时间"原则。应该从法律和制度上对于各类紧急突发事件的处理时间作出一定的规定并严格遵照执行。④"及时核查"原则,对于已经上报的紧急事件,要尽量通过不同的渠道在最短时间内进行核查,主要是核查事件的危害程度和最新进展,为下一步决策提供保障。

（4）统筹应对原则。在规避一种危险时,不要忽视另一种危险。进行危机管理时必须系统运作,不可顾此失彼。只有这样才能透过表面现象看本质,创造性地解决问题,化害为利。

危机的系统运作主要是做好以下 6 点:

1）以冷对热、以静制动:危机会使人处于焦躁或恐惧之中。所以,企业高层应以"冷"对"热"、以"静"制"动"，镇定自若，以减轻企业员工的心理压力。

2）统一观点，稳住阵脚：在企业内部迅速统一观点，对危机有清醒认识，从而稳住阵脚，快速应对。

3）组建班子，专项负责：一般情况下，危机公关小组的组成由企业的公关部成员和企业涉及危机的高层领导直接组成。这样，一方面是高效率的保证，另一方面是对外口径一致的保证，使公众对企业处理危机的诚意感到可以信赖。

4）果断决策，迅速实施：由于危机瞬息万变，在危机决策时效性要求和信息匮乏条件下，任何模糊的决策都会产生严重的后果。所以必须最大限度地集中决策使用资源，迅速作出决策，系统部署，付诸行动。

5）合纵连横，借助外力：当危机来临，应充分和政府部门、行业协会、同行企业及新闻媒体甚至"公检法"充分配合，联手应对危机，在众人抬柴火焰高的同时，增强公信力、影响力。

6）循序渐进，标本兼治：要真正彻底地消除危机，需要在控制事态后，及时准确地找到危机的症结，对症下药，谋求治"本"。如果仅仅停留在治标阶段，就会前功尽弃，甚至引发新的危机。

（5）紧密依靠政府原则。紧密依靠政府原则是指企业在处理突发危机事件时，通过与政府的深度沟通，从而得到政府部门的协调和领导，获得应对突发危机事件的预警和救治能力，及时有效地处理危机事件。由于这种事件往往是大范围、多领域的交叉，所以进一步增加了处理的难度和危害程度。因此，为了尽快平息事态，使突发事件得到满意解决，必须综合考虑，具体地说就是将政治上和专业上的考虑有机地结合起来，迅速恢复社会稳定，将突发危机事件带来的危害尽量降低到最小程度。

（6）第三者证实原则。自说自话是没用的，没有权威的肯定和群众的认可只会徒留笑柄，在危机发生后，企业要"曲线救国"，请重量级的诚信度高的第三者出面说话，使客户解除警戒心理，重获他们的信任和理解。

【案例】

7月8日晚上21:00，张女士回家后发现家中停电，在查看了空气开关无跳闸故障之后，发现邻居王某家的电能表被贴上了当地供电公司欠费停电通知书，因此怀疑是电力公司停错了电。于是张女士在21:06拨了停电通知书上留下的联系电话，电力公司称现在已经下班，如果没有欠费不可能停电，然后挂断了电话。张女士于21:11拨了当地有线电视台的新闻热线求助。

21:31，张女士又拨打了电力公司 95598 服务热线，95598 服务人员人为判断属于户表故障，把抢修队的电话告诉了她。张女士先后于 21:50 和 22:10 两次拨打了抢修队电话。因当晚天气炎热，抢修队从 19:00 至次日凌晨 2:00 一直在其他现场忙于故障处理，接到张女士电话后，沟通中了解到张女士属于欠费停电，不属抢修范围，又告知张女士抄表人员的电话，请她与抄表人员联系处理，但张女士并未打通抄表人员的电话。就在这一交涉过程中，电视台记者赶到现场开始进行暗访。

次日中午 12:30 左右，张女士随同暗访记者来到电力公司营业厅，询问错停电事宜。营业厅服务人员李某进行了接待，经查询确认张女士并无欠费后，随即拨打了抄表人员钱某电话，钱某立即到现场恢复送电。当日 14:20，暗访记者再次到营业厅亮明身份，与值班主任周某对恢复送电的工作进行了确认，周某随即联系其主管领导及该单位新闻中心负责人（兼新闻发言人）到达现场，对错停电的责任追究和损失赔偿进行了探讨，同时联系张女士说明情况表示歉意，对其产生的损失进行赔偿，争取客户理解重拾信任。因为事情得到较好的善后处理，记者的暗访也到此结束，未将事态扩大。

对供电企业来说，供电服务新闻投诉是极其棘手的事，投诉事件轻则给供电企业的形象带来负面影响，重则影响社会和谐稳定。一旦发生新闻投诉，供电企业往往要牵扯大量的人力、物力去做善后工作。但客户投诉是为了使企业更好地提供服务，也是监督供电企业的工作，对企业本身也是一种促进。所以，要有正确的态度对待新闻投诉。在企业风险预警体系中，企业必须高度重视沟通和危机公关问题，沟通包括企业内部的沟通和企业与外界的沟通，企业内部的沟通就是要保证内部沟通交流的畅通无阻、协同一致；企业与外界的沟通更要及时、真诚、透明和统一。同时要指定企业危机公关的新闻发言人，新闻发言人专门负责与外界沟通，尤其是对新闻媒体，及时、准确、口径一致地按照企业对外宣传的需要把公关信息发布出去，形成有效的对外沟通渠道。

三、危机公关策略

当有些公关危机不可避免要发生时，勇于承担责任，即使可能在经济上吃些亏，但有时反而可能把一场危机转化为有利于品牌推广的有利契机。面临公关危机时应当果断采取应对策略，以便有效地化解危机或把危机带来的负面效应控制到最低。运用以下六项应对危机公关的策略，对于有效化解危机会起到更积极的效果。

1. 高度重视

当今许多危机公关失利的主要原因是没有把看起来小的事件当回事，所谓"千里之堤，溃于蚁穴"，然而，这种态度将导致事件影响与危害不断递增，甚至不可收拾、发展到完全失控的地步。正确的做法是当发生公关危机时无论事件大小全都要高度重视，站在战略的角度，谨慎对待，具体处理方式要有整体性、系统性、全面性和连续性。危机发生后活动主办方与运营方要由上至下全员参与，最高领导尤其要高度重视，只有所有决策都由最高领导亲自颁布或带头执行，才可以确保执行的有效性。

2. 发现问题的本质与根源

许多危机公关人员处理不利的原因多数是只看到了表面现象，哪儿出了问题就抓哪儿，而本质性的根源问题却没有得到解决，最终导致只治标不治本，不能迅速彻底解决危机，甚至会导致事态不断地扩大。所以，当发生危机时应该先客观全面地了解整个事件，然后冷静观察问题的核心，找到问题的关键与根源，把问题完全参透，或聘请专业公关公司把脉支招，切忌不可急于"拿一支扫帚就去救火，哪儿有火哪儿拍一下"。

3. 行动迅速

发生公关危机时反应速度要比救火的速度更快些，因为这比大火烧毁企业的厂房更危险，危机吞噬的是企业品牌的信誉。速度是危机公关中的第一原则。当企业发生危机时就像堤坝上的一条裂缝一样，立即上前修补可以避免许多损失，但是，如果因为看似很小的问题，没有引起重视或缺乏危机处理经验等，从而错过了最佳处理时机，结果就会导致事件不断扩大与蔓延。

4. 勇于担当

危机事件发生后的第一时间应该把所有质疑的声音与责任都承担下来，不可以含糊其词、态度暧昧、速度迟慢，然后，拿出最负责任的态度与事际行动迅速处理事件。经过一系列有理有据的充分调查后，有责任的勇于担当责任，无责任的说明责任归属。其实，很多危机事件发生后媒体与受众甚至是受害者并不十分关心事件本身，更在意的是责任人的态度。冷漠、傲慢、推诿等态度会增加公众的愤怒，把事件本身严重放大。

5. 真诚沟通

矛盾的80%来自于缺乏沟通，当发生公关危机时沟通就是必要的工作之一。首先，与全体员工进行沟通，让大家了解事件细节，以便配合危机公关活动，比如，保持一致的口径，一致的行为等。其次，就是与媒体进行沟通，必须第一时间向媒体提供真实的事件情况及随时提供事件发展情况，因为如果不主动公布消息，媒体和公众就会去猜测，而猜测推断出的结论往往是负面的。所以，这个时候必须及时坦诚的通过媒体向大众公布信息与事件处理进展，这样可以有效填补此时舆论的

"真空期"，因为不填补这个"真空期"，小道消息、猜测，甚至是竞争对手恶意散布的消息会填满它。最后，就是与政府及相关部门进行沟通，得到政府的支持或谅解，甚至是帮助，对控制事态发展有很大的帮助。同时，也要对合作伙伴等进行沟通，以免引起误解及不必要的恐慌。

6. 权威发声

发生危机时若自身没有问题，通常都会急于反驳，与媒体、受众，甚至政府打口水仗，这样的结果即使弄清楚了事实的真相也失去了公众的好感，更容易导致事件扩大，上升到企业诚信问题、社会责任问题等方面，导致有理的事反倒没了理。确定自身无责任时应该以积极的态度，对媒体及公众的质问不做过多言辞，马上请第三方权威部门介入，让权威部门为自己说话；再主动联系媒体，让媒体为自己说话；必要的时候让消费者为自己说话，但尽量不要在事件还未明朗、大众还存在误解的时候自己去争辩。如果自己确实有责任与过失，那就更不要出来说过多的话，只说一句："对不起，属于我们的责任将承担全部"，再用事实证明。稳定了公众情绪后借助媒体与相关部门进行危机公关，比如，发布企业的改正进程，不会对消费者造成太大危害等，消除消费者的不满情绪，获取理解同情，然后尽快让事件过去。

当企业发生公关危机事件后媒体与大众的关注度很高，这时若企业危机公关手法得当不仅可以化解危机，还可以提高企业的知名度，树立良好的企业形象。因此，平时企业应当防患于未然，建立完善的危机防范预案机制，设立一条危险线，当企业的行为触及这条危险线时立即引起重视，马上处理，通常可以防范绝大部分危机的发生，至少可以把危机控制在最低范围内。如果推行的服务举措规模、影响较大，此时就应当设立专门负责处理企业危机的危机公关部门，以便敏感迅速地作出反应，有效地控制或回避风险。

【案例】

某省电力公司在全省推广智能电能表，安装前，该公司已经进行了充分的前期准备工作，如向政府汇报得到政府支持，利用各种渠道向社会宣传，加强人员培训等一系列工作，但还是遭遇了一场前所未有的舆论风暴。一些客户通过不同渠道在不同场合质疑电力公司所换表计装有特殊装置致使表计飞转或是人为调速以此牟利，不少媒体几乎同时予以报道，一时间社会舆论沸沸扬扬，电力企业形象岌岌可危。面对铺天盖地的否定和质疑声，该公司立即行动，成立专项应急领导小组，认真核查有关情况，通过核查发现全省受理客户投诉表计过快的共 2916 起，通过检定未出现 1 块表计超差的情况，同时也了解到各级质监局受理的 100 多起表快投诉也未有真正表快的情况，一些客户之所以感觉表快，主要是原来表计偏慢，或电力公司在安装过程中没有及时发行电费，几个月电费在 1 个月发行，造成客户表快的错觉。

在掌握情况后，该公司及时向省委宣传部汇报，说明有关情况，恳求省委宣传部组织媒体召开情况通报会，得到省委宣传部的同意；同时，向省质监局汇报，邀请省质监局技术专家参加会议，省质监局出于慎重考虑，在会议召开的前一晚，从省电力公司计量中心的库存表库随机抽取 29 块表计，除按国家规程进行检定外，还在高电压、微小电流下进行检测，均合格，也坚定了省质监局的信心。会议当天，首先邀请各媒体记者及客户代表进入电力公司库存表库和试验室进行参观，先进的现代化设备和全自动的检定流程让代表眼前一亮，检表不调表的工作过程令参观者折服。国内最大的电能表生产企业介绍了先进的生产过程，省质检局首席计量师介绍了临时抽检结果和近 1 年来接受表快投诉的处理结果，并对社会上流行的一些似是而非的问题进行现场解疑答惑，省电力公司对电费没有及时发行造成客户错觉表示了歉意。

全开放的做法让客户最大限度的获知表计管控过程信息，权威发声消除了客户的疑虑，真诚的道歉展现了供电企业真诚的态度。会议让客户和记者了解了情况，消除了疑问，达到了预期效果，舆情危机得到有效控制。会后，该公司及时总结，出台了加强表计安装过程中电费发行的有关文件，拍摄了智能电能表推广的专题片，在社会上广为宣传。此后，关于智能电能表快的传言销声匿迹。

四、危机公关对策

企业应对公关危机，必须严谨的处理好每一个细节。

1. 组织内部公关对策

（1）迅速成立处理危机事件的专门机构。这个专门机构的领导应由企业负责人担任。行政部公关事务人员必须参加这一机构，汇同各有关职能部门的人员组成一个有权威、有效率的工作班子。

（2）了解情况，进行诊断。成立专门机构，应迅速而准确地把握事态的发展，判明情况。确定危机事件的类型、特点，确认有关的公众对象。

（3）制订处理危机事件的基本原则、方针、具体的程序与对策。

（4）急需援助的部门，共同参加急救。

（5）将制订的处理危机事件的基本原则、方针、程序和对策，通告全体职工，以统一口径，统一思想认识，协同行动。

（6）向传媒人士、社区意见领袖等公布危机事件的真相，表示企业对该事件的态度和通报将要采取的措施。

（7）危机事件若造成伤亡，一方面应立即进行救护工作或善后处理；另一方面应立即通知受害者家属，并尽可能提供一切备件，满足受害者家属的探视或要求。

（8）如果是由供电引起的危机事件，应不惜代价或立即组织检修队伍，尽快恢复供电。

（9）调查引发危机事件的原因，并对处理工作进行评估。

（10）奖励处理危机事件的有功人员；处罚事件的责任者，并通告有关各方。

2. 危机受害者公关对策

（1）认真了解受害者情况后，诚恳地向客户道歉，并实事求是地承担相应的责任。

（2）耐心而冷静地听取受害者的意见，包括要求赔偿损失的意见。

（3）了解、确认和制订有关赔偿损失的文件规定与处理原则。

（4）避免与受害者发生争辩与纠纷。即使受害者有一定责任，也不要在现场追究。

（5）企业应避免出现为自己辩护的言辞。

（6）向受害者及其家属协商补偿方法与标准，并尽快实施。

（7）应由专人负责与受害者谨慎地接触。

（8）给予受害者安慰与同情，并尽可能提供其所需的服务，尽最大努力做好善后处理工作。

（9）在处理危机事件的过程中，如果没有特殊情况，不可随便更换负责处理工作的人员。

3. 统筹应对公关对策

（1）向新闻界公布危机事件，公布时如何措辞、采用什么形式、有关信息怎样有计划地披露等，应事先达成共识。"新闻报道"的方式，多角度多层次地为企业、产品或人物进行正面宣传，吸引公众的注意，澄清企业信任危机。消除公关危机对企业形象的影响。精准企业新闻联播，能让信息从"焦点"变为"记忆点"，进而产生"卖点"，无论是短期还是长期都能为企业带来积极的效应和价值。

（2）成立记者接待机构，专人负责发布消息，集中处理与事件有关的新闻采访，向记者提供权威的资料。

（3）为了避免报道失实，向记者提供的资料应尽可能采用书面形式。介绍危机事件的资料简明扼要，避免使用技术术语或难懂的词汇。

（4）主动向新闻界提供真实、准确的消息，公开表明企业的立场和态度，以减少新闻界的猜测，帮助新闻界作出正确的报道。

（5）必须谨慎传播。在事情未完全明了之前，不要对事故的原因、损失以及其他方面的任何可能性进行推测性的报道，不轻易地表示赞成或反对的态度。

（6）对新闻界表示出合作、主动和自信的态度，不可采取隐瞒、搪塞、对抗的态度。对确实不便发表的消息，亦不要简单地"无可奉告"，而应说明理由，获得记者的同情和理解。

（7）不要一边向记者发表敏感言论，一边又强调不要记录。

（8）注意以公众的立场和观点来进行报道，不断向公众提供他们关心的消息。

（9）除新闻报道外，可在刊登有关事件消息的报刊上发歉意公告，向公众说明事实真相，并向公众道歉、承担相应责任。

（10）当记者发表了不符合事实真相的报道时，应尽快向该报刊提出更正要求并指明失实的地方，同时，向该刊提供全部与事实有关的资料，派重要发言人接受采访，表明立场，要求公平处理。特别应注意避免产生敌意。

4. 上级领导部门公关对策

（1）危机事件发生后，应以最快的速度向企业的直属上级部门实事求是地报告，争取援助、支持与关注。

（2）在危机事件的处理过程中，应定期汇报事态发展的状况，获得上级领导部门的指导。

（3）危机事件处理完毕后，应向上级领导部门详细地报告处理的经过、解决方法、事件发生的原因等情况，并提出今后的预防计划和措施。

5. 勇于担当对策

（1）危机事件发生后，应尽快如实地向有关客户传达事故发生的消息，并表明企业对该事件的坦诚态度。

（2）以书面的形式通报正在或将要采取的各种对策和措施。

（3）如有必要，还可派人直接与重点大客户面对面的进行沟通、解释。

（4）在事故处理的过程中，定期向各界公众传达处理经过。

（5）事故处理完毕，应用书面形式表示歉意，并向理解和援助的单位表示诚挚的谢意。

第五章

电力客户关系管理

第一节　客户关系管理的相关知识

一、客户关系管理定义

客户关系管理是企业为了提高核心竞争力，达到竞争取胜、快速成长的目的，树立以客户为中心的发展战略，并在此基础上开展包括判断、选择、争取、发展和保持客户所需要实施的全部商业过程；是企业以客户关系为重点，通过开展系统化的客户研究，优化企业组织体系和业务流程，提高客户满意度和忠诚度，提高企业效率和利润水平的工作实践；也是企业在不断改进与客户关系相关的全部业务流程，最终实现电子化、自动化运营目标的过程中，所创造并使用的先进信息技术、软硬件和优化的管理方法、解决方案的总和。客户关系管理的核心是"以客户为中心"，通过 IT 技术和管理工具的应用，对企业的机构设置、运作模式、业务流程的整合，找到实现客户利益最大化和企业利益最大化的平衡点，达到双赢的目的。当前国家电网公司开展"三集五大"改革，进行"一型五化"（客户导向型、机构扁平化、业务集约化、管理专业化、管控实时化、服务协同化）的体系建设，就是供电企业客户关系管理发展的必然产物。

二、客户关系管理内涵

客户关系管理的内涵可以从管理理念、管理机制、管理技术、实施管理四个层面来解释。管理理念是实施成功的基础和保障；管理机制是根据理念而设立和调整的，它为管理实施提供必要的条件；管理技术是实施的手段与办法，决定实施的成功与否；实施管理是过程控制，决定客户关系管理实施的效果。

（1）客户关系管理是一种"以客户为中心"的管理理念。目的是通过提高客户满意度与忠诚度，维系和开发更多的客户，以实现企业利润最大化。因此，分析客户有效性的需求并满足，比技术更为重要。企业的运营过程需要不断累积客户信息，并使用获得的客户信息来制订市场战略以满足客户个性化需求。

（2）客户关系管理是一种改善企业与客户的关系的管理机制。遵从"以客户为中心"的理念，通过整合对外业务、优化内部流程与组织机构，使企业的各个部门在一个中心下协同工作，建立起企业与客户沟通的高效平台。

（3）客户关系管理通过信息技术支持来实现。信息技术的发展，企业可以通过收集、分析客户大量的信息，建立客户信息数据库，并通过技术集成手段，实现资源共享。通过技术手段，对客户群体进行细分，满足不同客户群体的个性化需求，提升客户的价值；同时，开展客户信用管理，建立重点客户群体和开展"一对一"有效服务，有效避免企业风险，实现企业长期稳定利润。同时能简化业务功能，促进企业与客户的动态响应。

（4）客户关系管理的实施管理是优化组合的过程。这个优化组合包括机构、流程、产品和服务等。此过程是一个长期、分步、分阶段的过程，需要很好的内部控制和调整，上下通力合作，从上一环节到下一环节，从分散的各个部门到整个企业，企业与客户的每个连接环节均实现自动化管理，从而实现企业与客户的良好互动，强化使客户满意的行为，优化企业可盈利性。

三、客户关系管理的产生与发展

客户关系管理的产生是管理理念的更新，客户价值实现过程需求的拉动，以及信息技术的推动的结果，新的经济体制、市场运作模式下，各企业开始以"客户为中心"，通过技术自动化并改善与销售、市场营销、客户服务和支持等领域的客户关系有关的商业流程，客户关系管理孕育而生。

最早发展客户关系管理的国家是美国，1980 年初，便有所谓的"接触管理"（Contact Management），即专门收集客户与公司联系的所有信息；1985 年，巴巴拉•本德•杰克逊提出了关系营销的概念，使人们对市场营销理论的研究又迈上了一个新的台阶；到 1990 年，则演变成包括电话服务中心支持资料分析的客户关怀（Customer Care）。1999 年，Gartner Group Inc 公司提出了 CRM 概念（Customer Relationship Management 客户关系管理）。Gartner Group Inc 在早先提出的 ERP 概念中，强调对供应链进行整体管理。而客户作为供应链中的一环，为什么要针对它单独提出一个 CRM 概念呢？原因之一在于，在 ERP 的实际应用中人们发现，由于 ERP 系统本身功能方面的局限性，也由于 IT 技术发展阶段的局限性，ERP 系统并没有很好地实现对供应链下游（客户端）的管理，针对 3C 因素中的客户多样性，ERP 并没有给出良好的解决办法。另一方面，到 20 世纪 90 年代末期，互联网的应用越来越普及，CTI、客户信息处理技术（如数据仓库、商业智能、知识发现等技术）得到了长足的发展。结合新经济的需求和新技术的发展，Gartner Group Inc 提出了 CRM 概念。从 20 世纪 90 年代末期开始，CRM 市场一直处于一种爆炸性增长的状态。20 世纪，客户关系管理的概念已经渗透到了各个领域，各个角落。实施客户关系管理的优点是可以提高客户满意度、维持较高的客户保留，对客户收益和潜在收益产生积极的影响。然而，明确了解这些利益是需要面对极大的挑战的。许多实施 CRM 系统的企业发现他们并没有达到预料的结果，还有更多企业的 CRM 彻底失败了。2001 年 CRM 开始有所下滑，并且 2002 年继续下滑，2003 年开始 CRM 逐步在中小企业中得到应用。

近几年，随着在以数码知识和网络技术为基础、以创新为核心、以全球化和信息化为特征的新经济条件下，企业的经营管理进一步打破了地域的限制，竞争也日趋激烈。各企业为了在全球贸易体系中占有一席之地、赢得更大的市场份额和更广阔的市场前景、开发客户资源和保持相对稳定的客户队伍，客户关系管理成为企业经营策略的核心。

四、客户关系管理重要意义

良好的客户关系管理可以使企业获得强大的竞争优势，在同样的销售成本下可以保持较高的市场占有率；通过客户关系管理，可以对客户信息进行全面整合，实现信息充分共享，提高企业响应和应变能力，提升客户满意度；客户关系管理能提高企业运营效率，降低各项成本；同时，客户关系管理创造的资源对企业发展有弥补作用，可以使企业获得协同效应，从客户那里得到更多竞争对手的情况，合理定位本企业产品，建立自身竞争优势，巩固现有市场，拓展全新市场。

供电企业作为社会公益性行业，其客户关系管理具有以下重要的意义。

1. 有利于加强客户基础资料管理

供电企业实施客户关系管理可以建立和完善电力客户信息库，细化客户信息收集内容，及时更正客户基础信息数据，使企业获得详细和准确的客户信息，通过了解客户的价值、信用状况、服务需求，有效实现客户细分并制订出相应的服务策略。同时，需要分析客户详细的交易数据，区分企业的盈利客户、成长性客户和低利润客户，从而进一步对客户基础资料进行分类管理，根据客户细分，关注和建立重点客户群体，对重点客户群体的基础信息进一步细化，提高数据核对和整理的频率，全面提升客户价值，达到最优化配置客户资源的目的。

2. 有利于了解客户需求与特点

通过实施客户关系管理：① 加强了与客户的沟通方式和渠道，如，通过呼叫中心，及时收集客户资料，了解客户需求，主动服务帮助客户，收集客户的抱怨和建议；通过客户经理制，对重点客户、小片区客户开展针对性服务，实施"面对面""一对一"服务，便于了解客户的用电特点、日常需求、个性特点等，为下一步提升服务水平和提高客户满意度奠定基础。② 通过技术手段分析客户用电信息，及时了解客户用电特点，为客户提供相应的服务策略。

3. 有利于提升服务水平

实施客户关系管理增加了供电企业与客户沟通的方式，能及时了解客户的各类需求，服务手段与方式的设定与改善也有地放矢；各类已建立的服务标准及服务评价体系通过客户关系管理系统收集的反馈信息，及时进行调整，使各种服务标准的制订真正从客户需求和提升客户满意度角度出发，同时，通过反馈的信息进行服务标准的实施情况、服务标准、服务品质评价标准的调整，这样能大幅度提升供电企业的服务能力与服务水平。

4. 有利于提高客户的满意度与忠诚度

客户关系管理为企业提供多种与客户沟通的渠道，通过"一对一营销"，及时了解客户的个性化需求，并作出正确快速反应，如，重点客户收集、分析行业现状和客户需求，为客户制订问题解决方案，最大限度地提升客户价值和客户满意度，培养顾客忠诚度；通过统一整合客户接触点、服务准则和规范，提高客户服务水平与能力，建立与客户之间的信任与忠诚关系。

5. 有利于强化企业内部管理

客户关系管理可以让供电企业通过系统信息反馈的情况，了解内部管理机制、流程的科学性与合理性，能够及时调整内部管理的各项规章制度，简化、优化各项业务流程，减少中间环节，提高员工、部门、企业的快速响应和应变能力；能够整合客户、公司、员工的各种资源、要素，优化组合，实现企业范围内的信息共享，提高资源利用效率，使企业内部资源得到合理利用，让"各自为战"的部门、人员，能协同配合，提高工作效率。

第二节　供电企业客户关系管理主要内容

供电企业客户关系管理主要内容包括客户细分、信用管理、价值管理、风险管理、满意度管理等。

一、客户细分管理

（一）客户细分的定义

客户细分是指通过有效收集、归类和分析客户各方面需求，定义不同属性和行为特征的客户群，对客户价值、信用风险进行评估，依据评估的结果将客户划分为不同类别，并进行管理，同时，针对不同客户群体提供个性化服务。

（二）客户细分的方法

客户细分的方法有两类：① 基于客户属性（内在、外在、消费）分类，如，根据外在属性划分为企业、政府、商业、居民客户；根据消费情况划分的超大客户、

大客户、中等客户、小客户等。② 基于客户价值分类，主要包括 ABC、RFM 以及 CLV 分类法。ABC 分类法根据客户为企业带来利润和价值大小的"客户金字塔"模型，将客户分为高端客户（VIP 客户），大客户（主要客户）、普通客户、小客户，如图 5-1 所示；RFM 是根据客户购买间隔、购买频率和购买金额对客户分类；CLV 是指客户生命周期价值，根据客户当前利润和未来利润将客户分类为贵宾型客户、改进型客户、维持型客户、放弃型客户，如图 5-2 所示。目前，供电企业运用较多的是 ABC 分类法，将客户群分为 VIP 客户、主要客户、普通客户、小客户四个类别。

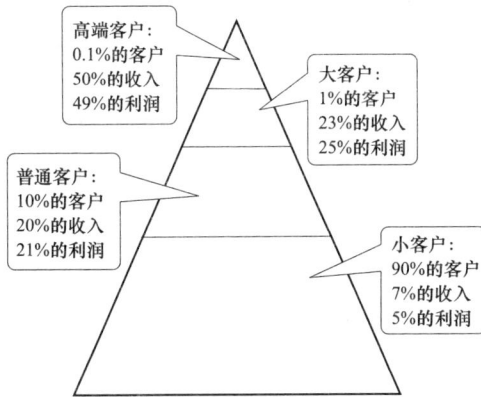

图 5-1　ABC 分类法

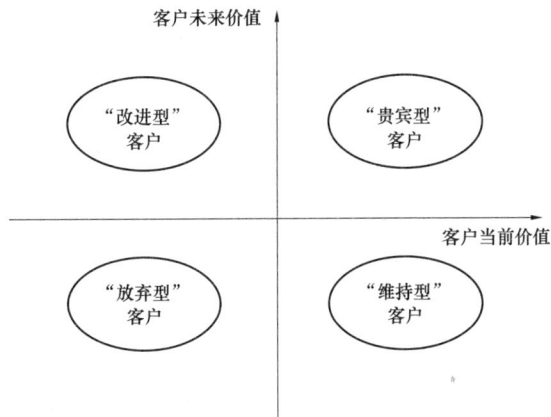

图 5-2　按照 CLV 区分客户

（1）VIP 客户。VIP 客户是金字塔中最上层的金牌客户，是在过去特定时间内消费额最多的前 0.1%客户。如某公司目前客户总数为 100 000 户，则 VIP 客户一般多指的是花钱最多的前 100 位客户。

（2）主要客户。是指客户金字塔中，在特定时间内消费额最多的前 1%客户中，扣除 VIP 客户后的客户。当客户总数为 100 000 户，则主要客户多指扣除 VIP 客户外，花钱最多的 900 位客户。

（3）普通客户。是指购买额最多的 10%客户中，扣除 VIP 客户与主要客户之外的客户。当客户总数为 100 000 户，则普通客户是扣除 VIP 客户与主要客户之外，花钱最多的 9000 位客户。

（4）小客户。指除了上述三种客户外，剩下的 90%客户。

（三）客户细分管理的工作内容

客户细分的主要工作内容是客户细分标准的制订和细分客户群的管理。

1. 客户细分标准的制订

客户细分标准的制订是根据细分的需求，设定客户细分特征，根据这些特征比较、分析、确认，产生细分的标准，最后对此细分标准进行审核，使之符合客户细分的需求目标，对不符合的及时进行相应的调整。

电力客户细分是根据一些定性的指标，或单一指标的定量分类方法进行分类。通常可以按照国民经济行业、用电性质、用电重要性、用电负荷或用电量、客户月缴纳电费多少、客户装接容量及负荷使用、供电电压等级进行分类等。

按用电性质或所属行业进行统计分析，可以对各行业电量大小和增长率进行排序，掌握占比较重或增长幅度较大的行业，关注重点与潜力行业；按客户用电量大小进行统计分析，计算用电量在分类电量和总电量中所占比例，随时掌握用电客户电量使用状况，确保电量增长指标的完成；按客户月缴纳电费多少进行统计分析，可以找出电费大户并计算其在总电费中所占比例，抓住电费大户对于控制欠费风险完成电费回收指标十分重要；按照电价由高到低进行排列，找出高于均价的电力客户群，抓住这部分客户群可以统计分析均价构成，指导供电企业提升经营管理水平，促进企业利润增长；按照客户装接容量及负荷使用进行统计分析，可以找出存在容量库存的潜在客户，作为电量增长的重点加以关注。

2. 细分客户群的管理

长期以来，供电企业的主要经营目标是逐级完成上级下达的电量增长、均价、电费回收等经济技术指标，因此，对客户的分类基本是围绕各项经济技术指标独立进行细分管理，电力客户细分主要采用定性和定量分类法进行划分，但定性方法往往由于管理者的经验有限和缺乏对客户的全面了解，对客户的划分比较粗糙，难以发现不同类别客户之间的区别；而定量方法没有考虑客户的综合价值，细分结果实施性较差。为此，有必要对不同客户群信息进一步比较分析，主要内容有：

（1）分析各类客户群的消费额在总消费额中的比例；

（2）找出各类客户群中消费额靠前的客户，并计算其在该类消费额中的比例；

（3）按照产品销售毛利率大小对分类客户进行排序；

（4）对各类客户消费趋势、发展前景进行分析；

（5）分析各类客户对产品服务的期望值；

（6）分析各类客户对产品价格的敏感性；

（7）对客户的信用度进行评价分析。

通过以上内容，进一步细化细分标准，建立一套完整的数据信息整合、分析、评价机制，全面科学的评估客户综合价值，从而指导供电企业提升经营管理水平，对细分出不同类型的客户提供差异化服务，最终实现供电企业的经济效益和社会效益双增长。需要注意的是，当细分标准作出调整时，也应对客户群进行调整；当客户用电属性和行为发生变化时，也需要根据细分标准，及时调整客户群，以保证信息的准确。

如何对不同的客户群进行管理？以 ABC 分类法为例，将客户分成 VIP 客户、主要客户、普通客户、小客户四类，不同的客户群应采取不同的管理方式。

（1）关键客户管理：关键客户包含 VIP 客户和主要客户。VIP 客户是能够给企业带来最大价值的前 0.1% 的客户，主要客户是能够给企业带来最大价值的前 1% 的客户，这两类客户是企业的关键客户。该类客户管理的目标是提高其忠诚度，并且在"保持关系"的基础上，进一步提高其给企业带来的价值。此类客户管理要做到以下几点：

1）集中优势资源服务。提供专门定制服务，保证足够的投入，集中优势"兵力"，优先配置最多最好的资源，强化服务力度，实行针对性的个性化、一对一、精细化服务，提高客户满意度与忠诚度。

2）通过沟通和感情交流，密切双方关系。有计划的定期拜访关键客户，及时发现问题、解决问题；经常性征求客户意见，如座谈会、电话、走访等形式；及时、有效地处理关键客户的投诉和抱怨；充分利用多种手段与客户沟通。

3）成立为关键客户服务的专门机构。关键客户服务机构主要负责关键客户的联系，如，重要客户服务经理，一方面与客户保持紧密联系，及时了解客户需求，并及时满足客户需求；另一方面，为高层管理提供准确的客户信息，关注客户的经营状况、财务、人事状况等，利用客户数据库信息分析客户用电情况，以便设计不同的服务。

（2）普通客户管理：普通客户是能够给企业带来最大价值的前 10% 的客户，对其的管理主要是提升级别和控制成本。对于有升级潜力的普通客户，企业要伸出援手，将其努力培养成关键客户；针对没有潜力的普通客户，应减少投入，降低成本。

（3）小客户管理：小客户是企业其他剩余的 90% 的客户，供电企业不能像其他企业一样，对一些没有升级潜力的客户"坚决剔除"。供电企业应该慎重对待，及时处理客户抱怨，强化对小客户的基础性服务，让客户感到便利、安全、可靠。同时，对于有升级潜力的小客户，要努力培养成普通客户甚至关键客户。

根据以上对各类客户管理内容的阐述，可结合实际制订出科学合理的客户访问管理表，见表 5-1。

表 5-1   客 户 访 问 管 理 表

客户类别		A 类	B 类	C 类	D 类
分类依据		用电量大、价格高	用电量大、电价低	用电量稍小、电价低	用电量小、电价高
管理重点		追求客户高满意度和忠诚度	关注客户动向，防范欠费风险	发掘、培养潜力客户	以满足方便、安全用电为主
访问	营销人员	走访：每月 2 次；电话：每月 3～4 次；短信：不定期（节假日问候、主要负责人生日问候）	走访：每月 1 次；电话：每月 1～2 次；短信：不定期（节假日问候、主要负责人生日问候）	结合工作时走访	有必要时走访
	营销主管	走访：每季度 1 次；短信：不定期（节日、生日问候）	走访：每半年 1 次；短信：不定期（节日、生日问候）	—	—
	公司领导	走访：每半年 1 次；短信：不定期（节日、生日问候）	必要时	—	—

二、客户价值管理

（一）客户价值管理定义

客户价值就是指客户给企业所带来的收益，取决于时间和价格两个因素。长期稳定的关系表现为客户的生命周期。客户价值管理是客户关系管理成功应用的基础和核心。它是企业根据客户交易的历史数据，对客户生命周期价值进行比较和分析，发现最有价值的当前和潜在客户，通过满足其对服务的个性化需求，提高客户忠诚度和保持率。客户价值管理，将客户价值分为既成价值、潜在价值和影响价值，满足不同价值客户的个性化需求，实现客户价值持续贡献，从而全面提升企业盈利能力。

（二）客户价值管理步骤

完整的客户价值管理包括 3 个步骤：

（1）制订价值评价标准，采集所需信息。供电企业客户价值评价标准，可根据客户的利润贡献、用电特征、发展潜力和社会效益制定，选定影响客户价值的信息作为价值评分指标，确定各指标的分值和权重；制订价值等级划分标准，对价值分值进行级别区间的划分，并对建立的客户价值评价标准进行审核。

评分指标主要有以下 4 种。

1）利润贡献指标。售电到户均价、用电量、平均回款周期（电费发行到电费回收到账的平均天数）、其他业务收入等。

2）用电特征指标。电压等级、负荷率、功率因素、用电均衡（以用电波动的幅度超范围的月数来衡量）等。

3）发展潜力指标。用电量增长率、用电量增长量、是否列入政策性限制行业、是否列入政策性淘汰类行业范围等。

4）社会效益指标。是否高耗能行业等。

（2）客户价值分析评价。根据建立的价值评价标准，计算客户价值分值，确定客户价值等级。首先，从核算管理获取客户的电量电费信息，从电能信息采集管理获取客户的负荷特性信息，从电费收缴及账务管理获取缴费信息；其次，根据价值评分标准计算客户的价值分值；最后，根据价值等级划分标准，确定客户的价值等级。

（3）决策。根据不同客户价值来决定各个方面应该采取的措施。

1）掌握不同客户价值，将有限的资源定位于正确的客户。对于高价值客户应预先采取留住客户的行动，将资源集中于最有价值客户而不仅仅是目前业务最繁忙的客户，持续关心具有未来潜在业务和影响价值的客户，避免仅仅给一次性购买最大量服务的客户以最好的服务。

2）关注客户价值的变化。根据客户价值的变动及时发现客户行为的改变，从而能够提前给高价值客户进行奖励或者减少其不满意度，以维持和提高其价值。

3）恰当的市场活动决策。比如，决定吸引高价值客户的最好方法和途径。

（三）VIP 客户、重要客户认定管理

VIP 客户和重要客户的认定管理是指通过制订 VIP、重要客户认定标准，对企业、居民、政府和新闻媒体等不同的客户群体进行资格认定，并对 VIP、重要客户资料进行补充。主要包括标准与分类管理、VIP 资格认定和资料管理。

（1）标准与分类管理。在制订各类客户成为 VIP、重要客户标准时，认定标准一定要合理，不能随意，且一定要充分考虑服务部门人员的服务极限，尽量控制 VIP、重要客户数量，一般 VIP 客户数量不超过客户总数的 0.1%，以保证服务质量。

（2）资格认定。收集客户相关数据，根据认定的标准，对符合条件的客户进行提名。记录提名的原因，提名人以及提名时间等提名信息。对提名的客户进行审核，记录审核的原因、审核人、审核时间等信息。对于审批通过的客户确定生效的日期，发放相应证书。对于审批不通过的客户，进行撤销或者调整等级。在进行客户资格认定时必须以事实为依据，尽量减少人为主观因素的影响，并对客户资格认定实行动态管理。

（3）资料管理。对通过认定的 VIP、重要客户进行资料的收集整理，同时，根据客户实际情况变化，及时准确地进行资料更新。

三、客户信用管理

供电企业由于客户恶意拖欠电费、偷窃电等问题，不得不付出额外的人力物力来解决这些问题，这对供电企业的经济性，对社会的经济性都是一种极大的浪费，缺少信用管理已经影响了供电企业的正常经营活动。因此，供电企业对电力客户信用管理系统的研究，以防止拖欠电费，降低线损，已经成为供电企业必须解决的重要问题。

（一）客户信用管理内容

电力客户信用管理是以《电力法》《电力供应与使用条例》等法律法规为依据，根据客户的电费缴纳、违约用电、窃电情况、用电量大小、忠诚性制订客户信用的评价标准，并根据该标准计算客户信用分值，确定客户信用等级。信用管理主要包括制订信用评价指标、信用评价和利用信用等级对客户管理。

1. 制订信用评价指标

信用标准的制订主要包括以下三个方面：

（1）根据客户的电费缴纳情况、用电量大小和合同履行情况来制订客户信用评价标准，选定影响客户信用的信息作为信用评分指标，并确定各指标的分值和权重。

评分指标主要包括以下 4 种。

1）用电量大小变化；

2）电费缴纳情况，如拖欠次数、累计拖欠天数等；

3）违约用电、窃电情况，如累计违约用电次数、累计违约用电金额、累计欠费次数、累计窃电金额等；

4）支付能力，查看客户资产负债率、经营能力、是否有风险性经营项目。

（2）制定信用等级划分标准，对信用分值进行级别区间的划分。客户信用等级一般划分为四个级别：VIP 客户、重要客户、失信客户和风险客户。

（3）对建立的客户信用评价标准进行审核，如审核没通过，则重新调整评价标准。制订的信用评价指标必须有机配合，形成体系，指标之间不能重复和矛盾。

2. 信用的评价

（1）从相关的档案信息中获取客户的违约用电次数、欠费情况、付款的变化、用电量的变化、支付能力等信息，根据信用评分标准计算客户的信用分值。根据信用等级划分标准，确定客户的信用等级。

（2）将评价结果传送给客户档案管理，及时更新客户的信用信息。

（3）可以制订信用评价周期，根据信用评价标准和周期自动进行客户信用评价，也可通过人为触发的手动方式进行评价。

3. 利用信用等级对客户管理

信用评价不是最终目的，最终目的是利用信用等级对客户进行管理。公司和办事处应针对不同信用等级的客户采取不同的销售管理政策。

（1）对 A 级客户（VIP 客户），在客户资金周转偶尔有一定困难，资金不足时，可以有一定的赊销额度和回款款限度，可使用一定量的承兑汇票支付。

（2）对 B 级客户（重要客户），一般要求现款用电。但在如何处理时，应该讲究艺术性，不要过分机械，不要让客户很难堪，在未摸清客户确实准备货款或准备付款的情况下，不要采取停电措施。

（3）对 C 级客户（失信客户），一般要求预付费，对其中一些有问题的客户，工作人员要坚决要求先付款后送电，并采取预付费或多次抄表结算形式，丝毫不能退让，而且要考虑好一旦这类客户破产倒闭后在该区域的补救措施。C 级客户不应列为公司的主要客户，应逐步以信用良好、经营实力强的客户取而代之。

（4）对 D 级客户（风险客户），坚决要求预付费方式支付电费。

（二）失信客户管理

失信客户管理是指营销信息化建设中为创新和提升信用管理层次，对少部分违反供用电合同，出现了欠费、窃电和违章用电等违约行为的客户采取的一项重要措施。它的意义是通过对电力客户的信用记录、用电行为的收集分析对违约客户进行识别和跟踪管理，及时发布失信客户信息，实现公司系统内部失信客户信息共享，防止此类客户继续对供电企业造成更大损失，进一步规范客户关系管理，促进客户服务水平的提升。

1. 失信客户管理工作主要内容

失信客户管理工作主要包括以下三个方面。

（1）失信客户的认定与发布。① 各供电企业应针对不同信用等级的客户制订不同的失信行为认定标准以及对应处罚措施和撤销条件。认定标准要以从营销系统中获取的客户欠费、窃电、违章用电等信息作为主要数据依据，尽量避免人为判断因素。② 被审核认定的失信客户在即将公布前仍应告知客户相关情况，并在规定时间内主动听取客服的反馈意见，力争客户提前主动积极配合解决问题，尽力避免成为失信客户。③ 审定为失信违约的客户在沟通未果情况下应立即建立失信客户档案，向国家电网公司系统内部共享本单位失信客户信息，并接收其他单位共享的失信客户信息。情节特别严重的失信客户信息除在国家电网公司营销系统中进行发布外，各供电企业还应加大在当地的舆论宣传力度。④ 失信客户管理是一门以人为本的工作，各级工作人员应该有充足的耐心、诚心和热心，要主动走访调查，核实情况，避免发生差错。

（2）失信客户的跟踪与沟通。① 对已经产生了失信行为的客户仍要实时跟踪，主动沟通，促其积极整改，尽早达到撤销失信记录的条件。② 对失信客户重点跟踪失信认定的因素和失信客户为此所做的改正。

（3）失信客户的撤销。当失信客户符合以下撤销条件时，应由认定人发起申请，经过严格审核，及时对失信客户的记录进行撤销。① 有显而易见的证据或理由证明，失信违约是由于不可抗力或紧急避险引起的。② 有显而易见的证据或理由证明，失信客户对失信违约事实在主观上没有过错。③ 有证据证明已改正了失信认定中的失信行为或正在积极改正该失信行为的，从失信客户记录中撤销，记录撤销时间，并将失信客户历史记录进行归档。

2. 失信客户管理工作要求

失信客户的管理工作必须分工明确、职责清晰。各工作环节都要有专人负责，逐级把关，避免发生差错，发布和审核人都必须在申请单上清晰阐明发布原因和审核意见。

四、客户风险管理

（一）客户风险管理定义

客户风险管理是指供电企业通过风险识别、风险衡量、风险评估和风险决策管理等方式，根据客户属性和行为特征，对风险实施有效控制和妥善处理损失的过程。分为事前管理，即对客户信用风险的预测；事中管理，即对赊销业务的风险控制；事后管理，对电费回收的全面监控。

（二）客户风险管理内容

客户风险管理的主要工作包括风险识别、客户风险评估、制订风险管理策略、实施客户风险控制方案、监控改进。

1. 风险识别

指通过收集资料与调查研究后，运用各种方法对各类风险因素，进行分析、比较、识别风险因素，并对风险因素进行分类管理，区别影响风险的主、客观因素和影响程度，识别风险的性质、可能产生的后果。

客户风险识别的信息可从两方面获得：① 观察是否存在客户信用变化的征兆，如，付款变化、用电量的变化、营业上的变化（销售情况恶化、大量倾销、不利传言等）、员工变化（辞职增加、员工抱怨等）、经营者变化等；② 对客户的信用进行调查，如，国家政策调整对客户所属行业影响，主要欠费行业、客户市场竞争状况、客户可靠度、可信度、实际经营状态等。

客户风险识别包括以下 2 个步骤：

（1）运用风险识别的方法和工具，通过体系归纳获取风险影响因素；

（2）将识别出的因素列入项目风险表内，根据风险发生概率大小，分析、比较，确认主要因素和影响程度，划分风险等级。

2. 客户风险评估

根据风险识别后的结果，分析客户风险相关数据，包括客户的属性、用电情况；根据风险评估规则的评分标准，量化风险发生的可能性及风险发生后产生的影响，计算客户的风险得分；根据风险评估规则的等级划分标准，产生客户的风险等级和评估报告；列出高风险客户名单，对高风险客户进行重点跟踪管理。

3. 制定风险管理策略

通过对风险因素的分析，确认客户风险级别，根据客户风险等级的分类标准，制订风险预警等级和客户风险的应对措施，确定预警的方式和界限。

（1）确定客户风险等级的划分标准。

（2）根据客户风险等级的划分和客户范围，明确预警等级的划分和界限，确定预警方式。

（3）确定风险等级的应对措施。应对措施一般有加强对供用电合同的管理；签订有关电费收缴专项协议或专项合同；签订电费担保合同；签订分次划拨协议；签订分次结算协议（多次抄表）；终端预购电；预缴电费；跟踪调查。

4. 实施客户风险控制方案

供电企业根据风险管理策略，把客户按不同的风险等级进行排序处理，并针对不同等级风险客户实施客户风险控制方案，方案一般应包括风险解决的具体目标以及事前、事中、事后采取的具体应对措施。客户风险控制包括风险预警、措施触发、效果评价和预警解除。

（1）风险预警。对影响电费回收、支付能力等信用评价的主要指标变化进行监测，当影响信用风险的主要指标超过预案规定的界限时，根据制订的风险管理策略的划分标准确定预警的等级，并按规定的方式对相关管理单位进行告警，并启动应对措施。

（2）措施触发。根据预警启动的风险级别的应对方案，结合客户实际制订需要对客户采取的风险应对措施；对应级别审核责任人审核确认应对措施，记录审核意见、审核时间。如果审核不通过，重新调整应对措施；将审核通过的应对措施传递给相关部门，相关部门根据职责分工，组织实施风险控制方案。

（3）效果评价。效果评价目的是对客户风险控制管理方案执行的过程和情况进行跟踪，确保措施落到实处。通过及时收集应对措施的执行数据以及措施执行前后风险指标的变化对预警管理过程进行总结，评价风险预警的效果，找出存在的问题，提出改进的措施，为风险因素的识别和预案的管理提供依据。评价的主要依据包括应对措施执行率和措施实施的有效性。

（4）预警解除。对风险预警启动的主要依据进行监测，若在规定的时间范围内，主要指标低于预警界限且相对稳定，应对启动的预警进行人工解除，解除时也应履行审核登记手续，由对应级别审核责任人审核确认。

5. 监控改进

供电企业应对客户风险识别的初始信息、风险评估、风险管理策略、关键控制活动、风险管理实施情况进行监督，对客户风险管理的有效性进行检验和评价，根据监控发现的缺陷及时调整，确保客户风险管理工作的持续改进。

五、客户满意度管理

（一）客户满意度的定义

客户满意度，也叫客户满意指数。是对服务性行业的顾客满意程度的简称，是一个相对的概念，是客户期望值与客户体验的匹配程度。换言之，就是客户通过对一种产品可感知的效果与其期望值相比较后得出的指数。主要分为以下 3 个方面。

（1）客户期望＜实际感知效果=高度满意（感动）。

（2）客户期望=实际感知效果=满意。

（3）客户期望＞实际感知效果=不满意（失望）。

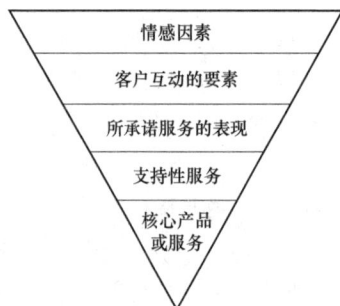

图 5-3　客户满意度影响因素模型

（二）影响客户满意度的因素

根据马斯洛的需求层次理论构造客户满意度影响因素模型，马斯洛假定人会逐步地更多的产生更高层次的需求，从基本的生理需求开始，经过安全、社交和自尊到自我实现，在这些阶段上个体达到了对自己的生活的完全满意。客户满意度影响因素模型将一个企业提供给客户的东西分为 5 个层次，如图 5-3 所示。

（1）第一层次：核心产品或服务。这一层次代表着企业所提供的基本的产品和服务，是提供给客户的最基本的东西。供电企业最基本的产品或服务是供电可靠率、电压合格率。

（2）第二层次：支持性服务。支持性服务有助于核心产品的提供，包括价格、服务、沟通和分销等。单纯以较好的核心产品或服务取得竞争上的优势是很困难的，企业必须通过提供与分销和信息相关的支持性和辅助服务，才能逐步将他们同竞争对手区别开来。如服务的可靠性（承诺兑现）、及时性、方便性。

（3）第三层次：所承诺服务的表现。这一层次重点在于向客户承诺的服务表现上。首先，要公布承诺，如国家电网公司的"三个十条"的内容；其次，要兑现承诺，客户任何时候都期望企业遵守承诺，如果企业做不到这一点，客户就不会满意，信守承诺是客户满意的一个非常重要的因素；最后，是无法兑现承诺的表现，企业若因特殊原因，无法兑现承诺时，应该在承诺规定的时限到达前，提前与客户沟通，争取客户理解或与客户重新约定。

（4）第四层次：客户互动的要素。在这个层次上，强调的是企业与客户之间面对面的服务过程或者以技术为基础的接触方式进行的互动。在互动的过程中，客户更看重企业所提供的服务的水平，对他们关注的程度以及服务的速度和质量，也就是说，客户很看重自己是如何被服务和接待的。如，服务人员的服务态度、服务能力、统一的服务标准、沟通技巧等。

（5）第五层次：情感因素——服务的感性方面。企业不仅要考虑到与客户互动中的基本因素，还要考虑企业有时候传递给客户的微妙信息，这些信息使客户对企业产生了正面或者负面的感情。这一层次更多是情感上的需求，需要企业提高服务人员的整体服务素质和建立服务的企业文化，关注服务细节，打造积极的"真理瞬间"。

（三）满意度管理工作内容

满意度管理包括评价因素管理、调查方案管理、满意度调查、满意度评估和满意度分析、改进计划和执行等工作内容。

1. 评价因素管理

根据满意度评价的调查对象和目的，结合供电企业的服务内容、承诺和服务标准，选取多维度、多层次的评价指标，建立综合评价体系，可以从以下5方面进行考虑：核心产品（服务），即供电可靠性、供电质量等方面；服务支持，如，服务的可靠性（承诺兑现）、及时性、方便性；兑现服务承诺的表现；客户互动的要素，如，服务人员的服务态度、服务质量、统一的服务标准；企业与客户情感，如，员工礼貌程度、员工解决问题能力。例如，国家电网公司客户服务评价体系中的因素设置包括模型变量和属性变量。模型变量包括形象、期望、价值感知、供电服务品质感知、抱怨、忠诚度；属性变量包括有形性、可靠性、保证性、响应性、移情性、安全性。评分值以 100 分为满分。

建立客户满意度综合评价体系是一项系统工程，需要遵守以下基本原则：

（1）以客户为中心，满足客户需求。"客户满意度"顾名思义就是要调查客户，所以，要以客户的心态设定需要测试的指标，以客户认为最重要的内容为基准，把握客户的需求，结合具体的服务内容、产品特性设定指标。

（2）指标的可评价性。① 指标可以被客户直接进行评价。即所评测的内容，是客户能够感受到的，如营业厅、95598 服务人员的态度等。② 可以用定量的指标进行。由于客户的评价多是个人的主观评价，所以，很难用数字表示，需要用特殊的方法，对感受进行量化处理。如"很满意"代表 5 分、"较满意"代表 3 分、"一般"代表 2 分、"不满意"代表 0 分等。

（3）指标的可控性。客户满意度调研不是单纯了解客户满意度，而是希望在调查之后，进行服务和产品的改进，提高客户满意度和忠诚度。所以，设定的指标要既是客户满意的关键点，又是能确实提高改进的业务点。

2. 调查方案管理

根据调查目的不同，根据满意度评价因素制订调查问卷，并选取适当的调查方式。调查方式主要有问卷调查（包括电话、现场和网络）、二手资料收集、访谈研究、神秘客户或第三方调查等。

3. 满意度调查

根据确定的调查方式和设计的调查内容开展满意度调查，并对调查结果进行审核和整理。对于第三方开展的调查，除收集调查结果外，还要获得相应的统计报告。

4. 满意度评估

根据事先拟定的量化的调查项目指标及其权重、计算方法进行相应的计算，获得整体满意度指数和各分项满意度指数。

5. 满意度分析

对满意度的计算结果进行统计，并编制满意度分析报告，内容包括评估情况、本期和上期对比情况、上期改进措施的执行效果、应加强的改进措施。针对客户满意度调查结果进行分析，常用的方法包括方差分析法、休哈特控制图、双样本 T 检验、过程能力直方图和 Pareto 图等。为了客观地反映客户满意度，企业必须确定、收集和分析适当的客户满意度数据并运用科学有效的统计分析方法，以证实质量管理体系的适宜性和有效性，并评价在何处可以持续改进。客户满意度数据的分析将提供以下 5 方面的信息：① 顾客满意；② 与服务要求的符合性；③ 过程和服务的特性及趋势，包括采取预防措施的机会；④ 持续改进和提高产品或服务的过程与结果；⑤ 不断识别顾客，分析顾客需求变化情况。

6. 改进计划和执行

对收集的客户满意度信息进行科学分析后，企业应该立刻检查自身的工作流程，在"以客户为关注焦点"的原则下开展自查和自纠，找出不符合客户满意度管理的流程，制订企业的改进方案，并组织企业员工实行，以达到顾客的满意。同时，满意度分析应为评价因数的管理和调查方案的制订提供指导，形成从测评到改进再到测评的闭环管理机制。

第三节　客户关系管理在供电企业中的应用

一、供电企业实施 CRM 的技术和管理基础

随着国家对垄断行业管理监督的进一步加强，社会各界对供电企业的舆论压力的增加，供电企业越来越重视客户关系管理；另外，随着天然气等替代品的出现，电能逐渐面临多种可替代能源的竞争，同时，国家为治污、治霾，对二次能源综合利用给予政策扶持后，供电企业面临大量的市场份额丢失，激烈的竞争使得电力行业的边际利润逐渐降低，迫使供电企业向纵深拓展业务，运用自身经验和技术优势参与客户的规划。国家电网公司提出"以客户为中心"的服务理念，进行配套的组织机构改革，从国网、省公司、地（市）到县公司，层层设立客户服务中心，再到各地（市）公司呼叫中心的成立，以及当前国家电网公司客户服务中心统一上收各地市呼叫中心，设立 95598 南、北两个中心，全国家电网公司营销服务系统统一，都是新形势下，适应新环境，重视客户关系管理的产物。供电企业实施 CRM 的基础初步形成，主要表现在以下 5 个方面：

（1）"以客户为中心"的全员营销理念初步树立。以前供电企业整体的服务意识不强，基本上以保证产品生产安全和质量为主，随着外部环境的变化以及电网企业自身发展需要，供电企业开始越来越重视服务，"以客户为中心"的理念开展深入人心，各部门、各环节上下协同，密切合作，服务协同水平大幅度提升，领导高度重视客户满意度的提升，这为供电企业成功实施 CRM 提供了思想保障。

（2）拥有庞大的电力客户数据信息。在全面推广"一户一表"改革后，每家每户的客户信息均在供电企业数据库中建立，近年来，国家电网公司通过统一使用 SG186 营销业务信息系统，进一步整合和完善了部分客户信息资源，为实施 CRM 分析客户个性化需求，实现综合的、多样的、个性化、定制化服务提供了数据支撑。

（3）客户服务支持系统得到初步运用。国家电网公司 95598 客户服务系统实施，建立了统一的呼叫中心，信息数据、业务流程基本统一，业务规范性统一监管；

建立统一的 95598 网站，使客户互动形成规模，为整合营销业务流程提供了方便，为下一步建设 CRM 奠定了基础。

（4）覆盖全国的信息网和通信网为实施 CRM 提供了良好的网络环境。

（5）信息化技术成熟，为实施 CRM 提供了技术保障。

二、提升供电企业客户关系管理能力的措施

供电企业在初步具备实施 CRM 的基础上，如何更好地实施，需要从整体上提升供电企业客户关系管理能力。

1. 影响客户关系管理能力的因素

影响客户关系管理能力的因素包括信息技术、高层领导、企业文化、人力资源、组织设计、供应链伙伴。信息技术能使相关流程实现优化和自动化，提高工作效率，能提供多种方式与客户交流，实现企业与用户信息共享；高层领导能制订合理的客户关系管理能力发展目标，协调企业的各个部门开展，并提供足够的财务支持；企业文化使企业员工建立以客户为中心的价值取向，为提升客户关系不断创新；人力资源方面的影响主要体现在员工是否具有以客户为中心的价值观并用其指导实际行动，员工的知识结构和服务技巧、企业员工的全局观等；组织设计主要是组织的集权程度、管理层次的多少和整合程度等；供应链伙伴的影响方式是通过企业间的协调和资源优化，降化成本，共享信息，使客户价值最大化。

2. 衡量客户关系管理能力的指标

衡量客户关系管理能力的指标包括客户洞察力、创造传递客户价值的能力、管理客户生命周期的能力。

（1）客户洞察力。它包括市场信息反馈能力、对客户的了解程度、客户信息分析能力和黄金客户识别能力等指标。

（2）创造传递客户价值的能力。它包括企业研发新产品的能力、提供定制化产品和服务所花费的成本和时间、员工的服务水平、客户使用产品的方便性、品牌管理能力等指标。

（3）管理客户生命周期的能力。它包括对客户关系的把握能力、对客户变化的反应能力、处理客户抱怨的能力、交流渠道的多样性、交流的及时性、交流的有效性等指标。

3. 提升供电企业客户关系管理能力的具体措施

（1）实施企业文化的变革。首先，企业领导的观念必须转变，要深刻认识到客户关系管理的核心理念是"以客户为中心"，并且在客户服务上的投入是可以转化成企业价值的。领导者应清楚影响企业客户关系管理能力的因素是哪些，并且能够结合企业实际，确定阶段性可行目标，最终形成整体提升规划。其次，与企业员工构筑

共同愿景，这种愿景是能激发员工变革的，甚至愿意为此牺牲短期利益的。最后，创建和传播以客户为中心的价值观。在分析原有的价值观的基础上，根据需要解决问题，注入新的元素，形成新的价值观体系。创建以客户为中心的价值观，需要做到"比客户更了解自己"，要主动了解客户情况，关注客户等外部资源，更注重客户情感上的需求，提供情感交流层次的服务。传播这种价值观可通过礼仪、故事、象征以及语言来完成，如，故事可以是"以客户为中心"的标榜人物、事迹等；语言可以是一些通俗易懂的口号，如"你用电，我用心"等。

（2）人力资源管理变革。首先，变革招聘标准。应该在招聘中重点考察应聘者对客户的关注程度以及沟通能力、性格特点，将对客户关注程度高、沟通能力强、性格和善的人率先录入。其次，加强员工培训，培养员工服务意识，熟悉整个企业运作流程，提高员工沟通技巧，准确掌握如何在企业授权范围内，发挥主观能动性，为客户提供个性化服务。最后，变革绩效考核和激励机制。要形成客户服务人人有责的价值观，必须有物质方面的保证。建立以客户为中心的绩效管理体系，将客户满意度纳入单位绩效评价指标，将个人保持和改善客户关系所做的贡献大小作为员工奖励和提升的依据。

（3）组织机构的变革。首先，减少高度集权对员工的压力，向基层员工授权。一方面是上层与员工沟通无阻碍，让员工了解现状并充分参与决策，另一方面是及时反馈，即员工业绩突出，客户服务技能提升给予相应的奖励。其次，减少中间管理层。对机构进行扁平化调整，增加领导者的管理跨度等。如，国家电网公司"三集五大"机构调整。最后，职能部门的整合。这是供电企业目前面临的最大问题。职能部门之间的领导应加强直接沟通，可设立专门的人员负责部门与部门之间的协调与沟通，也可以为完成某一个任务，从不同的部门抽调人员组建成一个临时团队，共同完成任务后，再解散。机构调整时，各供电企业成立的运营管理中心应该可以视为常设团队，由各部门业务骨干组成，专门收集和分析相关数据信息，提供决策依据。

（4）将客户信息作为战略性资产来管理。近年来，国家电网公司通过 SG186 营销业务信息系统，整合了部分客户信息资源，各个网省公司应加强客户信息的收集、分析、利用。提高营销与生产方面的信息共享，以便整体反映客户的情况。提高供电企业整体的客户洞察能力，即市场信息反馈、黄金客户识别、客户信息能力分析、对客户经营状况、信用度、消费习惯等。掌握运用现代先进的客户关系管理技术和方法，让管理者将大部分时间和精力放在综合、分析、解决生产经营活动中出现的重大问题或预测、分析、解决可能出现的问题。

（5）信息技术的应用。分析供电企业的各种业务流程，对各种系统资源进行整合，加强企业内各业务系统的信息交换和流程传递，提高服务效率。同时，增加客户沟通的渠道，让企业可以透过各种渠道为客户提供全方位的服务。

（6）供应链伙伴的管理。通过收集和整理合作伙伴的资料和合作过程信息，挑选专业技能强、按照客户需求运作的企业作为供应链伙伴。同时，对合作过程的质量进行监督和评价，使整个供应链围绕客户提供增值服务，提高客户满意度。

三、客户关系管理在供电企业的具体应用

供电企业实施客户关系管理的目的是为客户提供智能化、个性化服务，方便客户，延伸服务手段，改善企业形象；通过业务流程创新，缩短业务流程，实行扁平化管理，节省人力物力，提高工作效率，降低经营成本；加大客户让渡价值，提高客户忠诚度、满意度，降低客户流失风险；提供更多的电费回收渠道和灵活的交费方式，促进电费回收效率，提高企业的资金周转率；通过客户评估与客户行为追踪，有效防止客户风险转嫁，将企业经营风险降为最低；提高市场分析能力和市场的反应速度，提高市场竞争力；使管理者从处理繁琐的、重复的、事务型的事后处理上面解放出来，将大部分精力和时间都放在综合、分析、解决经营活动中出现的重大问题或预测、分析、解决可能出现的问题上。具体可以从以下 7 个方面着手：

1. 优质服务策略

树立全员的以客户为中心的服务理念，将服务标准、质量进行量化，转化为具体的对客户的服务承诺，并对外公布，内部通过组织机构的调整，业务流程的优化，建立实现承诺的条件，并对承诺的兑现情况进行全方位的督促与追踪、改进，确保承诺的兑现。如：缩短报装周期，千方百计让客户早用电、用好电；合理安排检修时间，最大限度地减少检修停电的次数和时间，对黄金客户尽量配合客户时间安排检修，并建立快捷的抢修服务队伍，对故障处理提供全天候、全过程、全方位的快速服务，确保对客户的连续供电。在人员培训与使用方面，要注重逐步调整营销队伍的知识结构，增加人员的市场意识、服务意识，提高营销人员的服务技能。对于非营销人员和非对外与客户接触的人员，应培训和提高其大局意识、内部服务意识和协同意识，有效提高以客户为中心的服务效率。在客户接触点方面，要统一规划与规范，如，营业厅的建设标准与规范、提供服务的标准（国家电网公司服务提供标准、质量标准）等；在服务监督体系方面，要建立服务质量评价体系，设立专门的部门定期或不定期对服务标准、制度执行、流程设立的合理性进行监督与评价，开展内部监督，提出改进意见，并根据反馈的信息开展循环改进工作。同时强化外部监督作用，一方面，走访客户（政府）、开展满意度调查和评价、定期与客户代表召开座谈会，通过倾听客户意见，互动沟通，了解客户需求，不断改进服务。另一方面，设立客户投诉部门、投诉电话和投诉信箱，由专人负责处理，在规定期限内

给予答复和解决。

2. 差异化服务策略

电力客户因其自身的用电特点，对电力的需求存在较大的差异。供电企业应依据用电的特点对客户群体实施较为准确和细致的分类。在供电企业所拥有的各类客户中，突出的特点是居民小客户所占比例较大，约占总数的90%左右，因此结合供电企业的特点，如按照ABC分类法，对VIP客户、主要客户可指派专门的营销人员（或客户代表）经常联络，定期走访，为他们提供最快捷、周到的服务，享受最大的优惠；公司领导定期拜访；密切注意该类客户的所处行业趋势、产品销售、资金支付能力、人事变动、重组、企业人事变动等其他异常动向；优先处理该类客户的抱怨和投诉。可以为这些客户建立业务办理绿色通道，设立受话方付费电话，成立特殊服务小组、设立专门服务人员提供主动服务。VIP客户还可以选择供电时间、检修时间、缴费方式，优先观看新产品，有提前知道某些消息的特权等。同时，免费为VIP、主要客户的电工进行电气专业技术及安全知识培训，定期进行配电设备检查，根据VIP、主要客户用电特点，专门定制节能用电方案等。这样，客户的满意度和忠诚度就会得到提升。对于普通客户主要将精力放在发掘有潜力的"明日之星"上，使其早日升为主要客户，公司营销人员应保持与这些客户的联系，并让他们知道当他们需要帮助的时候，公司总会伸出援助之手。这部分客户服务主要以客户自主服务为主。小客户主要是由居民用电户和商业小门面（店）构成。由于数量众多，电价较高，具有"点滴汇集成大海"的增长潜力，对公司经济指标的完成具有一定影响，公司应按照"方便、及时"的原则，为他们提供大众化的基础性服务。但普通、小客户有的由于拖欠电费、违章用电等行为，有时可能会给公司带来负利润。这时需要选择一定的客户服务策略，对具有潜在价值的客户，逐渐培养他们成为中间客户群，减少利润的消耗；而对于一直给企业带来负利润的客户，企业可以采取合理合法的措施，以约束恶意的欠费行为，如预收电费、负控设置、停电催费等。

3. 定制服务策略

依据客户细分结果、VIP认定结果、重要客户认定结果，对不同的客户制订相应服务策略，指派相关人员，通过各种渠道开展主动性服务工作，并根据客户满意度评估反馈的结果及时调整定制服务策略。供电企业根据客户需求开展定制服务，包括以下3个方面。

（1）定制服务策略的制订。服务策略包括服务对象、服务方式、服务人员和服务时间等。服务策略可以从流程、资源配置、内容等方面进行定制。

1）服务流程定制化。对于重点工程、社会效益大的项目或者是VIP客户的特殊需求，提前介入，开展前期规划服务，根据客户需求，结合企业实际，量身定制相应的服务策略，采取差异化办理流程，目的是缩短工作周期，减少中间环节，提高工作效率，让客户满意。如工业园区的建设等。

2）资源配置定制化。资源配置方面，制订资源分配规则，主要从区域、重要程度、行业类别、电压等级、信用等级和负荷性质等客户用电属性和行为来考虑，实行资金、规模和费用的定制管理，建立服务人员与服务对象一对一的服务关系。如，对 VIP 客户实行单独预算，配备高层次的服务人员等。

3）服务内容定制化。根据客户细分的结果，对 VIP 客户、主要客户、普通客户、小客户四类客户群定制不同的服务内容，其中，对 90%的客户提供基础性、普遍性服务内容；10%的客户可根据客户的个性化需求提供不同的服务项目，如，提供系统供需信息，客户用电负荷特性分析、政治性保电服务、定期内部用电设备检测、特殊缴费政策等。同时，根据制订好的服务内容制订服务计划，并根据计划指派相应人员完成。

（2）服务策略的执行。① 根据定制服务内容，获取提供服务所需的信息。② 按照定制服务计划的内容和时间要求，通过各种服务方式为不同客户群服务。③ 合理确定每个提供定制服务人员的最高服务对象数量，并加强过程监管，确保服务效果。

（3）开展定制服务，大力推广和实施客户经理负责制。建立客户经理负责制体系，根据客户经理的服务能力、业务能力、洞察力等进行分级，按级别高低，对应不同的客户群体。合理安排每个服务人员的服务对象个数，不断加强过程管理。将综合素质高的业务精英，安排在主要利润来源的客户群体，提供"一对一营销"服务；一般的客户经理面向广大居民，按社区或台区为客户提供信息发布、咨询、查询、意见收集等服务。开展客户经理的定期培训，提高客户经理的市场观念、服务观念、业务技能；通过客户关系系统，及时记录客户经理服务过程和客户反馈信息，当反馈信息需要其他业务（部门）协助处理的，直接转入相关业务，提高客户满意度；通过问卷调查、实地走访、客户回访、95598 电话服务区域投诉率等多渠道获取客户经理服务过程的客户反馈信息，以监督和约束客户经理行为，确保与客户的及时沟通，化解矛盾，服务到位。

（4）增值服务和有偿服务策略。随着信息技术的发展，客户对用电的要求越来越高，对用电指导的需求逐渐增加，如何做到既让客户满意，企业服务成本又能转化为利润，电力增值服务是关键。客户服务经理最适合提供这样的服务。大客户经理熟悉电力系统的知识，掌握全面的电力交易信息，长期提供一对一的服务，熟悉大客户的用电特点和规律，可为大客户提供咨询服务，如，客户在进行业扩报装时，从经济和专业技术角度提供更加合理的供电方案和建议，工程咨询等；帮助大客户进行电力理财，如，通过负荷管理系统，分析客户用电特性，降低电力生产成本等，这种增值服务可根据客户价值来取舍是否收费。对于普通客户，可由小客户经理来实施；对于部分特殊的、需要定制供电服务信息的客户，智能化节能设置等服务是可以实行有偿服务的。

有偿服务的另一方面是供电企业对资产属于客户的供配电设施进行的有偿服务。一般情况下，供电企业的故障保修服务，仅限于供电企业的输配电设施的范围内。但输配电设施及电器产品的试验、检修、维护是一个专业性较强的工作，一些用电客户自身的用电技术无法对自己的输配电设施及电器产品进行试验、检修和维护。对产权不属于供电企业而属于用电客户的输配电设施，供电企业可通过签订代维护协议或合同，实行有偿服务，充分发挥供电企业的专业和行业特长，既解决了用电客户在正常使用电能方面的困难，使客户满意，同时也提高了企业利润，实现双赢。

供电企业开展优质服务不等于无偿服务，公司应该根据不同价值客户，明确并公布普通服务项目和增值服务项目内容，并对外公布增值服务的收费标准，客户可以像选择其他产品一样选择增值服务。增值服务的有偿收费主要针对普通客户和小客户。供电企业应该建立一支电力市场的研究队伍，完善以 CRM 为核心的技术支持平台，充分利用供电企业的资源为客户提供个性化服务，以团队的方式向电力客户提供多种多样的增值服务，供客户选择，并将此类增值服务项目的推广放入呼叫中心进行统一管理。

（5）知识服务和知识营销策略。随着生活水平的提高，电力消费不仅仅是用上电，而且要用好电，特别是随着电力垄断形势的打破和电力需求形势的缓和，供电市场逐步从卖方市场过渡到买方市场，电力客户对服务满意的要求也发生了变化，知识服务逐渐成为服务的主流。与此同时，知识营销将成为供电企业获得市场和开拓市场的一种重要的营销方式。

供电企业可以通过媒体宣传节能、合理用电和安全用电的知识，帮助客户提供改进和完善用电的方法，为社会免费提供合理的用电方案，研究和引进节能项目。另外，通过 DSM（电力需求侧管理）展示中心的建立，供电企业可以向客户传播电力需求侧管理技术与知识，宣传、介绍电力需求侧管理示范项目。引导客户采用科学的用电方式，先进的用电技术、设备和材料。利用电力需求展示中心设立工业用电、非工业用电和居民生活用电展厅、智能化家居，着重介绍绿色照明、高效节能设备、蓄冷蓄热产品、家居生活电气化、智能化等，并采取一些激励政策及措施，推广这些高效节能设备。设专人讲解，对客户免费进行培训，让客户充分了解电能的优越性。

（6）信息化营销策略。无论是客户细分，客户经理提供差异化服务，还是开展客户价值、信用管理等，都需要信息化技术来支撑。目前，供电企业管理者大部分精力和时间都放在繁琐的、重复的、事务型的事后处理上面，不能把大部分时间和精力放在综合、分析、解决生产经营活动中出现的重大问题或预测、分析、解决可能出现的问题，主要是因为缺乏一套完善的系统进行数据分析，通过信息共享，提高内部运作效率。因此，供电企业建设 CRM，至少应实现以下系统的集成或信息共享。

1）用电营销管理系统与呼叫中心系统的集成。通过用电营销管理系统与呼叫中心系统集成，建立统一数据库，可及时了解客户用电信息，查询和办理客户相关业务，进行客户投诉、工作评估及客户信息分析，促使决策者进行差异化的优质服务。CRM 建立了统一客户服务知识库，能统一答复客户。

2）配电管理系统与呼叫中心系统的集成。呼叫中心客户代表接听客户故障报修后，通过配电管理系统及时发现故障地址，并将工作单直接发送到离故障现场最近的配电抢修人员。抢修人员处理完毕，及时将工单回传呼叫中心，客户代表进行回访，完成闭环管理。

3）调度管理系统与呼叫中心系统的数据共享。调度管理系统每天为呼叫中心系统提供计划停限电信息和故障停电信息，便于客户代表回答客户咨询。同时，可直接在 95598 网站上体现，以便客户查询。

4）其他客户接触方式与呼叫中心系统的集成。客户可以通过网站、邮件、微博、微信、传真等各种方式和渠道，将需求和咨询反映到呼叫中心平台，呼叫中心按流程对客户诉求进行处理。如，客户可通过多种信息渠道进行有关电力信息的咨询，CRM 也会将有关用电方面的常识及制度等信息反馈给客户。

（7）CRM 系统建设。建设以省公司为主体的、覆盖各地市供电企业的网络化的 CRM 系统。CRM 系统的建设应该分阶段实施。第一阶段为项目准备。它包括高层领导确定项目的实施目标、项目的范围，然后对中高层管理人员开展培训。第二阶段为项目启动。它包括建立项目的组织机构、制订分阶段的项目计划、针对不同对象制订培训计划和内容、确认项目目标和评价方法四项内容。第三阶段为企业流程模型的初步确定。首先，分析和诊断现有政策和业务流程，然后，根据第一阶段确认的思想和目标，设计新的流程。第四阶段为选择合适的 CRM 软件系统。这一阶段非常重要，要选择合适的产品，必须明确企业希望 CRM 为其解决什么问题，另外，要结合第一、二阶段确认的规划和目标，列出 CRM 系统需要的功能清单。第五阶段为 CRM 流程测试。这一阶段要完成三个任务：① CRM 基础数据的准备；

② 把新的流程设计放到 CRM 的信息系统测试；③ 通过流程测试比较和分析业务流程的设计与 CRM 系统功能的差异，根据企业的实际情况和技术特点选择适合的解决方案。第六阶段是二次开发和确认，主要是根据第五阶段的测试结果进行软件更改和业务流程、组织结构、制度等其他修改。第七阶段是实验室导航和最终用户培训。实验室导航仍然是 CRM 系统软件的测试，这个测试除了项目小组人员参加外，各职能组和前台部门的实际应用人员（最终用户）都要参加，它是对二次开发的可执行性进行验证或测试。第八阶段是系统切换。第九阶段为新系统支持，这个阶段是新系统转入运行后，一方面对系统进行调整并继续提供支持，另一方面检测和评估系统运行状态。

供电企业建立的 CRM 系统，应体现供电企业特色，突出其客户细化管理和分析预测功能，可以考虑从以下 5 个方面进行设计：

1）客户服务需求分析。通过营业厅、95598 服务电话、95598 服务网站、供电微博、供电微信、企业 QQ 等多个渠道与客户互动，对客户需求以及客户投诉等信息进行汇总分析，提炼出客户反映和关心的热点问题，进行重点分析。建立客户需求导向模型，对需求实施成本及可行性分析，并有针对性地提供相关服务，从而提高服务的效能；对于客户的投诉，尽快找出问题所在，进行改进，并定时通过客户走访或调查问卷等方式，收集客户满意度信息。

2）客户信用评价体系。借助客户电量电费情况和变化趋势、客户缴费记录情况、供用电合同遵守情况以及各行业发展和社会评价等信息，建立客户信用评价模型，一方面，可以通过客户利润贡献度分析寻找和保留高利润贡献客户，建立 VIP 客户名单，提供特别服务；另一方面，可以进行客户信用评估，根据信用评级信息来确定客户电费支付方式，同时，建立信用度差的劣质客户名单，进行企业风险防范。

3）客户个性化增值服务。这是为 VIP 和大额客户提供的专门服务，以提高其满意度和忠诚度。这些服务主要包括向大客户提供其日负荷曲线；帮助客户分析合理的用电模式和选择合适的电价类别，为其提供节省电费的建议；根据客户电量突变情况提醒客户是否存在设备缺陷等。当然，对于普通客户和小客户也可提供增值服务，但该部分的服务项目是有偿性的，可供客户自行选择的。而这些大客户的名单则通过系统信息获得，主要指标包括合同执行情况、费用缴纳情况及与其他相关单位经济往来的信用情况等。经常选择有偿服务项目的普通客户和小客户也可以从系统获取，以便有新的增值服务时，可主动推荐，同时，可将这部分客户进行升级管理，加强联系，并可针对性开展新的服务项目。

4）电量需求预测分析。建立负荷预测计算模型，通过对各类客户日用电量、最大负荷、负荷率、业扩新增容量等数据的挖掘，结合气候条件变化和经济周期变化规律进行趋势分析，预测月度、年度的电量及负荷的需求情况，产生电量平衡计划和错峰用电计划。

5）电价电费波动分析。电价电费波动分析包括影响平均电价的因素分析、分类电价变化分析、电价调整对经营业绩的影响分析等。通过电价电费波动分析可以检查电价的合理性，分析替代产品的价格走势，为制订电价提供决策依据。

附录　电力客户服务规范

第一节　通用服务规范

通用服务规范是对供电企业相关人员综合素质的总体要求，是所有供电企业职工的基本行为准则，是其他服务规范的基础。通用服务规范主要对供电企业相关人员的行为举止、仪容仪表、道德标准、业务技能等综合素质，供电电压、供电可靠率等供电质量以及员工守则、员工服务"十个不准"、供电服务"十项承诺"等员工行为标准及要求进行了规范。

一、基本服务规范

1. 基本道德和技能规范

（1）严格遵守国家法律、法规，诚实守信、恪守承诺。爱岗敬业，乐于奉献，廉洁自律，秉公办事。

（2）真心实意为客户着想，尽量满足客户的合理要求。对客户的咨询、投诉等不推诿，不拒绝，不搪塞，及时、耐心、准确地给予解答。

（3）遵守国家的保密原则，尊重客户的保密要求，不对外泄露客户的保密资料。

（4）工作期间精神饱满，注意力集中。使用规范化文明用语，提倡使用普通话。

（5）熟知本岗位的业务知识和相关技能，岗位操作规范、熟练，具有合格的专业技术水平。

2. 诚信服务规范

（1）公布服务承诺、服务项目、服务范围、服务程序、收费标准和收费依据，接受社会与客户的监督。

（2）从方便客户出发，合理设置供电服务营业网点或满足基本业务需要的代办点，并保证服务质量。

（3）根据国家有关法律法规，本着平等、自愿、诚实信用的原则，以合同形式明确供电企业与客户双方的权利和义务，明确产权责任分界点，维护双方的合法权益。

（4）严格执行国家规定的电费电价政策及业务收费标准，严禁利用各种方式和手段变相扩大收费范围或提高收费标准。

（5）聘请供电服务质量监督员，定期召开客户座谈会并走访客户，听取客户意见，改进供电服务工作。

（6）经常开展安全供用电宣传。

（7）以实现全社会电力资源优化配置为目标，开展电力需求侧管理和服务活动，减少客户用电成本，提高用电负荷率。

3. 行为举止规范

（1）行为举止应做到自然、文雅、端庄、大方。站立时，抬头、挺胸、收腹，双手下垂置于身体两侧或双手交叠自然下垂，双脚并拢，脚跟相靠，脚尖微开，不得双手抱胸、叉腰。坐下时，上身自然挺直，两肩平衡放松，后背与椅背保持一定间隙，不用手托腮或趴在工作台上，不抖动腿和跷二郎腿。走路时，步幅适当，节奏适宜，不奔跑追逐，不边走边大声谈笑喧哗。尽量避免在客户面前打哈欠、打喷嚏，难以控制时，应侧面回避，并向对方致歉。

（2）为客户提供服务时，应礼貌、谦和、热情。接待客户时，应面带微笑，目光专注，做到来有迎声、去有送声。与客户会话时，应亲切、诚恳，有问必答。工作发生差错时，应及时更正并向客户道歉。

（3）当客户的要求与政策、法律、法规及本企业制度相悖时，应向客户耐心解释，争取客户理解，做到有理有节。遇有客户提出不合理要求时，应向客户委婉说明，不得与客户发生争吵。

（4）为行动不便的客户提供服务时，应主动给予特别照顾和帮助。对听力不好的客户，应适当提高语音，放慢语速。

（5）与客户交接钱物时，应唱收唱付，轻拿轻放，不抛不丢。

4. 仪容仪表规范

（1）供电服务人员上岗必须统一着装，并佩戴工号牌。

（2）保持仪容仪表美观大方，不得浓妆艳抹，不得敞怀、将长裤卷起，不得戴墨镜。

5. 电压质量标准

（1）在电力系统正常状况下，客户受电端的供电电压允许偏差为：

1）35kV 及以上电压供电的，电压正、负偏差的绝对值之和不超过额定值的10%。

2）10kV 及以下三相供电的，为额定值的±7%。

3）220V 单相供电的，为额定值的+7%或−10%。

（2）在电力系统非正常状况下，客户受电端的电压最大允许偏差不应超过额定值的±10%。

（3）当客户用电功率因数达不到《供电营业规则》规定的要求时，其受电端的电压偏差不受上述限制。

（4）城市居民客户端电压合格率不低于 95%，农网居民客户端电压合格率不低于 90%。

6. 供电可靠率指标

（1）城市地区供电可靠率不低于 99.89%，农网供电可靠率不低于 99%。

（2）减少因供电设备计划检修和电力系统事故对客户的停电次数及每次停电的持续时间。供电设备计划检修时，对 35kV 及以上电压等级供电的客户的停电次数，每年不应超过 1 次；对 10kV 电压等级供电的客户，每年不应超过 3 次。

（3）供电设施因计划检修需要停电时，应提前 7 天将停电区域、线路、停电时间和恢复供电的时间进行公告，并通知重要客户。供电设施因临时检修需要停电的，应提前 24 小时通知重要客户或进行公告。

（4）对紧急情况下的停电或限电，客户询问时，应向客户做好解释工作，并尽快恢复正常供电。

二、员工行为规范

1. 员工守则

（1）遵纪守法，尊荣弃耻，争做文明员工。

（2）忠诚企业，奉献社会，共塑国网品牌。

（3）爱岗敬业，令行禁止，切实履行职责。

（4）团结协作，勤奋学习，勇于开拓创新。

（5）以人为本，落实责任，确保安全生产。

（6）弘扬宗旨，信守承诺，深化优质服务。

（7）勤俭节约，精细管理，提高效率效益。

（8）努力超越，追求卓越，建设一流公司。

2. 员工服务"十个不准"

（1）不准违规停电、无故拖延送电。

（2）不准违反政府部门批准的收费项目和标准向客户收费。

（3）不准为客户指定设计、施工、供货单位。

（4）不准违反业务办理告知要求，造成客户重复往返。

（5）不准违反首问负责制，推诿、搪塞、怠慢客户。

（6）不准对外泄露客户个人信息及商业秘密。

（7）不准工作时间饮酒及酒后上岗。

（8）不准营业窗口擅自离岗或做与工作无关的事。

（9）不准接受客户吃请和收受客户礼品、礼金、有价证券等。

（10）不准利用岗位与工作之便谋取不正当利益。

3. 供电服务"十项承诺"

（1）农村地区：供电可靠率和居民客户端电压合格率，经国家电网公司核定后，由各省（自治区、直辖市）电力公司公布承诺指标。

（2）提供24小时电力故障报修服务，供电抢修人员到达现场的时间一般不超过：城区范围45分钟；农村地区90分钟；特殊边远地区2小时。

（3）供电设施计划检修停电，提前7天向社会公告。对欠电费客户依法采取停电措施，提前7天送达停电通知书，费用结清后24小时内恢复供电。

（4）严格执行价格主管部门制定的电价和收费政策，及时在供电营业场所和网站公开电价、收费标准和服务程序。

（5）供电方案答复期限：居民客户不超过3个工作日，低压电力客户不超过7个工作日，高压单电源客户不超过15个工作日，高压双电源客户不超过30个工作日。

（6）装表接电期限：受电工程检验合格并办结相关手续后，居民客户3个工作日内送电，非居民客户5个工作日内送电。

（7）受理客户计费电能表校验申请后，5个工作日内出具检测结果。客户提出抄表数据异常后，7个工作日内核实并答复。

（8）当电力供应不足，不能保证连续供电时，严格按照政府批准的有序用电方案实施错避峰、停限电。

（9）供电服务热线"95598"24小时受理业务咨询、信息查询、服务投诉和电力故障报修。

（10）受理客户投诉后，1个工作日内联系客户，7个工作日内答复处理意见。

第二节　营业厅服务规范

供电营业厅是供电企业为客户办理用电业务需要而设置的固定或流动的服务场所。营业场所服务承担着向客户展示良好礼仪素质和最佳企业形象的重要责任，热情、周到、细致的服务，布局合理、整洁舒适的营业环境会使客户有宾至如归的感觉。营业厅服务规范主要规定了各级供电营业厅服务内容、服务环境以及营业厅相关人员的行为标准等服务质量内容。

一、服务内容

（1）受理电力客户新装或增加用电容量、变更用电、业务咨询与查询、交纳电费、报修、投诉等。

（2）设置值班主任，安排领导接待日。

（3）县以上供电营业场所无周休日。

二、服务环境

供电营业厅的服务环境应具备统一的国家电网公司 VI 标识。内外环境整洁明亮、布局合理、舒适安全，做到"四净四无"。

1. 外部服务环境

（1）营业厅外应设置规范的供电企业标示和营业时间牌。

（2）营业厅外所列的标识牌应清晰醒目，有光源的标识牌要定时开启光源。

（3）营业厅外的设施有专人管理，保持外观形象美观整洁，若有污渍、破损、脱落等，应及时进行清洁或更换。

（4）有条件的营业厅外应设置无障碍通道并保持畅通，为残疾人提供方便。

（5）有条件的营业厅外应设置停车位，车辆定点存放，并有专人维护秩序。

2. 内部服务环境

（1）营业厅内环境整洁、明亮。功能区域布局合理，物品与设施放置整齐，环境舒适安全。有条件的营业场所，应设置业务洽谈区域和电能利用展示区，设置无障碍通道。

（2）营业厅大门内应放置明显的禁烟、宠物禁入、小心滑跌等警示标牌。

（3）营业厅内醒目位置摆放时钟和日历牌，并保证准确。

（4）营业厅内应当采取公示栏、电子显示屏、自助服务终端、免费宣传资料或展架等多种形式，公示业务受理范围、业务办理程序、电价表、收费项目、收费标准、收费依据、服务承诺、服务监督电话、岗位纪律等内容。公示资料应当准确，并及时更新。

（5）营业厅内应当在显著位置公布"12398"电力监管投诉举报电话。

（6）营业厅内应摆放赠阅的宣传资料，资料齐全、整齐，内容包括各类业务收费标准、电价表、服务承诺、用电业务服务指南、电力法规选编、用电知识宣传等。宣传资料的数量应适当，并根据使用情况及时增补更换。

（7）在营业厅入口处设置自动叫号排队系统，供客户根据业务类型取号等待。

（8）营业厅内应当具备可供客户查询相关资料的手段。有条件的，可设置用户自助查询的计算机终端。如设备出现故障，应放置故障标示牌并及时修理。

（9）客户休息区应舒适安全，光线明亮。根据条件配备 IC 磁卡电话、手机充电站、自动售电机、擦鞋机、饮水机、老花眼镜、雨伞等便民设施。

（10）在明显位置设置统一的意见箱、意见簿。

（11）营业柜台前应配备客户座椅，柜台上应放置醒目中英文对照的业务受理标识，并标有柜台编号。

（12）柜台上应放置营业人员岗位牌，背面标有"暂停服务"字样，配备服务评价机的营业厅须确保设备能正常操作。

（13）在书写台上摆放书写工具、各类登记表及示范样本等。

（14）保持营业厅设备、设施、地面的卫生清洁，每天定时清洗，不留灰尘。保持地面无明显污渍、纸屑，墙面和玻璃窗无污渍。

（15）设有卫生间的营业厅，卫生间至少每半天清洗一次，地面和墙面保持干净，空气无明显异味，洗手池无明显污渍，马桶清洁无堵塞现象，定时补充卫生纸。

（16）配备大屏幕的营业厅须确保大屏幕每日正常运行。

三、营业厅基本服务规范

（1）应当根据服务半径或者服务人口等因素合理设置营业厅，方便客户进行咨询或查询用电信息、交纳电费、办理各种用电业务、故障报修、提出建议以及用电投诉等。

（2）营业人员必须准点上岗，做好营业前的各项准备工作。

（3）实行首问负责制。无论办理业务是否对口，接待人员都要认真倾听，热心引导，快速衔接，并为客户提供准确的联系人、联系电话和地址。

（4）实行限时办结制。办理居民客户收费业务的时间一般每件不超过5分钟，办理客户用电业务的时间一般每件不超过20分钟。

（5）受理用电业务时，一次性告知用电业务办理流程、办理期限、双方的权利和业务、政府规定的收费项目和收费标准等内容，并提供业务咨询和投诉电话号码。无正当理由不得拒绝客户的用电申请。

（6）主动指导客户填写用电申请及办理所需的手续并及时审核。

（7）客户来办理业务时，应主动接待，不因遇见熟人或接听电话而怠慢客户。如前一位客户业务办理时间过长，应礼貌地向下一位客户致歉。

（8）因计算机系统出现故障而影响业务办理时，若短时间内可以恢复，应请客户稍候并致歉；若需较长时间才能恢复，除向客户说明情况并道歉外，应请客户留下联系电话，以便另约服务时间。

（9）当有特殊情况必须暂时停办业务时，应列示"暂停营业"标牌。

（10）临下班时，对于正在处理中的业务应照常办理完毕后方可下班。下班时，如仍有等候办理业务的客户，应继续办理。

（11）值班主任应对业务受理中的疑难问题及时进行协调处理。

四、柜台服务规范

1. 接待服务规范

（1）业务受理人员。

1）客户行至柜台前主动起身，微笑相迎，礼貌问候并示坐，待客户落座后方可坐下。例如"您好！请坐。很高兴为您服务！"

2）客户不坐时，业务受理人员不能马上坐下。需要录入系统或填写表单时，向客户说明，"我马上为您办理××。"方可落座。

3）客户较多时，服务人员应当使用"接一、顾二、招呼三"的忙碌待客法进行业务办理，照顾好每位客户。不可只顾及当前客户而忽略了其他客户。或因为当前客户咨询的问题较多而怠慢其他等待客户。

（2）收费人员。

1）接待客户时，目光注视客户面部，微笑示意并问候。

2）供电营业厅示范窗口可使用自动叫号系统。服务人员接待客户时应起身相迎，微笑示坐。

2. 受理服务规范

（1）遵守"先外后内"的原则。有客户来办理业务时，应当立即停办内部事务，马上接待客户。发现其他岗位等待办理业务的客户较多时，应主动提示客户。

（2）遵循"首问责任制"原则。无论客户办理的业务与本职是否对口，都要认真倾听、询问，了解客户需求，热心引导，不得推诿。首问负责人在接待后，应主动引导客户至相关柜台或部门办理业务。对紧急事件，首问负责人必须执行闭环管理原则。

（3）遵循"先接后办"原则。业务办理过程中，后面的客户上前咨询时，首先对正在接受服务的客户致歉，如该客户需要办理的业务不在本柜台时，使用标准手势指示相关岗位，再次对正在接受服务的客户致歉，快速为其提供服务。

（4）受理用电业务时，应认真、仔细询问客户的办事意图，准确判断客户需求。主动向客户说明需客户提供的相关资料、办理流程、收费项目和标准，快速办理相关业务。

（5）需要客户填写业务登记表时，要将表格双手递给客户，并主动提示客户，需参照书写示范样表进行填写。

3. 送客服务规范

（1）业务受理人员。

1）客户在业务办理完毕准备离开时，双手递送服务卡给客户，并告知咨询热线。例如"如果您在用电方面需要帮助，请拨打95598供电服务热线。"

2）客户离开柜台时，应微笑起身，与客户告别。例如"××先生/女士，请慢走。再见！"

（2）收费人员。

注视客户面部，微笑着与客户告别。例如"请慢走，再见！"

五、业务服务规范

1. 咨询、查询服务规范

（1）客户咨询时，认真倾听、分析。不随意打断客户讲话，不做其他无关的事情，必要时记录并确认客户的咨询、查询内容。

（2）在正确理解客户咨询内容后，方可按相关规定提供答复或引导客户到相关岗位。

（3）在岗位职权范围内能正确答复的，直接给予明确的答复。对于当场无法答复的内容，应请客户稍等，请示（咨询）相关人员得到答案后再答复客户。若还是无法答复时，应请客户谅解并做好记录，留下客户联系电话，并明确告知答复客户的预计时间。如"我们将在××时间答复您。您看这样可以吗？"

（4）客户查询电费或业扩流程办理情况时，应当询问并核实客户身份，符合条件时方可查询，以免泄密。

（5）咨询过程中，如有其他客户咨询时，应当给予答复，不能不理不睬。但要向正在办理业务的客户表示歉意，请其稍候。简单问题可直接答复，较复杂问题无法快速答复时，可用标准手势引导客户至其他柜台，或礼貌地请客户排队等候。然后再次对正在咨询或查询的客户致歉，并为其继续提供服务。

（6）客户离开柜台时，应微笑起身，与客户告别。"××先生/女士，请慢走。再见！"

2. 业务受理服务规范

（1）客户行至柜台前，应主动起身，微笑相迎，礼貌问候并示坐。

（2）注意聆听客户谈话内容和提出的问题，准确地判断客户需求。向客户双手递交有关文件或资料。

（3）在客户申请业务时，应查核登记客户有无陈欠电费或其他违约用电行为。当核查出客户尚有未结费用时，须告知客户先交清费用后方可办理。例如："对不起，您还有××费用尚未结清，暂时无法办理，请您结清后再来办理。"

（4）接受客户申请资料时，应认真核实资料是否有效、齐全。若发现不符合相关规定时，应耐心解释说明。资料不齐全时，应补齐。例如："对不起，您还需要准备××资料才能办理。"申请资料缺件且客户无法提供时，应主动帮助客户探寻其他解决办法，同时向上级报告。

（5）需要客户填写用电登记表时，双手递送表格给客户，并提示客户参照书写示范样本正确填写。

（6）认真审核客户填写的业务登记表。如填写有误或内容与所提供的相关资料信息不一致时，应礼貌地请客户重新填写，并给予热情的指导和帮助。例如："对不起，您填写的登记表与××资料上的内容不一致，请您核对一下再重新填写好吗？"

（7）业务受理完成后，按照对外承诺的相关内容告知客户所办业务的现场查勘、供电方案答复、送电时间、有关资费标准和注意事项。例如："您登记××业务的手续办好了，您现在可以到××柜台缴纳××费用××元。""我们的工作人员将会在××个工作日内上门勘查，相关事宜我们会及时通知您。"

（8）客户办完业务离开时，应微笑与客户告别并起身相送。例如："请慢走。再见！"

3. 收费服务规范

（1）电费收费服务规范。

1）客户行至柜台前时，双目注视客户面部，微笑并礼貌问好。

2）询问客户户号，与客户核对户名或地址，确认无误后快速查询电费信息。若客户无法提供户号信息，请客户提供户名、地址信息或历史发票，帮助查询。

3）准确清晰告知客户相关电量电费的信息。客户对电费数额有疑问时，耐心听取客户意见，帮助分析用电情况，合理引导客户解决疑问。

4）与客户核对缴费金额，应先唱收，告诉客户需缴费金额，接收客户付款。收到的现金有误时，应提醒客户。"对不起，您须缴的金额是××元，还差××元。"收到假币时应委婉地提醒客户，"对不起，麻烦您换一张？"，声音要轻，不能让客人觉得难堪。唱付找零，核对票据。"收您××元。找您××元，请您点清收好。"

5）与客户交接钱物时，应唱收唱付，轻拿轻放，不抛不丢。双手递送票据及钱物。

6）客户离开时，双目注视客户面部，微笑告别。"请慢走。再见！"

（2）收取客户进账单方式缴费的服务规范。

1）当客户采用进账单方式缴费时，应核对收款人、出票人的全称、开户银行、账号、金额等是否正确，印鉴是否齐全、清晰、有效。

2）当进账单出票人名称与在册客户名称不符合时，应耐心向客户解释，并请客户提供"代缴电费证明"。遇客户拒绝提供证明时，应耐心解释。如客户仍不同意，可请客户出示工作证件、身份证件，填写临时证明，然后补交单位证明。

3）当进账单金额与客户所需缴交电费金额不符合时，应耐心向客户解释，并将进账单退回客户或以暂收款方式接收。

4）当客户采用银行转账或电子商务等方式进行缴费时，应及时查核并确认收费情况。

（3）换开增值税发票的服务规范。

1）客户要开增值税发票，应告知客户换开增值税发票窗口的位置。

2）客户来柜台前，换开增值税发票时，应主动点头、微笑示意。

3）双手接收客户提供的电费收费普通发票，将增值税号录入营销系统，调出客户资料。

4）核对客户户名、户号、地址、金额等信息是否正确。

5）客户增值税发票新增或变更时，主要向客户说明办理该项业务必须提供工商营业执照、税务登记证、一般纳税人申请认定表等有效证件的原件及复印件。主动提供增值税客户资料新增（变更）申请表、填写示范样本，引导客户正确填写。

4. 投诉受理服务规范

（1）接待引导。

1）严格执行首问负责制，热情认真接待。

2）发现客户来营业厅抱怨、投诉、举报时，应迅速引导客户到具有相对独立的会客室（或 VIP 室），以免影响大厅内的其他客户。

3）在受理业务过程中遇到其他客户投诉时，要向正在办理业务的客户表示歉意，请其稍候，同时立刻报告主管。主管正在受理业务或不在时，也可以请其他营业人员协助接待处理。

4）客户通过电话进行抱怨、投诉、举报时，在接电话中，首先应感谢客户提供宝贵的建议，并做到态度亲切、语气诚恳。认真倾听、确认并记录。让客户多说，不随意打断客户讲话，不做其他无关的事情。

（2）判断分析。

1）若属于供电公司的责任时，如果投诉能现场进行处理，可直接向客户解释清楚，提出解决方案；如果不能现场处理，应告知客户在××天之内会回复。

2）如很明显属于客户的原因或误解时，应委婉地向客户解释引导，不得表露出对客户的轻视、冷漠或不耐烦，不要责备客户、推托责任，尊重并注意保全客户面子。

3）不属于投诉范围，向客户解释说明。"按××规定，这个问题可以这样解决……，您觉得合适吗？"

（3）安抚客户。

1）请客户落座，并为其倒水，双手递送。

2）运用同理心的沟通技巧，按"先安抚客户后处理事情"的原则办理。努力化解客户的不满情绪，避免与客户发生冲突。"请您别着急。非常理解您的心情。我一定会竭尽全力为您解决的。好吗？"

3）如客户表现出非常气愤、焦急、伤心等激动异常的情绪，首先要进行自我暗示，让自己保持冷静，再去安抚客户。

（4）倾听询问。

1）接待客户时，要认真倾听，对客户的讲话应有所反应。

2）客户在陈述投诉理由时，不得在谈话中途打断客户的话。应让客户把话讲完，以避免客户情绪激化。

3）要认真倾听，准确记忆，尽量做到不让客户重述，以避免客户火气升级。

4）询问过程中，语速不宜太快，语气要亲和，表情要真诚，以鼓励客户给予最好的配合。

5）客户说话太快，可以示意客户："对不起，请您慢慢讲，我会尽力帮助您的！"。如确实没有听清楚，可以对客户说："对不起，我没有听清楚，请您重复一遍好吗？"

6）倾听时，表情要严肃并流露出同情的神态，以向客户表示你对这件事情的关注和重视。对客户的陈述适时给予回应："噢，是这样……"等口语，用以缓和气氛。

（5）确认。

1）当了解整个事件全部过程后，必须向客户核准记录，以便确认客户陈述的准确性。"刚才您所讲的情况是这样的，对吗？"

2）做好记录，记录应做到内容完整、信息准确。如果客户愿意，请客户留下联系方式，或在记录本上签名确认，并感谢客户。"请留下您的联系电话好吗？""谢谢您的合作！"

（6）道别客户。

1）告知客户投诉处理流程及时限。"我会将您的情况反映给××部门或人员，在××日内您会得到明确的答复。"

2）客户投诉完毕准备离开时，投诉接待人员必须礼貌送客户至营业厅门口，并感谢客户提供的宝贵意见。"非常感谢您的宝贵意见，请慢走。再见！"

（7）汇报领导。

1）将受理情况快速向值班主任汇报，由其决定流转的处理部门并传递。

2）按规定在"首问负责制跟踪记录单"上及时、准确地做好相关记录。

5. 特殊事件服务规范

面对特殊事件要保持冷静、沉着、随机应变，及时报告主管，妥善处理。因特殊情况须离开岗位或需暂停受理业务时，须摆放"暂停服务"标识牌。

（1）电脑或系统故障、突然停电等影响营业厅正常营业时。

1）立即对客户做好解释工作，取得客户谅解，并请客户在休息区等待。

2）值班主任应咨询相关部门，了解并告知全体营业人员具体原因。

3）若短时间内无法解决故障时，如果能确定故障排除时间，可通知客户在故障排除后再来办理，或请客户留下联系方式，日后上门办理；如果可以手工办理的业务，应正确指导客户填写相关表单，待故障排除后再录入办理。

4）在营业厅提供报刊、杂志，缓解客户等待时的急躁情绪。

5）必要时启动应急预案。将故障情况迅速报告值班主任，由其安排并进行故障处理。

（2）客户在营业厅发生意外。

1）客户在营业厅意外摔伤、划伤或生病时，应建议并安排客户到休息区休息，同时报告值班主任。

2）情况紧急时，立即拨打120急救电话，同时通知病人家属。

3）下雨天气，营业厅工作人员应提醒客户防止地面湿滑，注意安全。

（3）遇到新闻媒体采访。

1）不得擅自回答记者提问，快速落实单独的接待场所。

2）引导记者落座后，为其倒水，双手递送。稍后为其联系相关领导。

3）立即报告值班主任，由其安排受访事宜。

（4）残疾人或行动不便的客户到营业厅办事。

应主动上前搀扶，帮助其办理各项手续，并请客户留下联系地址和电话，以便今后提供上门服务。

（5）接待聋哑人（或外宾）。

1）使用手语（外语）交流。

2）若不能正确理解聋哑人（或外宾）表达的意思，及时请示值班主任，由具备较好手语（或外语）能力的营业员接待。

（6）客户无理取闹。

1）首先引导客户至相对独立的区域或接待室，耐心解释。根据客户需要可请主管接待或保安协助处理，同时向值班主任汇报。

2）在受到打、砸、抢、围攻等紧急情况下，尽量稳定现场秩序，可直接拨打公安110求助解决。

（7）客户骂人。保持心态平静，不要被其左右，不可与客户对骂，可回答："对不起，您这样的方式不利于我们交流。希望您能平静下来说明您遇到的问题，我们会在条件允许的情况下尽快为您解决。"

（8）面对较大政策调整。

1）准备好相关宣传资料及相关文件并做好应对预案。

2）提前熟悉政策，设想客户可能会咨询的问题并做好准备。

（9）接待访问、参观。

1）接到访问、参观、检查通知时，须提前指定引导员，做好相关的准备工作。公司领导临时来营业厅检查或陪同来宾参观时，引导员应主动相迎并先自我介绍。

2）来宾到达营业厅门口时，迎接人员使用标准站姿站立两侧，微笑问候，行15°鞠躬礼，使用标准手势引导来宾进入营业厅。

3）来宾进入营业厅时，没有接待客户的营业人员要起身迎接。来宾行至3米内，依次微笑问候，15°鞠躬礼，并随来宾行进方向目送来宾3米行程。

4）引导员站在来宾前侧方进行引导或讲解。与来宾同行时，二人并排行走，右为尊；三人并排行走，中位尊；四人应分成两排行走；上下楼梯时靠右行，让来宾走在上方台阶，以防万一。

5）来宾参观展示厅时，耐心解答来宾提出的问题。详细介绍、演示设备并正确指导来宾使用。

6）当来宾参观访问完毕，准备离开营业厅时，相关接待人员要站在营业厅门口两侧，行15°鞠躬礼，微笑欢送。

六、日常服务规范

1. 晨会服务规范

（1）会前。

1）统一着装。检查仪容仪表、本职工作所需设备状态及相关记录、资料准备情况。

2）专人检查营业厅内资料和用品是否齐全，服务设施能否正常工作。

（2）会中。

1）营业前5分钟，由值班主任主持召开晨会。当日所有在岗营业人员都要按时参加。

2）晨会时，检查营业员的仪容、仪表是否符合规范。

3）总结点评前日服务工作，并布置当天的工作内容。

4）有重大政策调整时进行通知和宣讲。

（3）会后。

1）全体人员在值班主任带领下，同呼团队口号，上岗工作。

2）按当日工作安排，对前日交接的未办结工单进行跟踪处理。

2. 宣传资料的放置和发放规范

（1）将宣传资料分类放置在客户易见易取的位置。

（2）每天到岗时要检查营业厅内陈列的用电宣传资料的备存数量情况。保证宣传资料充足、齐全，摆放整齐有序。

（3）宣传资料要及时更新。根据电价、服务标准、收费标准等用电政策的变化，对用电宣传资料内容提出更新印制的登记。

（4）根据具体需要主动提供并递送相关的宣传资料，或引导客户到宣传资料架上取阅。

（5）免费赠阅的宣传材料包括：电力法规制度、办理用电业务须知、电价与电费规定、安全用电和节约用电常识等。

3. 客户意见簿（箱）查阅规范

（1）客户意见簿（箱）放置营业厅醒目位置，设专人管理。每天定时取阅，及时处理。

（2）对客户反映的意见和建议及时向有关部门和人员反映。在规定的时间内将答复意见反馈给客户，并做好记录。

（3）收到抱怨、投诉或举报时，详细记录具体情况后，按《投诉举报处理规范》进行处理。

（4）客户书信根据不同类型的问题进行分类，转由相应的部门处理，并在规定时间内答复客户。

4. 自助查询系统使用规范

（1）营业厅至少应设置一台供客户使用的自助服务查询终端，不得无故停用。

（2）可供客户查询内容至少应包括电力公司及部门介绍、业务处理进度、相关电力法律法规、用电服务指南、服务承诺、收费标准、电价与电费、业务流程、停电预告等相关内容。

（3）每天按上下班时间，做好开机、关机工作。上班前检查自助服务查询系统能否正常工作。

（4）发现客户不能正确使用自助查询系统时，应派专人负责，并主动向其演示使用方式、方法。

（5）客户误操作使得查询界面有变动，或自助服务查询系统发生异常时，应贴上"暂停使用"的提示，同时报告主管，通知相关部门进行维修。

（6）定期检查自助服务查询系统的内容。

（7）在使用过程中若发现硬件设备、界面设定有故障，要及时进行维护，确保自助服务查询系统正常运行。

（8）检查自助服务查询系统的台面是否保持清洁，发现灰尘、污渍及时清洁或提醒保洁员清洁。

5. 自动叫号排队系统使用规范

（1）每天按上下班时间做好开机、关机工作。

（2）引导员主动询问客户需要办理的业务，指导客户在自动叫号排队系统上选取自己将要办理的业务种类。

（3）当取出电脑自动排队号码条后，引导客户到客户休息区等候，并提醒客户注意听取电脑自动叫号。

（4）自动叫号排队系统出现故障时，值班人员应及时联系维修人员。同时妥善安排客户排队或人工排号，维持好营业厅秩序，必要时请保安协助。

6. 便民用品服务规范

（1）营业厅放置笔、老花眼镜等便民用品。根据条件设置饮水机、纸杯、雨伞、常用药品、IC磁卡电话、手机充电站等便民设施，为客户提供方便。

（2）将便民用品分类放置在客户易见易取的位置。

（3）当客户需要相关便民设施，需要帮助时，主动提供帮助并指导其正确使用。

（4）上班前检查笔、备用药品、老花眼镜和雨伞等便民用品是否齐全。发现缺失或损坏时，要向相关管理人员报告，及时补齐。

（5）检查饮水机是否能正常工作、饮用水是否在保质期，杯子是否干净、充足。当发现饮用水不在保质期内或杯子数量不足时报请相关部门及时更换或补充。

（6）检查备用药品是否在保质期内。

7. 卫生保洁服务规范

（1）在营业厅内，不得随地吐痰、不乱扔废纸。桌、椅、柜干净整洁。不得在办公区域内吸烟。

（2）营业厅办公用品及柜内物品摆放有序，按定置管理要求作好日常管理工作，与工作无关的物品不准带入营业厅。

（3）坚持每日上班前打扫个人区域和责任区内的卫生，不留卫生死角。

（4）保持客户休息区用品清洁卫生。保持排队机、触摸屏、展示牌、宣传柜、饮水机等设备洁净。

（5）保持个人物品定置摆放有序，桌面、座椅、纸篓附近无纸屑杂物。

（6）保持计算机、扫描仪和打印机卫生，做到外部清洁无尘。

（7）定期打扫如消防栓箱、资料宣传架、宣传电视机等设施。

（8）每日下班后，关掉办公设备及电灯的电源，并确认门窗关好。

（9）对班组的办公设备，使用器具做好维护，保养、清洁工作。

（10）遇雨雪等恶劣天气，应在营业厅入口处铺防滑地垫，并放置安全提示牌。

8. 保安服务规范

（1）礼貌接待客户，使用规范服务用语。

（2）维护营业厅门前的停车秩序，避免发生停车纠纷、冲突。

（3）协助维护营业厅内的环境秩序。

（4）雨雪天气时，实时为客户提供雨具和撑伞服务。

（5）做好检查和巡视工作。严禁将易燃易爆、烟花爆竹带入营业厅，消除营业厅的安全隐患。

（6）防范小偷等违法分子危害营业厅工作人员和客户的财产安全。

（7）对无理取闹的客户，主动协助现场服务人员维持秩序，保护服务人员人身安全。

（8）遇到攻击服务人员事件，第一时间进行阻止，控制现场秩序。

（9）营业厅内禁止吸烟，遇到吸烟的客户应礼貌提醒。

（10）营业厅内禁止携带宠物，遇到携带宠物的客户应礼貌提醒。

（11）下班前检查营业厅员工的电脑、打印机、排队机等用电设备是否关闭，电源是否断开，避免火灾隐患。定期检查和更换消防器材。

（12）装有保安监控系统的营业厅，应确保其每日正常运行。

第三节　95598 热线服务规范

国家电网公司统一的供电服务电话号码为 95598，通过电话、客户服务网站、短信、传真、电子邮件、VOIP 等方式，为客户提供 7×24 小时用电信息查询、电力故障报修、投诉、举报、意见、建议、业务受理、信息发布、电费缴纳等服务项目，通过规范的流程将客户需求传递到各相关技术支持和供电服务部门进行处理，并负责调度、监督、催办、回访、统计、分析和考核，实现客户服务的闭环管理。

一、服务内容

（1）"95598"供电服务热线：停电信息公告、电力故障报修、服务质量投诉、用电信息查询、咨询、业务受理等。

（2）"95598"供电服务网站：停电信息公告、电力故障报修、服务质量投诉、用电信息查询、咨询、信息订阅、电费缴纳。

（3）24 小时不间断服务。

二、95598 热线服务规范

（1）供电企业应在营业区内设立 24 小时不间断供电服务热线电话，受理客户供电故障报修、用电信息查询、业务咨询、业务受理、服务质量投诉等。

（2）供电服务热线电话应当接听及时。时刻保持电话畅通，电话铃响 4 声内接听，超过 4 声应道歉。应答时要首先问候，然后报出单位名称和工号。

（3）接听电话时，应做到语言亲切、语气诚恳、语音清晰、语速适中、语调平和、言简意赅。应根据实际情况随时说"是""对"等，以示专心聆听，重要内容要注意重复、确认。通话结束，须等客户先挂断电话后再挂电话，不可强行挂断。

（4）受理客户咨询时，应耐心、细致，尽量少用生僻的电力专业术语，以免影响与客户的交流效果。如不能当即答复，应向客户致歉，并留下联系电话，经研究或请示领导后，尽快答复。客户咨询或投诉叙述不清时，应用客气周到的语言引导或提示客户，不随意打断客人的话语。

（5）核对客户资料时（姓名、地址等），对于多音字应选择中性词或褒义词，避免使用贬义词或反面人物名字。

（6）接到客户报修时，应详细询问故障情况。如判断确属供电企业抢修范围内的故障或无法判断故障原因，应详细记录，立即通知抢修部门前去处理。如判断属客户内部故障，可电话引导客户排查故障，也可应客户要求提供抢修服务，但要事先向客户说明该项服务是有偿服务。

（7）因输配电设备事故、检修引起停电，客户询问时，应告知客户停电原因，并主动致歉。

（8）客户打错电话时，应礼貌地说明情况。对带有主观恶意的骚扰电话，可用恰当的言语警告后先行挂断电话并向值长或主管汇报。

（9）客户来电话发泄怒气时，应仔细倾听并做记录，对客户讲话应有所反应，并表示体谅对方的情绪。如感到难以处理时，应适时地将电话转给值长、主管等，避免与客户发生正面冲突。

（10）建立供电服务热线回访制度。对客户投诉，应当100%跟踪投诉处理全过程，并进行回访。对故障报修，修复后及时进行回访，听取意见和建议。

三、95598网页（网站）服务规范

（1）供电企业应当积极完善供电服务网站，逐步实现网上发布停电信息公告、受理用户供电故障报修、用电信息查询、业务咨询、业务受理、服务质量投诉等。

（2）网上开通业务受理项目的，应提供方便客户填写的表格以及办理各项业务的说明资料。

（3）网站提供在线咨询或留言功能，管理员应及时对客户的意见和建议进行回复。

（4）网页内容应及时更新。

（5）网页内容应及时更新。

四、电话基本服务规范

1. 语音服务规范

（1）通话时语言亲切、语气诚恳、语音清晰、语速适中、语调平和，禁止使用

反问、质问的口气。

1）语调：轻柔甜美、温和友好。在通话中语调要富于变化，以提高声音的感染力。

2）音量：正常情况下，应视客户音量而定，但不应过于大声。当客户生气大声讲话时，不要以同样的音量回应，而要轻声安抚客户，使客户的情绪平静下来。当遇到客户的听力不好时，可适当提高音量。

3）语速：正常每分钟应保持在120～150个字左右。当需要重点强调或客户听不明白时，可适当调整语速。

（2）禁止使用反问、质问语气。

（3）客户生气大声讲话时，不能以同样的音量回应。应该轻声按抚客户，使客户的情绪平静下来。对听力不好的客户，可适当提高音量。需要重点强调或客户听不明白时，可适当降低语速。

2．聆听服务规范

（1）了解客户的需求时，要学会倾听，不得随意打断客户的话语，让客户将问题表述完后再答复。客户表述不清时，应引导或提示客户。

（2）在倾听过程中，表示出对话题的兴趣，态度积极，根据实际情况随时说"是""对"等，以示专心聆听。

（3）将客户分散的话务进行归纳，对重要内容要重复、确认，注意听出客户的弦外之音，了解客户的真实需求，为客户提供解决方案。

（4）与客户通话时坐姿端正，不用手托腮，不得趴在台席上工作。

3．电话外拨服务规范

（1）95598外拨电话包括电话回访和主动服务。呼出电话尽量避免在用餐、午休和夜间时刻打扰客户。外呼时间为9:00～12:00，14:30～21:00。

（2）客户代表应在规定的时限内进行回访，回访电话接通后，首先要向客户自我介绍，并确认客户身份，以免张冠李戴现象，引起对方不满。"您好！我是××供电公司95598，请问是××市的××客户吗？对不起，可以打扰您一下吗？"

（3）做电话回访时，要按照不同的业务类型分别进行有效沟通。对于咨询、查询、投诉、举报类客户，应将了解的信息和处理的结果回复给客户，询问客户是否明白，再对处理流程和处理结果进行满意率调查。客户代表要准确、真实地录入客户意见，将不满意的客户意见上报主管，并将主管处理意见回复客户。

（4）95598提供主动服务时，首先要向客户自我介绍，说明来电意图，并为打扰客户而道歉。"您好！我是××供电公司95598，我们正在推介电力短信服务，不好意思，可以打扰您一下吗？"若客户同意继续通话时，则向客户介绍具体业务，通话结束后再次向客户表示感谢，"感谢您对我们的工作的支持，祝您心情愉快，再见！"若客户不同意继续通话时，客户代表应向客户再次道歉，"不好意思，打扰您了，祝您心情愉快，再见！"

（5）结束通话后使用服务用语，"很抱歉占用您宝贵时间，谢谢您！再见"。挂电话时等客户挂机后再放下电话。

4. 电话服务用语规范

（1）使用标准普通话。当客户要求时可讲本地话，若遇到外宾时，宜用外语交流或转英语坐席。

（2）使用规范的服务用语进行交流，禁止使用服务忌语，尽量少用生僻的电力专业术语。

（3）核对客户资料时（如姓名、地址等），对于多音字等应优先选择中性词或褒义词，避免使用贬义词或反面人物名字。

（4）电话基本服务用语见附表1。

附表1　　　　　　　　　　电 话 基 本 服 务 用 语

服 务 用 语	服 务 忌 语
我能或我会……；我能为您做些什么呢？	我（我们、你）不能……；你没理解我的意思
对不起（我为……感到抱歉）！	你的问题在哪里？；我从来没说过；你的话没道理
我能了解您的感受	我们有规定（禁止）……
您是对的	你错了！
您需要提供……；您可以……；您看这样可以吗？	你不得不……；你必须……；你应该……；你为什么不……
不知道我说清楚没有？我可以做的是……	你明白了吗？；你不明白；听我说；你没有听我说
客户与名字一一对应，用姓氏来称呼客户	喂，你
然而、和或者仍（避免提及"但是"）；情况、争论的要点和所关切的事（避免提及"问题"这个词语）；经常、许多次和一些（避免全局词汇的使用）	"但是"这个词；"问题"这个词；全局性词汇（总是，从不和没有等）；"不"这个词

（5）电话服务规范用语见附表2。

附表2　　　　　　　　　　电 话 服 务 规 范 用 语

服务内容	服 务 用 语
首问语	"您好！请问有什么可以帮您？"；95598 客户服务系统中没有自动播报客户代表工号时："您好！×号为您服务，请问有什么可以帮您？"

服务内容	服 务 用 语
电话接通客户无声音时	"您好！请问有什么可以帮您？"； 中间间隔 3～5 秒："您好！这里是供电服务热线 95598，请问您能听见我的声音吗？"； 仍听不到客户回应时，"对不起！我听不到您的声音，请您换一部电话再拨，好吗？" 停顿 2 秒，说"再见"后挂机
客户声音太小听不清楚时	"对不起！我听不清您的声音，请您大声一点，好吗？"；仍听不清，再重复一遍，重复时语气仍要保持轻柔委婉；还是听不清："对不起，电话声音太小，请您换一部电话再拨，好吗？"停顿 2 秒，说"再见"后挂机
工作时间需要客户较长等待时	应讲明原委并征询客户的意见："对不起，我帮您查询一下，稍后可能会每没有声音，请不要挂机！"客户同意后按下静音键，并迅速处理问题，不可用命令语气。静音等候时间一般不超过 20 秒
重新与等候的客户交谈时	应在查询后立即进入与客户通话状态，并向客户致歉："对不起，××先生（女士），让您久等了！"或"感谢您的耐心等待。"
遇到客户询问坐席人员姓名时	"对不起，我的工号是××号。"；若客户坚持要问："对不起，在我们客服中心，我的工号就代表我，谢谢您的支持。"
遇到客户善意邀请时	"非常感谢!对不起，我们是供电服务热线。请问您还有其他用电服务需求吗?没有请挂机。"
遇客户指责操作慢时	"对不起，让您久等了，我马上为您办理。"
客户提出建议时	"感谢您提出的宝贵建议，我们会及时反馈给公司相关部门，再次感谢您对我们的关心和支持。"
遇到客户提出的要求无法做到时	应向客户致歉，并提供其他解决方法。"××先生（女士），对不起，您的要求我们暂时无法满足您，请您谅解，但我会将您的要求建议给相关部门，好吗？"
遇到客户投诉坐席人员态度不好时	"由于我（我们）的服务让您感到不满意，很抱歉，请问您是否能将详情告诉我？让我（我们）吸取经验进行改正，下次更好的服务。"
客户投诉坐席人员工作出差错时	"对不起，请原谅！"如客户仍不接受道歉："对不起，请您稍等，由我们的主管与您联系处理好吗？稍后回复您。"迅速将此情况转告当班值长，当班值长应马上与客户联系并妥善处理。
遇客户表扬时	表扬本人时："谢谢您!不客气，这是我们应该做的。"； 表扬其他人和部门时："谢谢您!我们会将您的表扬及时反馈给相关部门人员。"
遇客户致歉时	"没关系，请不要介意。"
为客户提供人工电费查询服务后	"为了方便您查询××，我们开通了自动查询××功能，欢迎您下次使用 95598 自动查询功能，谢谢您的来电，再见！"
客户查询进度	"我们××时已派出抢修队伍，现正在全力抢修，故障排除后，会及时恢复供电。"
所办业务一时难以答复需咨询相关部门	应耐心解释原因，并征求客户意见："××先生（女士），您的问题我们需要到相关部门查询，恐怕会耽搁您较长时间，请您留下联系方式，我们查询后立即答复您，好吗？"
客户反映的问题未及时处理时	"对不起！您反映的问题我们正在积极处理。因为牵涉到几个部门协调，所以时间会较长，我们会在问题解决后第一时间与您联系！"

五、业务服务规范

1. 咨询查询服务规范

（1）提供咨询、查询服务时，应使用规范化服务用语，合理运用电话服务技巧，引导客户说出关键内容，快速准确地判断客户的咨询重点及需要查询的信息。

（2）客户咨询时，认真倾听、分析。不随意打断客户讲话，不做其他无关的事情，必要时记录并确认客户的咨询、查询内容。

（3）详细询问客户基本信息和业务需求并做好记录。复杂事项需与客户确认所咨询、查询的业务。"请问您是要咨询（查询）××业务吗？"。查询操作时，向客户说明，"请稍候"。超过15秒应告知客户，"我正在为您查询。"

（4）对于能够直接答复客户的业务咨询、信息查询，客户代表应借助营销系统和相关电力知识立即答复客户。对不能当即答复客户的咨询、查询，但经联系相关部门或人员可以较快答复的，告知客户。"对不起，请您稍等。您提的问题暂时不能答复，请您留下联系电话，我将在××时间答复您。"

（5）答复客户咨询、查询结果后，客户代表对客户进行满意度调查，了解客户对本次服务的满意程度。

（6）应派专人负责电力知识库的收集整理工作，知识库信息准确完整的实时更新，为客户提供准确的业务咨询、信息查询服务。

2. 故障报修服务规范

（1）接到故障报修电话，客户代表要详细询问客户的故障情况，引导客户说出关键内容，初步判断故障原因及类型。报修故障为计划停电、欠费停电造成时，向客户说明原因。

（2）判断属于供电企业维修范围内的故障或无法判断故障原因，要详细记录客户的报修的故障内容、客户地址、联系方式，以便抢修人员到达现场后，能迅速找到故障点并排除故障。当发生大面积故障停电时，立即报告当值负责人及主任，启动抢修应急预案。

（3）属于客户内部产权故障，可电话引导客户排除故障，并告知客户故障不属于供电企业免费抢修范围，建议客户联系产权归属部门或有资质的维修队伍或社会电工处理，也可应客户要求提供抢修服务，但要事先向客户说明该项服务是有偿服务。

（4）对于已完成的故障报修单，客户代表应在规定的时限内回访客户，核实故障抢修结果。若属供电方责任造成故障没有处理完成，客户代表应立即将工单退回相关责任单位重新处理。

（5）电话回访时，向客户做满意度调查，并了解现场抢修人员的工作质量、服务质量、到达现场时间、故障修复时间等。准确、真实录入客户意见。

（6）因客户电话关机、停机或拒绝接听电话，造成无法联系客户时，应不少于3次回访，每次回访时间间隔不小于2小时，回访失败应如实记录失败原因。

3. 投诉、举报服务规范

（1）接到客户投诉时，客户代表首先应运用同理心的沟通技巧，按"先安抚客户后处理事情"的原则办理。努力化解客户的不满情绪，避免与客户发生冲突。"请您别着急。非常理解您的心情。我一定会竭尽全力为您解决的。好吗？"客户情绪激动时，不要与客户顶撞或辩论，尽量让客户陈述。待客户发泄情绪后再处理。

（2）耐心、认真聆听客户的投诉，准确记忆，尽量做到不让客户重述，以避免客户火气升级。聆听时，声音要流露出同情，以向客户表示你对这件事情的关注和重视。对客户的陈述适时给予回应"噢，是这样……"等口语，用以缓和气氛。客户在陈述投诉理由时，不得在谈话中途打断客户，应让客户把话讲完，以避免客户情绪激化。

（3）详细询问客户具体情况，引导客户说出投诉具体事件、发生的时间以及涉及的人员等关键信息，初步判断责任归属，并适时向客户表达歉意或谢意。

（4）根据客户描述，判断是否属于供电企业的问题。若判断属于供电方责任，应立即向客户道歉，并提出解决方案供客户参考，若无法提供解决方案时，则请客户耐心等候，告知客户我们会派工作人员现场核实，并告知投诉处理流程及时限，"非常感谢您对供电服务的关心，我们会在××个工作日内给您回复，谢谢！"。若判断属于客户方责任，应根据相关政策耐心细致地向客户做好解释、说明工作，争取客户的理解。

（5）严格保密制度，尊重客户的意愿，满足客户匿名请求，为投诉举报人做好保密工作。

（6）电话回访时，向客户做满意度调查，征求客户对投诉处理的意见，并了解相关人员的工作质量、服务态度、答复时间等。客户投诉应100%进行回访，并准确、真实录入客户意见。

4. 客户建议、意见服务规范

（1）客户对电网建设、服务质量等供电服务中存在的问题提出良好建议和意见，帮助供电企业提高服务质量。客户代表要以积极诚恳态度，按照流程及规范要求，快速、准确地处理相关工单。

（2）当客户提出建议、意见后，客户代表受理时首先应向客户表示感谢，感谢客户对我们工作的支持。

（3）客户的建议与现行规定、政策相悖时要详细向客户解释，寻求客户的理解和支持。当客户所提建议具有可行性，能够被采纳时，可告知客户"我们会将您的宝贵建议及时向相关部门及领导反映"，并将采纳情况反馈给客户。

（4）对于已完成且客户需要回访的建议单，客户代表应在规定的时限内回访客户，核实建议处理结果。若属供电方责任造成建议没有处理完成，客户代表应立即将工单退回相关责任单位重新处理。

（5）客户建议应 100%进行回访。电话回访时，客户代表需向客户做满意度调查，征求客户对建议处理的意见，并了解相关人员的工作质量、服务态度、答复时间等。

5. 信息发布服务规范

（1）依照《供电企业信息公开实施办法（实行）》等相关法律法规开展供电信息的公开和披露工作，保障客户的知情权。

（2）为满足供用双方的需求，争取社会各界的理解和支持，应主动向社会发布各类电力信息，如：最新电价政策、有序用电政策、计划检修停电信息、企业最新资讯等。发布信息收集人员应及时收集信息内容，并报发布信息审核人员进行审核，只有审核通过的信息 95598 才能对外发布。

（3）信息发布内容：

1）企业介绍。包括电力企业发展、经营状况和目标、营业区域划分、业务管辖范围、业务查询电话和电力服务场所等信息。

2）电力法律法规。包括《中华人民共和国电力法》《电力供应与使用条例》《电力设施保护条例》《供电营业规则》《居民用户家用电器损坏处理办法》《电力监管条例》《供电服务监管办法》以及供电企业能够对外发布的电力相关政策等。

3）优质服务承诺。包括投诉热线、社会服务承诺、示范窗口规范、文明用语、职工服务守则等内容。

4）营业收费。包括收费项目、收费标准、适应范围、电量电费结算方式、交费方式、欠费处理办法、电费违约金及其收费原则。

5）电价政策。包括电价分类、电价执行范围、销售电价表及相关的电价政策等。

6）服务指南。包括用电常识、营业网点、业务流程、服务内容、办理各种业务所需手续等。

7）停电信息。停电信息需要在规定的时限内提前发布。

8）事务公告及曝光信息。

9）文件信息。指相关单位、部门颁布的与客户密切相关并需要向社会进行公示的文件。

10）其他信息。包括客户用电信息和专业信息。客户用电信息是指营销信息系统中与客户服务密切相关，可以面向客户公布的用电信息。包括电量电费、电费余额、欠费金额、计量方式、电能表编号、办理业务进程、所属台区名称等。专业信息包括配网结构图、线路编号及名称、负荷分布图、变压器损耗、导线截面选择、安全距离以及安全节约用电等。

（4）信息发布前必须审核信息的准确性、完整性和时效性。由发布信息审核人员确认信息内容的及时性、真实性、准确性，做到语言精简，不含歧义，判断是否符合国家法律、法规和有关政策规定，符合公司的规章制度和有关保密规定。通过网站发布的信息需要审核是否符合国家关于信息网络安全的有关规定和要求。审核人员应在规定的时限内审核信息，对于未审核通过的发布信息申请，应写明审核未通过的原因和意见，并通知信息发布申请人。

（5）对于审核通过的信息，信息发布人员应在规定时限内根据申请的发布方式进行发布，做到内部连接流畅，不推诿搪塞。并将信息发布时间、发布人员、发布方式和发布内容记录存档，避免出现迟发、漏发和错发的现象。信息发布后，95598要定期对信息接收方做抽样回访，了解信息发布情况，征询接收方意见和建议，及时发现问题、整改问题，使信息发布工作成为供电企业与用电客户之间切实有效的沟通渠道。

（6）停电信息发布时限：

1）供电设施计划检修停电信息，应提前 7 天通知客户或进行公告。

2）供电设施临时检修停电信息，应提前 24 小时通知重要客户或进行公告。

3）突发性故障停电信息，应在故障发生后的规定时限内进行公告。但是对于涉及面广、影响面大的停电信息，则应按照《国家电网公司处置电网大面积停电事件应急预案》处理，由公司应急领导小组统一领导信息发布工作，及时将事故情况通报主要公告媒体，使公众对停电情况有客观的认识和了解。未经公司应急领导小组同意，不得擅自发布大面积停电信息。

4）发生异动的停电信息，对于那些停电因故延期或取消，以及需要延期送电的信息，应在信息变动前的规定时限内进行公告。

5）有序用电预警信息，应按照《国家电网公司有序用电管理办法（实行）》，主动配合政府通过电视、报纸、广播、网络等渠道开展有序用电预警信息发布工作。限电序位应事先公告客户，并根据负荷值按确定的限电序位进行停电或限电。

六、特殊事件及危机处理服务规范

1. 特殊事件处理

（1）受理业务过程中，若发生系统故障，迅速进入客户服务系统的应急状态，并做好客户相关业务的受理工作。使用服务用语，"对不起，因系统故障暂时无法办理您的业务，给您带来不便敬请谅解，请您留下电话，等系统恢复正常后我再与您联系。"

（2）遇到紧急情况或大面积停电导致接通率降低时，及时报告当值负责人或主管，并启动应急预案。

（3）在天气恶劣故障频繁发生或出现大面积停电的情况下，客户代表应及时将故障所涉及的线路及地区范围，录入系统，以备客户查询了解。

（4）受理重大投诉事件时，重大投诉事件（重要客户投诉、客户激动无法平息的投诉事件、涉及供电单位领导及以上级别领导的投诉事件）应立即转至当值值长受理，当值值长将受理结果及时上报主管处理。

2. 通话异常处理

（1）遇到客户情绪激动，破口大骂时，"您的心情我们非常理解，您所讲问题我们会尽力为您解决"。安抚客户情绪，若无法处理，应马上报告当值值长。

（2）遇到骚扰电话时，"这里是 95598 供电服务热线，有供电方面的问题，请您找我们联系。"经劝说无效可转自动语音服务，并向当值值长报告。

（3）遇到连续恶劣骚扰时，"这里是 95598 供电服务热线，我们的电话具备来电显示功能，并且全过程录音。如果您坚持这样做，我们会报警。"并向当值值长报告。

（4）将连续恶意骚扰电话号码录入黑名单中。

3. 服务失效处理规范

（1）已按《中华人民共和国电力法》《供电营业规则》等为客户提供服务，客户仍表示强烈不满时，可判定为服务失效。

（2）准确记录客户需求，迅速将问题报告主管，同相关部门协调处理。

（3）服务用语："您提出的需求我们现在暂不能满足，但我会将您的需求记录汇报上级领导，在 5 个工作日内答复您"。

第四节　业扩报装服务规范

业扩报装又称为业务扩充，简称业扩，是供电企业营销服务工作中的一个习惯术语。供电企业接受客户新增用电申请后，根据电网供应能力等实际情况，按照相关规定，为客户办理供电相关服务业务，以满足客户扩充的需求。

一、服务内容

业扩报装工作主要包括客户业扩报装受理、收集客户用电需求的有关信息，深入客户用电现场了解客户现场情况、用电规模、用电性质以及该区域电网的结构，进行供电可靠性和供电合理性的调查，然后根据客户的用电需求和现场调查情况以及电网运行情况制定供电方案。根据确定的供电方案，一方面，组织因业务扩充引起的供电设施新建，扩建工程设计、施工、验收、启动；另一方面，组织客户工程的设计、施工审查以及针对隐蔽工程进行施工的中间检查；最后，组织客户工程的竣工验收。经竣工验收合格后，与客户签订供用电合同，组织装表接电。

低压客户业扩报装受理范围：380V 或 220V 供电客户新装和增容业务。根据业务差异分为低压居民客户新装、低压居民客户增容、低压非居民客户新装、低压非居民客户增容。

高压客户业扩报装受理范围：10（6）kV 及以上电压等级供电客户新装和增容业务。根据业务差异分为高压客户新装、高压客户增容。

二、服务时限

《供电服务规范》GB/T 28583—2012 规定，供电企业用电业务办理时限应当符合以下要求：

（1）向客户提供供电方案期限应当符合：自受理客户用电申请之日起，居民客户不超过 3 个工作日，其他低压供电客户不超过 8 个工作日，高压单电源供电客户不超过 20 个工作日，高压双电源供电客户不超过 45 个工作日。若不能如期确定供电方案时，供电企业应向客户说明原因。

（2）对客户送审的受电工程设计文件和有关资料答复时限：自受理之日起，低压供电客户不超过 8 个工作日，高压供电客户不超过 20 个工作日；供电企业的审核意见应以书面形式连同审核过的受电工程设计文件一份和有关资料一并退还客户，以便客户据以施工。

（3）审核后的受电工程设计文件和有关资料如有变更，供电企业复核的期限应当符合：高压供电客户一般不超过 15 个工作日；低压供电客户一般不超过 5 个工作日。

（4）对客户受电工程启动中间检查的期限应当符合：自接到客户申请之日起，低压供电客户不超过 3 个工作日，高压供电客户不超过 5 个工作日。

（5）对客户受电工程启动竣工检验的期限应当符合：自接到客户受电装置竣工报告和检验申请之日起，低压供电客户不超过 5 个工作日，高压供电客户不超过 7 个工作日。

（6）对于竣工检验合格的客户受电工程，供电企业应当尽快组织装表接电，装表接电的期限应当符合：居民客户不超过 3 个工作日，低压电力客户不超过 5 个工作日，高压电力客户不超过 7 个工作日。

三、服务要求

（1）在供电营业场所、网站等处公开服务程序、工作时限、收费标准、依据。

（2）在营业厅设立自助服务工作台、触摸屏、电子大屏等信息公告与服务设施，业务受理座席配置双屏显示器。主动为客户提供书面须知或报装指南，向客户公开服务信息及业务办理进程，规范信息查询、咨询服务。

（3）业扩报装收费要依法依规，严格按照政府部门批准的项目、标准进行收费。

（4）对客户的受电工程不指定设计单位，不指定施工队伍，不指定设备材料采购。

（5）到客户现场服务前，有必要且有条件的，应与客户预约时间，讲明工作内容和工作地点，请客户予以配合。

（6）进入客户现场时，应主动出示工作证件，并进行自我介绍。进入居民室内时，应先按门铃或轻轻敲门，主动出示工作证件，征得同意后，穿上鞋套，方可入内。

（7）到客户现场工作时，应遵守客户内部有关规章制度，尊重客户的风俗习惯。

（8）到客户现场工作时，应携带必备的工具和材料。工具、材料应摆放有序，严禁乱堆乱放。如需借用客户物品，应征得客户同意，用完后先清洁再轻轻放回原处，并向客户致谢。

（9）原则上不在客户处住宿、就餐，如因特殊情况确需在客户处住宿、就餐的，应按价付费。

四、业扩报装服务规范

1. 业务受理规范

（1）受理业务申请，为客户提供信息宣传与咨询服务，引导并协助客户填写用电报装登记表。

（2）查询客户以往的服务记录，了解客户用电情况及关联欠费信息。如有欠费则向客户说明需缴清欠费后再予受理。

（3）详细询问客户用电地点、电力用途、用电设备清单、用电负荷、保安电力、用电规划等，并请客户提供用电工程项目批准的文件、营业执照复印件、法人代表证书或由法人代表授权签署的授权委托书等有关用电资料。

（4）审核客户是否提供了相关的证件和资料，以及证件和资料的有效性，若不符合要求要向客户说明。例如："对不起，您还需要准备××资料才能办理。"

（5）核查登记表中客户填写的内容与所提供的相关资料的信息是否一致，若不一致则请客户更正。例如："对不起，您填写的登记表与××资料上的内容不一致，请您核对一下再重新填写好吗？"

（6）对于客服热线、客服网站以及同城异地受理的用电申请，应及时与客户取得联系，确认报装需求，请客户备妥资料到营业厅办理相关手续或提供主动上门服务。

2. 现场服务规范

（1）出发前准备。

1）统一着装，正确佩戴工号牌。不得将工号牌藏于衣服或口袋内。精神饱满，状态良好，仪容仪表符合工作规范。

2）预先了解所要勘查地点的现场供电条件，提前与客户预约现场勘查的时间。例如："您好，我是××供电分公司工作人员，我们准备在××日××时至××时到您处查勘。"当客户同意后应向客户致谢。例如："谢谢您的配合，再见。"当客户要求另约时间，应尽量满足客户要求。

3）检查必备的表单工具是否齐全，是否处于可使用状态。出发前要将自己的工具包对照标准自检一遍，以防止出现遗留或错误。

（2）到达现场。

1）到达现场时，应遵守客户内部有关规章制度，尊重客户的风俗习惯。

2）有预约的，按约定时间到达现场。如遇特殊情况无法按约定时间到达现场，应提前告知客户，说明原因，主动向客户致歉。

3）进入客户单位或居民小区时，应主动下车，向有关人员出示有效工作证件、表明身份并说明来意。车辆进入客户单位或居民小区内不得扰民，须减速慢行，注意停放位置。

（3）现场查勘。

1）到达勘查现场后，应向客户表明身份、出示证件、说明来意。

2）勘查时，应仔细核对客户名称、地址等相关资料与勘查单的内容是否一致。如客户户名、地址等相关内容与现场不一致时，应再次确认并做好记录，以便更改。如客户相关资料不完整时，应明确告诉客户还需哪些资料，例如："您的资料不完整，您还应再提供××资料。"

3）当客户询问勘查意见时，应告知客户最终供电方案答复时限。

4）如发现客户现场情况不具备供电条件时，应列入勘查意见并耐心细致地向客户解释、提出合理的整改措施或建议，取得客户的理解。

（4）答复供电方案。

1）根据现场勘查的结果及审批结论，在规定的时限内答复客户供电方案情况，提供供电方案答复单供客户签字确认，登记通知客户及客户确认的时间。

2）供电方案应在规定时限内书面答复客户，若不能如期确定供电方案时，应主动向客户说明原因。

（5）业务收费。按照国家有关规定及物价部门批准的收费标准，确定相关费用，并通知客户缴费。

（6）设计文件审查。根据国家相关设计标准，审查客户受电工程设计图纸及其他设计资料，在规定时限内以书面形式答复审核意见。

（7）中间检查。

1）根据客户提供的工程开工时间、施工进度，联系客户确定中间检查日期，中间检查应在隐蔽工程覆盖前进行。

2）到达现场后，应向客户表明身份、出示证件、说明来意，并请客户陪同中间检查，提供所需资料。

3）现场检查时，携带受电工程中间检查登记表，记录检查情况。如发现缺陷，应出具受电工程缺陷整改通知书，要求施工方整改，并记录缺陷及整改情况。中间检查结束形成受电工程中间检查结果通知书，并请客户确认、签收。

（8）竣工验收。

1）依据客户提交的报验资料，按照国家和电力行业颁发的技术规范、规程和标准，在约定时间内组织相关部门对受电工程的建设情况进行全面检验。

2）到达现场后，应向客户表明身份、出示证件、说明来意。

3）检查验收人员进入施工现场应遵守《电业安全工作规程》（国家电网安监〔2009〕664号）。

4）对工程不符合规程、规范和相关技术标准要求的，应以书面形式通知客户改正，改正后予以再次验收，直至合格。

（9）签订合同。

1）根据平等自愿，协商一致的原则与客户协商供用电合同内容。

2）客户对《供用电合同》相关内容有疑问时，必须耐心细致地做好相关解释工作。

3）主动提醒客户如不是法人代表签订的，还需准备授权委托书以及受委托人身份证。

4）请客户详细阅读、确认并签字、盖章。

（10）装表送电。受电工程检验合格并办结相关手续后，居民客户3个工作日内送电，非居民客户5个工作日内送电。

（11）客户回访。

在完成现场装表接电后，在规定的回访时限内完成申请报装客户的回访工作，向客户征询对供电企业服务态度、流程时间、装表质量等的意见，并准确、规范记录回访结果。

第五节　故障抢修服务规范

为保障电力故障及时抢修，国家电网公司针对受理故障报修和到达现场抢修服务时间对社会作出了郑重承诺。现场抢修应按照规范的业务流程，提高故障抢修服务质量，尽可能减少客户故障停电时间，提高供电企业的供电可靠性。

一、服务内容

通过电话、网络等方式，受理客户的故障报修申请，为客户提供产权维护范围内的高、低压故障，电能质量和其他电力故障报修服务。当客户无法排除内部故障并请求帮助时，供电企业应提供力所能及的有偿服务。

故障报修业务分类：

（1）按故障设备产权属性分为供电企业产权和用电客户产权故障。

（2）按故障危害程度分为单户、局部和大面积故障。

（3）按故障电压类别分为高压故障和低压故障。

（4）按故障报修紧急程度分为特急、紧急、一般故障。

（5）按故障区域分为城区故障、农村故障和特殊边远地区故障。

（6）按故障类型分为高压故障、低压故障、电能质量和其他故障。

（7）按故障原因分为自然灾害、外力破坏、用电客户内部故障、过负荷、设备缺陷、设计及施工质量问题及其他故障。

二、现场服务规范

（1）提供24小时电力故障报修服务，对电力报修请求做到快速反应、有效处理。

（2）加快故障抢修速度，缩短故障处理时间。有条件的地区应配备用于临时供电的发电车。

（3）接到报修电话后，故障抢修人员到达故障现场的时限：城区45分钟、农村90分钟、边远地区2小时，特殊边远地区根据实际情况合理确定。

（4）因天气等特殊原因造成故障较多不能在规定时间内到达现场进行处理的，应向客户做好解释工作，并争取尽快安排抢修工作。

三、故障抢修服务规范

1. 出发前准备

（1）统一着装，戴安全帽，穿绝缘鞋，携带工作证。接到报修工单后3分钟内当班队（组）长负责组织抢修队员佩戴装备，检查工器具和必要材料，准时出发。

（2）预约客户，以便确认地址。电话联系客户时要使用礼貌服务用语，耐心倾听客户意见，通话结束时，向客户致谢。如："您好，请问您是××先生/女士吗？我是××电业局抢修人员，请问您报修的地址是×××吗？"。得到客户确认后，应向客户致谢！如："感谢您的配合，再见！"

2. 抵达现场

（1）抢修人员应在电子故障工单生成时刻起，45分钟内赶到城区故障现场；90

分钟内赶到农村故障现场；120 分钟内赶到边远地区故障现场。如遇特殊情况，无法在规定的时限内到达现场，应再次向客户打电话致歉并告之预计到达时间，同时向 95598 报告未能及时到达的原因以及预计到达现场的时间。

（2）如果未按时到达应主动向客户致歉。使用文明服务用语，例如："对不起，让您久等了"。

（3）到达现场时，应遵守客户内部有关规章制度，尊重客户的风俗习惯。

（4）进入客户单位或居民小区时，应主动下车，向有关人员出示有效工作证件、表明身份并说明来意。车辆进入客户单位或居民小区内不得扰民，须减速慢行，注意停放位置。

（5）与客户见面时，主动问好并作自我介绍。对故障给客户造成的不便，向客户致歉。使用服务用语，例如："您好，我是××供电局抢修人员，来××，请您配合。"需要向客户询问原因时，要耐心倾听，必要时做好详细记录。

3. 故障处理

（1）抢修人员到达现场后，进行现场勘察。按照"故障工单"核对现场信息，如故障地点、客户姓名、故障现象、故障设备等，对故障类型的产权归属进行判断。

1）若属于客户内部故障，抢修人员再次向客户说明产权维护责任。若客户无法自行排除故障并请求帮助时，抢修人员可提供抢修服务，或协助客户联系维护单位处理，但要事先向客户说明该项服务是有偿服务。

2）若属于供电企业维护范围内故障，抢修人员应积极排除故障。对短时间难以恢复供电的故障，抢修人员应及时将故障处理情况和预计修复时间告知 95598，95598 在工单中做好记录，以便座席人员向客户做好解释工作。

（2）事故原因判明后，应向客户说明故障原因及预计抢修时间。如遇客户询问故障原因或修复时间等，应向客户耐心解释，不得用"早着呢""等着吧""不知道"等服务忌语。

（3）加快故障抢修速度，缩短故障处理时间，实施不间断抢修。

（4）施工工具和材料摆放有序，严禁乱堆乱放。如需借用客户物品，应先征得客户同意，并使用服务用语，例如："借用一下您的××可以吗？"。

（5）抢修结束后应清理作业现场，整理工具、材料；向客户借用的物品，用完后应先清洁再归还，并向客户致谢。例如："您的××还给您，谢谢！"。如在工作中损坏了客户的设施，应给予修复或等价赔偿。

（6）询问客户是否还有其他需求。例如："故障处理好了，您看是否还有什么问题。"感谢客户配合并留下服务电话"95598"。

四、危机处理

1. 遇到重大突发性故障时

（1）快速作出准确的故障判断分析。

（2）立即向有关领导汇报情况，同时做好现场安全保护措施，防范事态进一步扩大。

（3）得到相关领导指示后，按指示要求，实施现场抢修作业。

2. 抢修现场遇到客户情绪激动、围攻时

（1）客户情绪激动时：

1）先安抚客户的情绪，耐心聆听客户的意见和抱怨。例如："很抱歉给您添麻烦了，请您详细描述一下具体情况好吗？"

2）如确属供电企业责任，首先承担责任，主动致歉。例如："由于××给您造成的不便，请您谅解"；主动告知客户下一步解决方案并迅速展开作业。如不属于供电企业责任，应进行解释说明，但不可责怪客户。

（2）客户有冲动行为时：

1）尽量避免矛盾进一步激化，并注意保护自身安全。

2）迅速与客户单位领导、社区负责人取得联系，请其帮助进行劝解。

3）立即报告公司有关领导。

4）情况紧急时立即报警。

第六节　抄表催费服务规范

抄表及电费回收工作是供电企业营销管理中一项重要工作，是企业获得销售收入、实现利润目标的重要途径。抄表质量的好坏，电费是否及时、准确的收回，直接关系到企业的经济效益和社会效益。

一、服务内容

（1）客户侧计费电能表表码、最大需量值、失压记录数据的抄录。

（2）电费通知服务。

（3）电费催收服务。

（4）欠费停复电服务。

二、基本规范

（1）供电企业应当按照相关规定或根据营业区范围内客户数量、用电量和客户分布情况，与客户约定抄表周期、抄表日期和交费截止日。约定后确需调整的，应当事先通知客户。

（2）供电企业应在规定的日期准确抄录计费电能表读数。因客户的原因不能如期抄录计费电能表读数时，可通知客户待期补抄或暂按前次用电量计收电费，待下一次抄表时一并结清。确需调整抄表时间的，应事先通知客户。

（3）在尊重客户、有利于公平结算的前提下，供电企业可采用客户乐于接受的技术手段、结算和付费方式进行抄表收费工作。

（4）供电企业对执行两部制电价客户的抄表周期一般不得大于1个月；对执行功率因数调整电费客户的抄表周期一般不得大于1个月。

（5）对于广泛采用预付费方式收取电费的地区，供电企业应当满足客户的知情权和选择权；有条件的，可以利用停电预警、预置电量或者配备应急电卡等方式，尽可能减少客户因未能及时预付电费而断电。

（6）供电企业应当将供电企业统一印制的通知单及时送交客户或放置在与客户约定的位置（表箱、邮箱、物业等）。有条件的，可以采取发送短信息等方式，告知客户交费信息。

（7）供电企业应向客户提供不少于两种可供选择的缴纳电费方式，如营业厅缴费，银行（邮政）代收电费、自助缴费及充值卡付费等。

（8）供电企业应当为交费客户提供电费发票，客户如需结算清单的，供电企业应当提供。

（9）对月用电量较大的客户，供电企业可与客户协商实行每月分次结算电费，月末抄表后结清当月电费，并在合同中予以明确。

（10）客户在合同约定的期限内未交清电费时，供电企业应当按照国家规定或合同约定收取电费违约金。电费违约金从逾期之日起计算至交纳日止。逾期超过30天的，供电企业可以按照相关规定对客户采取中止供电措施。

三、抄表服务规范

1. 抄表前准备

（1）统一着外勤工作服，佩戴有效工作证件。精神饱满、状态良好。仪容仪表符合工作规范。

（2）根据抄表例日领取抄表本或抄表机，准备好抄表所需的工具，如电费通知单、签收单、钢笔、手电筒、试电笔等。检查交通工具是否齐全、完备，有关证件是否带齐。

（3）抄表前，应尽快掌握并熟悉客户相关信息，分析抄表过程中潜在的服务风险，并做好预防应对措施。

（4）如需电话预约，应与客户约定时间。例如："您好，我是××供电供公司工作人员，我们准备在××日××时至××时到您处抄表。"，当客户同意后应向客户致谢，"谢谢您的配合，再见。"；当客户要求另约时间，应尽量满足客户要求。

2．到达现场

（1）现场抄表时，应遵守客户内部有关规章制度，尊重客户的风俗习惯。做到礼貌、谦和，避免大声吵闹、喧哗。

（2）按约定时间到达现场，如果迟到应主动向客户致歉。例如："对不起，让您久等了。"如遇特殊情况，无法按约定时间到达现场，应提前告知客户，说明原因。

（3）进入客户室内时，应先按门铃或轻轻敲门，主动出示工作证件，征得同意后，穿上鞋套，方可进入。如客户不让穿鞋套时，可向客户解释工作纪律，原则上必须穿；特殊情况下可按客户的意见办理。

（4）进入客户单位或居民小区时，应主动下车，向有关人员出示有效工作证件、表明身份并说明来意。车辆进入客户单位或居民小区内不得扰民，须减速慢行，注意停放位置。

（5）如电能表装在客户家里，客户不让进门抄表时，应亮出自己的工作牌，向对方说明事由。例如："您好，我是××供电公司工作人员，来××进行抄表，请您配合。"。

（6）与客户交谈时应语言文明、礼貌、得体。

3．现场抄表

（1）对电能计量装置进行常规检查，如发现异常情况，应做好记录，并当日填写报告单，交营抄管理专责人办理。客户异常情况包括烧坏、损坏、停走、倒走、卡字、窃电、封印脱落、表位移动、高价低接、用电性质变化。

（2）读取并正确录入电能表示数。核对现场客户户名、地址、表号、用电性质等基本信息。

（3）第一次到客户处抄表或遇上客户更换交费人时，要主动和客户沟通并详细解释抄表收费等详细问题，和客户互通联系方式。

（4）抄表后根据客户需要，填写备款通知单并递送客户。客户在现场应提醒客户按时缴费并告知缴费时间。

（5）发现客户有窃电、违约行为时，应保留现场并立即通知用电检查人员到场，在用电检查人员未到现场前，应设法避免客户破坏现场，注意保持冷静、理智，严禁与客户发送争吵。

（6）耐心正确地解答客户提出的有关问题，采用首问负责制处理客户问题。

（7）现场作业过程中，如遇客户情绪激动时，应先安抚其心情，再处理事情。不要与客户争论，耐心细致地解答客户提出的问题。

（8）工作中需借用客户物品，应先征得客户同意，例如："借用一下您的××可以吗？"用完后先清洁再轻轻放回原处，并向客户致谢，例如："您的××还给您，谢谢！"如在工作中损坏了客户原有设施，应尽量恢复原状或等价赔偿。

4. 离开现场

（1）抄表结束后，若客户在现场，应向客户礼貌道别。

（2）注意保持现场清洁，不随意吐痰，不随意丢弃废旧票单。

（3）如客户需要，应向客户宣传电力法规及相关用电知识。

四、催费服务规范

1. 催费前准备

（1）根据催费时限要求从营销信息系统查阅欠费情况，确定欠费客户。

（2）催费通知单应有欠费客户的户名、欠费金额、限期交费日期、违约金金额、电费回收政策及欠费后果等必要内容。

（3）填制催费通知书后，应详细核对户名、地址等客户相关资料。

（4）分析客户欠费类型，针对不同类型客户，进行不同方式催费。

（5）带好催费所需要的表单工具。以防止出现遗留或错误，出发前要将自己的工具包对照标准自检一遍。

（6）采取电话催费的，需表明身份说明来意，不可用消极的语言刺激客户。电话没人接或改号的应改用直接上门催费。

2. 电费催缴

（1）到达现场时，应遵守客户内部有关规章制度，尊重客户的风俗习惯。

（2）进入客户单位或居民小区时，应主动下车，向有关人员出示有效工作证件、表明身份并说明来意。车辆进入客户单位或居民小区内不得扰民，须减速慢行，注意停放位置。

（3）与客户见面时，须主动自我介绍并出示证件。

（4）找到相应负责人后应表明身份、出示证件并说明来意，请客户签收。

（5）根据客户需要进行必要的解释工作。

（6）现场作业过程中，如遇客户情绪激动时，应先安抚客户情绪，再处理事情。不要与客户争论，耐心细致地解答客户提出的问题。

（7）对无法直接送达催费通知单的闭门居民客户，应将催费通知单放在合适位置，或通过社区服务部门转交、委托邻居转交等方式通知客户，同时要结合电话催收。

（8）在催收欠费时不得在小区门口或单元楼道门口张贴欠费清单或欠费通知书的方式，应采用将欠费通知书装入信封，塞入欠费客户门缝或张贴在门上的方式进行催收。

（9）拒绝签收的，可通过挂号信或交与该欠费客户的上级主管部门等方式签收。

3. 跟踪欠费

对已发送催费通知书后还未缴费的客户进行不定期催费。例如："尊敬的××客户，我们已在××日送达催费通知单（书），请您尽快缴费，否则我们将按照有关规定采取停、限电措施。"

4. 离开现场

与客户礼貌道别。

五、欠费停电服务规范

1. 欠费停限电准备

（1）抄表人员调阅客户欠费信息后向主管提交欠费停电申请报告，经主管或上级审核无误后，由分管局长签字后，才能执行。

（2）停限电通知单内容包括客户的户名、欠费金额、违约金金额、限期交费日期、停限电时间、停限电范围、签收人、抄送单位、电费回收政策和欠费停限电后果承担方等必要内容。

（3）收到批准后的欠费停电申请报告后，打印或填写停限电通知单。

2. 发送停电通知书

（1）客户欠电费需依法采取停电措施的，提前7天送达停电通知书。

（2）居民客户的，必须送达到户主签收；非居民客户的，送达到相关负责人。

（3）送达时，应表明身份、出示证件并说明来意，请客户经办人签收。例如："您好，我是××供电公司工作人员，这是我的证件，这是停电通知单（书），请您签收。"

（4）无法见到客户本人的，应以挂号信或公证机关现场公证的方式进行送达。

（5）客户拒绝签收欠费停电通知单，可采取两人及以上同时送达、（挂号信或特快专递）邮送、送达其上级主管部门签收或申请公证送达。

（6）对重要客户的停电通知单要抄报主管部门及上级电力部门。

（7）催费员在停限电通知单发出后要继续做好电费的催收工作。

3. 通知停限电

（1）居民客户通知时应表明身份并告知具体停电时间。

（2）非居民客户通知时，须找到相关负责人并告知具体停电时间与安全注意事项。

（3）当现场不具备停限电条件时，要求客户立即整改，并请客户做好准备工作。

4. 停电

（1）实施停电时，停电人员一般不得少于两人。

（2）停电工作之前再次核实客户是否已经交纳电费，以避免停错电。

（3）在停电前30分钟，将停电时间再通知客户一次，并做好记录，方可在通知规定时间实施停电。

（4）到达现场后，核对停电客户的户号、表号与档案，确认后方可实施停电。如客户表示愿意马上交电费，停电人员可暂时停下停电工作，请客户到就近的缴费处交清欠费。

（5）对停电设备进行加封，并与客户确认。如客户不让停电，或暴力抗拒停电时，停电人员不得与客户正面冲突，须耐心细致的跟客户做好解释工作并请示主管。

（6）停电后再次进行检查，确认停电对象正确无误，清理现场后，方能离开。如核对时发现停错电，须马上恢复用电，并主动向客户致歉。

5. 复电

（1）积极主动查询欠费停电客户的缴费情况，在查清客户电费已经到账后，应立即安排工作人员在当日内恢复送电，下班时间或周休日均不例外。

（2）对专变、专线客户，恢复送电前应事先主动和客户约定好恢复送电的时间，并取得客户书面签字确认或进行电话记录，以便客户做好准备，避免安全事故或其他意外情况发生。

（3）因特殊情况不能在规定时间内恢复供电的，应及时向客户说明原因，取得客户的谅解；同时在安全技术条件成熟后立即为客户恢复送电。

（4）无法及时恢复送电的原因必须在三天内进行排除，即从确认客户交纳电费时间起至实际恢复送电时间止不超过72小时。

（5）恢复送电后，联络客户，确认客户已正常用电。

（6）由于非客户的原因造成客户电费缴纳不成功形成欠费停电，或因操作失误形成错停电等情况发生时，应先恢复送电，再进行核实和纠正处理。向客户当面致歉。将处理意见向客户通报。

6. 离开现场

与客户礼貌道别。

第七节　装表接电服务规范

装表接电服务规范是针对装表接电及现场校验人员在客户侧进行电能计量装置的安装、更换、拆除、故障处理、现场校验等现场服务纪律及工作行为规范。

一、装表接电内容

装表就是安装电能计量装置，接电就是供电企业将申请用电者的受电装置接入供电网，一般装表与接电同时进行，是业扩工程工作最后一道程序。

电能计量装置的安装包括电能表，计量用电压、电流互感器以及连接它们的二次回路的安装，计量屏（柜）的全部或其中一部分的安装，采集终端及失压计时仪的安装。

二、现场服务规范

（1）供电企业在新装、换装及现场校验后应对电能计量装置加封，并请客户在工作凭证上签章。如居民客户不在家，应以其他方式通知其电表底数。拆回的电能计量装置应在表库至少存放 1 个月，以便客户提出异议时进行复核。

（2）供电企业应按规程规定的周期检验或检定、轮换计费电能表，并对电能计量装置进行不定期检查。发现计量装置失常时，应及时查明原因并按规定处理。

（3）因客户责任引起的电能计量装置损坏，应礼貌地与客户分析损坏原因，由客户确认，并在工作单上签字。

（4）客户对计费电能表的准确性提出异议，并要求进行校验的，经有资质的电能计量技术检定机构检定，在允许误差范围内的，校验费由客户承担；超出允许误差范围的，校验费由供电企业承担，并按规定向客户退补相应电量的电费。

（5）电能计量装置的安装应严格按通过审查的施工设计或用电客户业扩工程确定的供电方案进行，严格遵守电力工程安装规程的有关规定。

（6）严格按照《低压电气装置安装规程》《高压电气装置安装规程》等有关工艺要求进行现场施工。

三、现场服务规范

1. 出发前准备

（1）接收安装任务单（新装、增容及变更用电业务等），确定计量装置安装项目及工作内容。

（2）根据安装任务单领取相应的安装设备（电能表、互感器、计量箱等），并进行核对。

（3）准备相关工具、仪表、辅助材料、业务工作单，现场记录及满足现场工作所需的安全工器具。安全工器具主要包括安全帽、安全带、绝缘鞋、绝缘手套、登高工具、接地线、验电器、警示标识等。

（4）统一着外勤工作服，戴安全帽，穿绝缘鞋，携带工作证，精神饱满，状态良好，仪容仪表符合工作规范。

2. 预约客户

（1）现场装表接电前应与客户电话预约。电话预约时必须表明身份，讲明工作内容和工作地点，预计现场装表接电的时间，确认地址，提醒客户需要准备与配合的事项。例如："您好，我是××供电公司工作人员，我们准备在××日××时至××时为您装表接电（或进行更换、拆除、故障处理、现场试验等）。"如果涉及停电，应向客户说明："我们需要在××日××时至××时对××停电换表。"

（2）当客户同意后应向客户致谢。例如："谢谢您的配合，再见！"当客户要求另约时间，应尽量满足客户要求。

（3）当电话无法通知到客户时，应通过其他方式（包括上门方式）通知到客户。或请物业公司代为通知。例如："您好，我是××供电公司工作人员，我们准备在××日××时至××时为××装表（验表），麻烦您代为通知。"当电话或物业无法通知到客户时，应上门通知。

（4）小区居民客户电能表轮换，采用公示的方式提前告知客户。

（5）如属计量装置故障处理，电话、物业无法通知到客户时，直接上门处理。

3. 到达现场

（1）按约定时间到达现场，如果迟到应主动向客户致歉。例如："对不起，让您久等了。"如遇特殊情况，无法按约定时间到达现场，应提前告知客户，说明原因。

（2）进入客户单位或居民小区时，应主动下车，向有关人员出示有效工作证件、表明身份并说明来意。车辆进入客户单位或居民小区内须减速慢行，注意停放位置，不得妨碍通行，不得鸣喇叭。

（3）与客户见面时，应主动自我介绍并出示证件。例如："您好，我是××供电公司工作人员，来您处进行××工作，请您配合"。

（4）当要进入居民室内时，应征得客户同意，穿上鞋套后方可进入。

4. 作业前准备

（1）到客户现场工作时，应遵守客户内部有关规章制度，尊重客户的风俗习惯。

（2）开展工作所使用的工具和材料应摆放有序，严禁乱堆乱放。

（3）在公共场所或道路两旁作业时，应在恰当位置摆放醒目的告示牌，做好安全围栏及安全防护措施，并悬挂作业单位标志、安全标志，并配有礼貌用语。

（4）如需停电作业的，应告知客户停电时间、范围，让客户电工进行操作。例如："您好，请您配合我们进行停电操作"。

（5）按工作任务单核对现场信息，当不一致时，暂停作业，做好记录，联系有关人员查询相关信息。

四、装表接电及现场试验规范

1. 电能计量装置新装

（1）在客户或客户指定人员陪同下进入工作现场。

（2）按工作任务单核对安装项目及内容，重点核对户名、户号、装置名称。

（3）对高、低压及居民新装应严格按照《低压电气装置安装规程》《高压电气装置安装规程》及有关工艺要求进行现场施工。

（4）登高和带电作业前应明确现场分工，做好安全措施，工作中注意监护。

（5）作业结束前，应仔细检查安装质量，包括接线正确性、接线是否牢固等，并对计量装置加封。

（6）在工作任务单上准确记录相关信息，请客户重点核对资产编号、电能表容量、电能表示数和封印完好性，并签字确认。

（7）如果是小区批量新装，装表前请小区工作人员配合装表人员进行户表核对工作，防止"张冠李戴"现象的发生。装表人员确定核对无误后，应将表箱锁锁好并加封。

（8）当客户拒绝配合相关工作时，做好解释工作，不得与客户争吵，妥善处理。

（9）在规定时间内不能完成作业需终止工作时，应主动向客户说明原因及后续处理方式。

（10）因工作需借用客户物品，应征得客户同意，例如："借用一下您的××可以吗？"如在工作中损坏了客户原有设施，应尽量恢复原状或等价赔偿。

（11）在作业过程中，若客户向装接人员询问装接有关的问题，应耐心细致的回答。

（12）电能计量装置的安装工作结束后应认真进行场地清理，打扫干净作业现场，并整理好工器具。

（13）工作结束后，在工作任务单上准确记录相关信息，请客户签字，并向客户致谢。

2. 电能计量装置更换

（1）在客户或客户指定人员陪同下进入工作现场。

（2）对客户新装、增容、改压、迁址、移表、分户、并户、移表、电能表周期轮换工作，应按工作任务单认真核对现场信息，重点核对户名、户号、装置名称（计量器具编号等信息）。当现场信息不一致时，暂停作业，做好记录，联系有关人员查询相关信息，并做退单处理，防止工单超期。

（3）现场工作前，初步检查计量装置有无异常情况，如铅封是否完好，表位是否被移位。当发现电能表、计量箱（柜）的封印有损坏时，要注意查看是否有违约用电或窃电现象。若发现违约用电或窃电现象，要保护现场并立即通知相关人员来取证处理。

（4）应先准确抄录原计量器具信息，如电能表表号、表示数（包括底码、故障情况、历史记录等）。

（5）现场作业严格按有关专业规程要求进行施工。

（6）登高和带电作业前应明确现场分工，做好安全措施，工作中注意监护。

（7）作业结束前，应仔细检查安装质量，包括接线正确性、接线是否牢固等，并对计量装置加封。

（8）在工作任务单上准确记录相关信息，请客户核对装拆表示数和封印完好性，并签字确认。

（9）在规定时间内不能完成作业需终止工作时，应主动向客户说明原因及后续处理方式。

（10）当客户拒绝配合相关作业时，做好解释工作，不得与客户争吵，妥善处理。

（11）因工作需借用客户物品，应征得客户同意，例如："借用一下您的××可以吗？"如在工作中损坏了客户原有设施，应尽量恢复原状或等价赔偿。

（12）在作业过程中，若客户向装接人员询问装接有关的问题，应耐心细致的回答。

（13）电能计量装置的更换工作结束后应认真进行场地清理，打扫干净作业现场，并整理好工器具。

（14）工作结束后，在工作任务单上准确记录相关信息，请客户签字，并向客户致谢。

3. 电能计量装置拆除

（1）在客户或客户指定人员陪同下进入工作现场。

（2）对于销户、暂拆工作应按工作任务单核对现场信息，重点核对户名、户号、装置名称。当现场信息不一致时，暂停作业，做好记录，联系有关人员查询相关信息，并做退单处理，防止工单超期。

（3）现场作业严格按有关专业规程要求进行施工。

（4）登高和带电作业前应明确现场分工，做好安全措施，工作中注意监护。

（5）在工作任务单上准确记录相关信息，请客户核对拆表示数，并签字确认。

（6）当现场不能完成作业需终止工作时，应主动向客户说明原因及后续处理方式。

（7）当客户拒绝配合相关作业时，做好解释工作，不得与客户争吵，妥善处理。

（8）因工作需借用客户物品，应征得客户同意，例如："借用一下您的××可以吗？"如在工作中损坏了客户原有设施，应尽量恢复原状或等价赔偿。

（9）电能计量装置的拆除工作结束后应认真进行场地清理，打扫干净作业现场，并整理好工器具。

（10）工作结束后，在工作任务单上准确记录相关信息，请客户签字，并向客户致谢。

4. 电能计量装置故障处理

（1）在客户或客户指定人员的陪同下进入工作现场。

（2）对电能计量装置现场故障处理，应按工作任务单认真核对现场信息，重点核对户名、户号、装置名称。当现场信息不一致时，暂停作业，做好记录，联系有关人员查询相关信息，并做退单处理，防止工单超期。

（3）通过远抄系统或咨询客户了解故障情况，进入现场必须有客户在场并全程参与。

（4）现场工作前，应先检查计量装置及计量箱（柜）有无异常情况，如铅封是否完好，表位是否被移位，当发现电能表、计量箱（柜）的封印有损坏时，要注意查看是否有违约用电或窃电现象。若发现违约用电或窃电现象，要保护现场并立即通知相关人员来取证处理。

（5）按有关专业规程要求测试装置运行情况，查明故障原因，客户认可后方可做相应处理。

（6）对无法当场处理的情况，应采取临时措施确保客户正常用电，并做好现场情况记录，并请客户签字确认。

（7）登高和带电作业前应明确现场分工，做好安全措施，工作中注意监护。

（8）当现场不能完成作业需终止工作时，应主动向客户说明原因及后续处理方式。

（9）当客户拒绝配合相关作业时，做好解释工作，不得与客户争吵，妥善处理。

（10）电能计量装置故障处理工作结束后应认真进行场地清理，打扫干净作业现场，并整理好工器具。

（11）工作结束后，在工作任务单上准确记录相关信息，请客户签字，并向客户致谢。

5. 电能计量装置现场校验

（1）在客户或客户指定人员的陪同下进入工作现场。

（2）对于电能计量装置现场校验，到现场后，按工作任务单核对故障表信息，重点核对户名、户号、装置名称。当现场信息不一致时，暂停作业，做好记录，联系有关人员查询相关信息，并做退单处理，防止工单超期。

（3）居民客户验表时，请客户配合核实实际的户表关系。

（4）现场作业前，应先认真检查计量装置有无异常情况，如铅封是否完好，表位是否被移位，当发现电能表、计量箱（柜）的封印有损坏时，要注意查看是否有违约用电或窃电现象。若发现违约用电或窃电现象，终止作业，保护好现场，立即通知相关人员来取证处理。

（5）当负荷达不到验表要求时，请客户配合解决。例如："现在的负荷达不到验表要求，请您打开功率较大的用电设备，谢谢！"

（6）当验表结果超出误差允许范围，告知客户处理方式。例如："您的表计需要送到计量中心作进一步的检定，检定的结果我们会尽快通知您"。

（7）当验表的结果符合要求但客户仍存疑义，应主动帮助客户分析用电情况，耐心解答客户提出的问题，不得与客户发生争吵。

（8）主动提醒客户：可以向地方技术监督局申请电能表检定。

（9）电能计量装置现场校验工作结束后应认真进行场地清理，打扫干净作业现场，并整理好工器具。

（10）工作结束后，在工作任务单上准确记录相关信息，请客户签字，并向客户致谢。

五、作业结束

（1）请客户确认工作，向客户交待有关事项。主动征求客户意见。

（2）如在工作中损坏了客户设备，应依据相关法律、法规修复或等价赔偿。

（3）向客户借用的物品，用完后应先清洁再轻轻放回原处，并向客户致谢。

（4）清扫现场、整理工器具。

六、离开现场

感谢客户的配合并留下服务电话，例如："谢谢您的支持与配合，欢迎拨打供电服务热线95598，我们将随时为您提供服务！再见"。离开时向客户礼貌的道别。

第八节　用电检查服务规范

用电检查是供电企业面对客户的一个服务窗口，是企业维护自身合法权益的必要手段，用电检查的最终目的不是查处违章用电和窃电行为，而是通过用电检查人员对客户的上门服务，进一步规范用电秩序，保障电网和电力客户用电安全，提高依法用电意识，消除违章行为及隐患，达到企业与客户和谐共赢。

用电检查服务规范是针对用电检查人员在客户侧进行安全用电检查、违约用电、窃电检查、事故调查等现场服务纪律及工作行为规范。

一、服务内容

（1）检查客户执行国家有关电力供应与使用的法规、方针、政策、标准、规则制度情况。

（2）客户侧业务扩展报装在建受电工程施工质量中间检查和竣工验收检查。

（3）客户侧用电情况的巡查。

（4）为客户安全用电提供业务指导和技术服务。

（5）依法正确处理用电客户的违章用电及窃电行为。

（6）参与客户用电事故的调查、处理。

（7）负责向客户宣传计划用电、节约用电、安全用电常识。

（8）针对客户越级跳闸、客户重大电气火灾、客户重大设备损坏、触电人身伤亡、居民家电赔偿处理等事故调查。

二、服务纪律

（1）严格落实"三个十条"，严禁吃、拿、卡、要。

（2）用电检查人员依据《中华人民共和国电力法》《电力供应与使用条例》《用电检查管理办法》等相关法律、法规开展用电检查工作。

（3）用电检查人员应认真履行用电检查职责，赴客户执行用电检查任务时，应随身携带用电检查证，并按用电检查工作单规定项目和内容进行检查。

（4）用电检查人员必须遵纪守法，依法检查，廉洁奉公，不徇私舞弊，不以电谋私。

（5）用电检查人员在执行用电检查任务时，应遵守客户的保卫保密规定，不得在检查现场替代客户进行电工作业。

（6）用电检查人员开展现场检查时，检查人数不得少于两人。

（7）用电检查人员在开展用电检查时，必须向客户出示用电检查证，说明本次工作的检查任务、需要配合的人员等事项。

三、现场服务规范

（1）到客户现场服务前，有必要且有条件的，应与客户预约时间，讲明工作内容和工作地点，请客户予以配合。

（2）进入客户现场时，应主动出示工作证件，并自我介绍。进入居民室内时，应先按门铃或轻轻敲门，主动出示工作证件，征得同意后，穿上鞋套，方可入内。

（3）到客户现场工作时，应遵守客户内部有关规章制度，尊重客户的风俗习惯。

（4）如在工作中损坏了客户原有设施，应尽量恢复原状或等价赔偿。

（5）到客户现场工作时，应携带必备的工具和材料。

四、安全用电检查服务规范

1. 任务制定

制定全年安全用电检查计划。

2. 出发前准备

（1）统一着外勤工作服，携带用电检查证，戴好安全帽，精神饱满，状态良好，仪容仪表符合工作规范。

（2）按规定填写用电检查工作单，带齐必备的工器具。

（3）现场检查前应与客户电话预约，电话预约时须表明身份，讲明工作内容和工作地点，预约现场检查的时间，确认地址，应尽量满足客户提出的时间要求，提醒客户需要准备与配合的事项，结束时要致谢。如不是客户本人接听时，应询问客户的联系方式。例如："您好，我是××供电公司工作人员，根据工作安排，需对您处的××用电情况进行检查，您需要准备的事项是××。""请问你的用电地址是×××吗？""我们预计××分钟（小时）内到达，请安排相关人员予以配合，谢谢！""请问，方便告知××先生（女士）的联系电话吗？谢谢！"

3. 到达现场

（1）按约定时间到达现场，如遇特殊情况，无法按约定时间到达现场，应提前告知客户，简要说明原因。例如："××先生（女士），对不起，因为××原因，我们无法按时到达现场，预计还有××分钟（小时），由此带来的不便深表歉意"。

（2）进入客户单位或居民小区时，应主动下车，向有关人员出示有效工作证件、表明身份并说明来意。车辆进入客户单位或居民小区内不得扰民，须减速慢行，注意停放位置。

（3）与客户见面时，应主动自我介绍并出示证件。例如："您好，我是××供电公司工作人员，来××，请您配合"。

（4）当要进入居民室内时，应征得客户同意，穿上鞋套后方可进入。

4. 检查现场

（1）现场检查时，用电检查人员不得少于两人。

（2）现场检查人员应遵守客户的保卫保密等有关规定。

（3）在客户配合下进行检查。检查人员在执行用电检查任务时不得在检查现场替代客户操作电气设备。

（4）当要进入居民室内时，应先按门铃或轻敲门，征得客户同意，戴上鞋套后方可进入。未经客户允许，不得在客户室内随意走动，不随意触摸和使用客户的私人用品。如需借用客户物品，应先征得客户同意，例如："借用一下您的××可以吗？"，用完后先清洁后再轻轻放回原处，并向客户致谢，例如："您的××还给您，谢谢！"

（5）当客户询问检查意见时，应按照电力法规要求给予客户耐心、合理解释。

（6）当检查出客户有违约或窃电行为，客户对处理意见不满意时，应保持冷静、理智，控制情绪，严禁与客户发生争吵。

（7）当客户对处理结果有疑义时，应向客户提供相应文件标准和收费依据，做到有理有据。

（8）当发现客户存在安全隐患时，应及时向客户说明并向客户送达安全隐患整改通知书。例如："经检查发现，该设备存在××安全隐患，为保证用电安全，您应按照××规定于××日内给予整改。请您给予支持与配合。"。如客户拒签，不与客户正面冲突，耐心细致做好解释工作。客户仍拒签的，回单位后应该在通知单上注明原因，以备待查。

（9）在工作中，客户因对政策的理解不同与我们发生意见分歧时，应充分尊重客户意见，耐心、细致地为客户做好解释工作，必要时可提供相关技术书籍，沟通中做到态度温和、语言诚恳，严禁与客户发生争吵，积极主动地争得客户的理解。例如："××先生（女士），你的看法我理解，但根据××规定应该是这样……"

（10）回答客户提问时，应礼貌、谦和、耐心，不清楚的不随意回答，力求回答的准确性。可以现场答复的，应礼貌作答。例如："很感谢您提出的这样的疑问，据××规定这种情况应当是×××。"。不能立即答复的应做好现场记录，向客户提供咨询电话，留下双方联系电话，并告知客户答复时间。例如："对不起，您所反映的问题目前我不是很清楚，我马上和相关部门联系，核实清楚后，于×月×日回复您。方便留下您的联系电话吗？谢谢！"

（11）对客户任何礼品应婉言谢绝。例如："我们不得收受客户的礼品，请将礼品收回，谢谢"。

（12）家用电器理赔处理时，应及时主动地与客户取得联系，做好客户的安抚工作。客户对理赔处理结果不满意时，应做好客户意见记录，向相关部门转达，不可当面生硬拒绝客户，同时告知客户意见回复时间。例如："家用电器被损坏，我们感到很遗憾，赔偿工作根据相应法规要求开展，若您对处理结果有意见，我会及时将意见转达给相关部门协调处理，于×月×日前回复您"。

（13）向客户宣传电力法规及相关用电知识。

5．离开现场

（1）清扫现场、整理工器具，现场工作终结。

（2）离开前，应感谢客户配合，主动征求意见，留下服务电话，礼貌道别。

五、违约用电、窃电检查规范

1．出发前准备

（1）统一着外勤工作服，携带用电检查证，戴好安全帽，精神饱满，状态良好，仪容仪表符合工作规范。

（2）按规定填写用电检查工作单。带齐必备的工器具。

（3）必要时，请公安、技术监督部门配合工作。

（4）做好保密工作。

2. 到达现场

（1）到达客户现场时，应主动出示用电检查证，表明身份，说明来意。出示证件时，证件应正面朝向客户，用双手递送并告之"您好，我是××供电公司工作人员，来进行用电检查，请您配合。这是我的证件"。

（2）进入客户单位或居民小区时，应主动下车，向有关人员出示有效工作证件、表明身份并说明来意。车辆进入客户单位或居民小区内不得扰民，须减速慢行，注意停放位置。

（3）与客户交谈时应使用文明礼貌用语。

3. 现场检查

（1）整个检查过程请客户陪同见证。

（2）现场检查应实事求是，检查过程中如有疑问应及时询问客户。

（3）根据现场检查结果判断客户有无违约、窃电行为。

（4）如客户有违约、窃电行为的，现场予以制止，并进行现场取证：及时固定、有效保存与窃电、违约有关的物证（对不易移动的物证应进行拍照取证），详细登记并请客户签字；对窃电的设备、容量、时间进行调查统计；对于窃电工具、窃电痕迹、计量表计等需要技术鉴定的，检查人员应予以封存并请客户确认。

（5）如客户有其他用电服务问题，不能现场解决的，应引导客户拨打95598。

（6）如在工作中损坏了客户设施，应尽量恢复原状或等价赔偿。

（7）如需借用客户物品，应先征得客户同意，例如："借用一下您的××可以吗？"用完后先清洁再轻轻放回原处，并向客户致谢，例如："您的××还给您，谢谢！"

4. 填写通知书

（1）根据违约用电、窃电事实，填写"违约用电、窃电通知书"，请客户签字认可。

（2）如客户拒签，不与客户正面冲突，耐心细致做好解释工作。客户仍拒签的，应请公安人员、供用电监督人员、公证人员或其他第三方人员到现场予以证明确认。

5. 现场停电

（1）对客户确有窃电行为，但态度比较好，对窃电事实供认不讳，并积极愿意配合处理的，可暂不采取停电措施。

（2）对确有客户窃电行为，不愿意配合的，进行现场停电处理。

（3）停电前应通过电话上报相关领导审批。

（4）客户确认可停电后，需将具体停电时间告知客户和本单位相关领导。

（5）对突然停电可能会产生严重后果的单位，应待客户降低负荷并采取可靠措施后，方可实施停电。

（6）指导客户值班电工进行停电操作工作，不得在现场替代客户电工操作客户设备。

（7）如客户电工不配合停电操作，做好解释工作，不得与客户争吵，如解释工作无效，汇报主管，进行外部停电或其他措施。

（8）如客户聚众围攻、强行销毁窃电证据，甚至辱骂检查人员的，不与客户发生正面冲突，立即向主管汇报。

（9）仅对窃电客户停电，不得擅自扩大停电范围。

（10）实施停电时注意做好安全措施。

（11）实施停电后应立即将停电原因、时间向 95598 报告。

6. 封存设备

（1）对现场停电设备加封。

（2）将现场设备封存的封印数量、位置及印模字号详细记录后，请客户签字认可。

7. 离开现场

（1）清扫现场、整理工器具，现场工作终结。

（2）离开时向客户礼貌道别。

8. 违约用电、窃电处理

（1）根据查处情况，计算出追补电量、电费并告知客户。

（2）送达"违约用电、窃电处理通知书"并请客户签收，向客户说明加收电费计算的依据及相关法规。

六、事故调查服务规范

针对客户越级跳闸、客户重大电气火灾、客户重大设备损坏、触电人身伤亡、居民家电赔偿处理等事故调查服务规范。

1. 接受任务

（1）接受事故调查任务。

（2）初步了解事故的简况，确认事故单位的地址、联系人和联系电话。

2. 出发前准备

（1）统一着装、正确佩戴工号牌和安全帽，精神饱满，状态良好，仪容仪表符合工作规范。

（2）携带相关资料。

3. 到达现场

（1）有预约的，按约定时间到达现场。如果迟到应主动向客户致歉。例如："对不起，让您久等了。"。如遇特殊情况，无法按约定时间到达现场，应提前告知客户，说明原因。

（2）到达客户现场时，应主动出示用电检查证，表明身份，说明来意，例如："您好，我是××电业局工作人员，来××，请您配合。"。

（3）车辆进入客户现场应遵守客户相关规定。进入客户单位或居民小区时，应主动下车，向有关人员出示有效工作证件、表明身份并说明来意。车辆进入客户单位或居民小区内须减速慢行，注意停放位置，不得妨碍通行，不得鸣喇叭。

（4）与客户交谈时应使用文明礼貌用语。

4. 现场调查

（1）用电检查员进入事故现场应遵守《电业安全工作规程》。

（2）请客户负责人在现场配合工作。

（3）在调查过程中如有疑问应及时与客户沟通、确认。

（4）及时做好现场调查记录。

（5）如客户有其他用电服务问题，不能现场解决的，应引导客户拨打95598。

（6）如在工作中损坏了客户设施，应尽量恢复原状或等价赔偿。

（7）如需借用客户物品，应先征得客户同意，例如："借用一下您的××可以吗？"用完后先清洁再轻轻放回原处，并向客户致谢，例如："您的××还给您，谢谢！"

5. 填写记录

（1）在用电检查工作单上详细记录现场调查、检查掌握的情况。

（2）组织或协助完成《事故调查报告》的编写工作。

6. 事故处理

（1）如没造成第三方客户损害的，告知客户事故调查结果，提出整改意见和防范措施，并对客户进行安全教育，宣传电力法规及相关用电知识。

（2）客户内部电气事故影响到电网或第三方客户的，向客户说明应按《供用电合同》条款内容由客户承担相应的责任。

（3）属于居民家电损坏的，在确认属于供电方责任后，应主动向客户致歉，对损坏家电进行核实，请客户提供发票或相应凭证，按《居民用户家用电器损坏处理办法》规定办理相关事宜。

7. 离开现场

（1）整理工器具、现场工作终结。

（2）离开时向客户礼貌道别。

第九节　投诉举报处理服务规范

供电企业通过电话、网络等方式接受客户投诉举报请求，受理客户对服务行为、服务渠道、行风问题、业扩工程、装表接电、用电检查、电价电费、电能计量、停电问题、抢修质量、供电质量等方面的投诉以及行风廉政、违章窃电、违约用电、破坏电力设施、盗窃电力设施等方面的举报，传递到相关部门进行处理，并对处理过程进行跟踪、督办。

投诉举报处理服务规范主要对接受客户投诉举报的方式及处理等内容进行了规范。

一、接受客户投诉举报的方式

（1）供电企业应当规范投诉举报处理程序，建立严格的供电服务投诉举报管理制度，公开投诉电话。

（2）供电企业通过以下方式接受客户的投诉和举报：

1）供电服务热线或专设的投诉举报电话；

2）营业场所设置意见箱或意见簿；

3）信函；

4）走访；

5）供电服务网站；

6）领导对外接待日；

7）其他渠道。

二、投诉举报处理规范

（1）接到客户投诉或举报时，应向客户致谢，详细记录具体情况后，立即转递相关部门或领导处理。投诉在 5 天内、举报在 10 天内答复。投诉事项答复意见应当包括下列事项：

1）投诉人的投诉请求；

2）对基本事实的认定及依据；

3）对投诉事项的处理意见。

（2）供电企业工作人员在处理投诉中，应当遵守下列规定：

1）文明接待，尊重投诉人，不得刁难和歧视投诉人，对不予受理的投诉请求，应当告知投诉人并做好解释、疏导工作；

2）按照投诉工作的处理程序，及时处理投诉事项，不得置之不理、敷衍塞责、推诿拖延；

3）严格保密制度，尊重投诉人的意愿，满足投诉人匿名请求，为投诉人做好保密工作，不得泄露、扩散投诉人要求保密及可能对投诉人权益造成损害的内容；

4）对投诉人有关投诉事项办理情况的查询，除涉及国家机密、商业机密、个人隐私的事项外，应当如实答复，不得拒绝；

5）与投诉人或者投诉事项有直接利害关系的，应当回避。

（3）供电企业应当按照档案管理的规定，建立并妥善保管投诉档案，不得丢失、修改、隐匿或者擅自销毁。

（4）处理客户投诉应以事实和法律为依据，以维护客户的合法权益和保护国有财产不受侵犯为原则。

（5）对客户投诉，无论责任归哪方，都应积极、热情、认真处理，不得在处理过程中发生内部推诿、搪塞或敷衍了事的情况。

（6）建立对投诉举报客户的回访制度。及时跟踪投诉举报处理进展，进行督办，并适时予以通报。

（7）对隐瞒投诉举报情况或隐匿、销毁投诉举报件者，一经发现，严肃处理。

（8）保护投诉举报人的合法权利。对打击报复投诉举报人的行为，一经发现，严肃处理。

第十节 延伸服务规范

1. 服务内容

应客户要求提供有偿服务、义务上门、业务宣传、抢修延伸服务等。

2. 义务上门服务规范

（1）对居民客户，应向客户表明身份，出示证件，讲明来意及工作内容，征得客户同意方可进入客户住所实施便民服务，也可事先与物业及社区管理部门联系，进行公告。

（2）对单位客户，应事先预约，讲明来意及工作内容，征得客户同意方可在约定时间为客户提供便民服务。

3. 义务宣传服务规范

（1）义务宣传的内容包括科学用电、安全用电、用电业务常识、用电咨询、新服务项目等。

（2）宣传活动地点的选择必须符合市政有关规定，使用音响时注意音量控制以不扰民为主。

（3）义务宣传人员必须统一着装，佩戴工作牌。

（4）宣传活动准备工作充分，且备有足量供客户免费取用的宣传资料。

（5）宣传物品及活动场景布置符合国家电网视觉识别系统要求。

4. 抢修延伸服务规范

（1）客户延伸服务人员经检查故障确实属于客户内部问题时，应与客户签订"延伸（有偿）服务项目及相关收费标准"的协议书，在得到客户的签字认可后，方可执行。

（2）居民住宅内部电气装置检修时，确需更换有关电气材料的，应由客户负责提供。应客户要求，由延伸服务队伍提供电气材料的，应按"核定标准"价格进行收费。更换下来的废旧材料应交给客户验证。

（3）延伸抢修服务工作结束后，服务人员应向客户细列检修项目、收费标准、所耗材料和单价等，经客户确认、签字并开具正规收费票据后，方可收费。

（4）延伸服务工作完毕后，应主动征求客户意见；如客户要求，可将工作联系电话留给客户。

5. 有偿服务规范

（1）对产权不属于供电企业的电力设施进行维护和抢修实行有偿服务的原则。

（2）应客户要求进行有偿服务的，电力修复或更换电气材料的费用，执行省（自治区、直辖市）物价管理部门核定的收费标准。

（3）进行有偿服务工作时，应向客户逐一列出修复项目、收费标准、消耗材料、单价等清单，并经客户确认、签字。付费后，应开具正式发票。

（4）有偿服务工作完毕后，应留下联系电话，并主动回访客户，征求意见。

6. 社区服务规范

（1）通过自设网点、与社区合作在社区服务中心开辟电力服务柜台、启用流动服务车、安装自助服务终端等方式来实现日常低压用电业务登记、预约服务、上门服务、电量电费查询、电费缴纳及各类咨询服务。

（2）窗口服务进社区的服务地点、服务时段及服务方式须进行有效公示（社区繁华点、当地电视、广播宣传等方式）。服务地点及服务柜台均须满足国家电网公司VI标识规定，标识牌名称为"××供电公司供电服务进社区××（指社区名称）服务点"；标识牌采用统一样式、统一制作、统一宣传；有光源的标识牌要定时开启光源。

（3）按照公司统一设计标准，在社区显要位置制作壁挂式或落地式电力服务宣传栏。

（4）规范宣传栏内容。公布：① 进社区服务内容；② 优质服务新举措；③ 现行收费政策和标准；④ 客户经理和社区电力服务联络员基本信息（姓名、照片及联系方式）；⑤ 国家用电政策与法规；⑥ 用电常识；⑦ 客户希望了解的其他信息等。公布或发送当月电量电费信息及计划检修、欠费停限电信息。

（5）宣传栏包括固定性内容和变动性内容，固定性内容主要有国家用电政策与法规、用电常识、社区服务责任人基本信息、进社区服务内容等；变动性内容主要为客户电量电费、停限电信息及其他客户最关心的热点、难点问题。

（6）电量电费信息公示，以台区为单位，电费发行后的 2 个工作日内在电力服务宣传栏公布，或发送短信告知。

（7）停限电信息告知，可通过宣传栏张贴或短信方式告知，计划检修和欠费停限电信息提前 7 天告知，临时检修停限电信息提前 24 小时告知。各类停限电信息停电时间、停电原因、复电时间、注意事项要求在公示栏内一一公布。

（8）相关政策公布，凡有用电政策变化、调整，应统一在政策公布的 10 个工作日内变更宣传栏内容及相关宣传资料。